THOMAS HARTMANN-CWIERTNIA,
JOCHEN DAHM, FRANK DECKER (HG.)

FREIHEIT GLEICHHEIT VERTRAUEN

WAS UNSERE DEMOKRATIE JETZT BRAUCHT

Bibliografische Information der Deutschen Nationalbibliothek
Die Deutsche Nationalbibliothek verzeichnet
diese Publikation in der Deutschen Nationalbibliografie;
detaillierte bibliografische Daten sind im Internet
über *http://dnb.dnb.de* abrufbar.

ISBN 978-3-8012-0698-7

Copyright © 2025 by
Verlag J. H. W. Dietz Nachf. GmbH
Dreizehnmorgenweg 24, 53175 Bonn
Tel. 0228/18 48 770 / info@dietz-verlag.de

Der Verlag behält sich das Text- und Data-Mining nach § 44b UrhG vor,
was hiermit Dritten ohne Zustimmung des Verlages untersagt ist.

Umschlag: Hermann Brandner, Köln
Satz: Rohtext, Bonn
Druck und Verarbeitung: Bookpress, Olsztyn

Alle Rechte vorbehalten
Printed in Poland 2025

Besuchen Sie uns im Internet: *www.dietz-verlag.de*

INHALT

Freiheit. Gleichheit. Vertrauen.
Was unsere Demokratie jetzt braucht – Ein Vorwort
    Von Thomas Hartmann-Cwiertnia & Jochen Dahm   7

FREIHEIT

Freiheit im Wandel
    Von Wolfgang Thierse   16

Freiheit und Mitbestimmung
    Von Lisa Herzog   31

GLEICHHEIT

Auf dem Abstellgleis? Zum Zusammenhang zwischen
Ungleichheitswahrnehmungen und politischer Beteiligung
    Von Marius R. Busemeyer, Felix Jäger & Sharon Baute   44

Sozialstaat und Demokratie
    Von Sandra Fischer   58

VERTRAUEN

Braucht Demokratie Vertrauen? Und wenn ja: Welcher Art?
    Von Jan-Werner Müller   78

Vertrauen in die Demokratie und neue Formen der Beteiligung
    Von Claudine Nierth   88

WAHLEN

Wahlen in Deutschland
    Von Lukas Rietzschel   102

Klassenbewusstsein und Wahlentscheidung
    Von Linus Westheuser & Thomas Lux   109

Demokratie im KI-Zeitalter: Zwischen Inklusion und Manipulation
Von Katja Muñoz & Emma Laumann — 121

HERAUSFORDERUNGEN

Defekte Debatten: Warum wir als Gesellschaft besser streiten müssen
Von Julia Reuschenbach & Korbinian Frenzel — 138

Warum Politik so oft versagt:
Die fünf Fallen der modernen Welt und wie man ihnen entgeht
Von Ben Ansell — 151

Kulturkampfkunst:
Warum man nicht über jedes Stöckchen springen sollte
Von Natascha Strobl — 166

ERNEUERUNGEN

Demokratische Innovationen in Deutschland:
Kombinationen von Bürgerräten und Bürgerentscheiden
Von Felix Hoffmann & Brigitte Geißel — 184

Von der Interessenvielfalt zum Grundkonsens.
Multi-Stakeholder-Beteiligung als Chance für die kommunale Demokratie
Von Gesine Schwan, Laura Gerards Iglesias & Tara Ella Grimm — 199

WEHRHAFTIGKEIT

Verwundbare Demokratie und wehrhafte Zivilgesellschaft
Von Friedrich Zillessen — 216

Vorbeugung, Wappnung, Repression.
Was tun gegen den erstarkenden autoritären Populismus?
Von Frank Decker — 232

Autorinnen und Autoren — 248

FREIHEIT. GLEICHHEIT. VERTRAUEN. WAS UNSERE DEMOKRATIE JETZT BRAUCHT – EIN VORWORT

Von THOMAS HARTMANN-CWIERTNIA & JOCHEN DAHM

> Wer die Sprache hat,
> Wirklichkeit präzise zu beschreiben und zu deuten,
> kann sie auch verändern
> (Erhard Eppler)

Wir sind als Friedrich-Ebert-Stiftung überzeugt, dass nur in einer Sozialen Demokratie Gerechtigkeit verwirklicht wird und Menschen gleichberechtigt, frei und solidarisch leben können. Mit langem Atem arbeiten wir deshalb weltweit mit unseren Partnerinnen und Partnern für die Stärkung demokratischer und rechtsstaatlicher Strukturen und eine gerechte Wirtschaftsordnung. Wir verteidigen sie gegen rechtsextreme und autoritäre Kräfte. Unsere Stärke ist das Zusammenwirken: Wir bilden und fördern Menschen, ermöglichen Beteiligung, schaffen Dialog- und Erfahrungsräume, knüpfen Netzwerke, halten Geschichte lebendig und geben Zukunftsimpulse.

In diesem Band haben wir uns zusammen mit Frank Decker von der Universität Bonn eine grundlegende Frage gestellt. Unsere Welt wandelt sich immer schneller. Sie ist von radikalen politischen Umbrüchen gezeichnet. Was bedeutet das für unsere Demokratie?

Unter der Überschrift »Freiheit. Gleichheit. Vertrauen. Was unsere Demokratie jetzt braucht« geht es um Grundsätzliches und Dringliches:

Wieso beginnt Freiheit mit der Demokratie? Wo endet sie? Weshalb ist das Gleichheitsversprechen für die Demokratie besonders wichtig? Warum lebt unsere Demokratie von Vertrauen, und wie können wir es stärken?

Aus unterschiedlichen Blickwinkeln haben wir uns in diesem Sammelband mit namhaften Expertinnen und Experten aus Wissenschaft, Zivilgesellschaft und Politik auf die Suche nach Antworten begeben.

Freiheit war für Willy Brandt der zentrale Grundwert der Demokratie. Wie steht es heute um Freiheit in unserer Gesellschaft? Welche Bedeutung kommt ihr zu, um welche konkreten Freiheiten geht es aktuell? Bundestagspräsident a. D. **Wolfgang Thierse** geht gleich zu Beginn des Bandes diesen Fragen nach. Dabei reflektiert er seine Erfahrungen in der Diktatur der DDR und in der vereinigten deutschen Demokratie seit 1990 mit besonderem Blick auf die zurückliegenden Wahlen in Ostdeutschland.

Die Philosophin **Lisa Herzog** unterscheidet in ihrem Beitrag zwischen *negativer Freiheit* als der Abwesenheit von Staatseingriffen, *positiver Freiheit* als der Freiheit, Dinge tun zu können, und *republikanischer Freiheit* im Sinne der bürgerschaftlichen Freiheit, dem Mitgestalten. Wenn wir Freiheit als gelebte Wirklichkeit verstehen wollen, wäre es nach ihrer Sicht falsch, diese unterschiedlichen Dimensionen auf einen einzigen Begriff zu reduzieren. Sie argumentiert vielmehr, dass wir diese Freiheitsbegriffe auch auf das Wirtschaftssystem anwenden müssen. Dies gelte vor allem, wenn wir uns fragen, was eine wirklich freie Gesellschaft ausmacht. Eine so verstandene Freiheit würde zudem keinen Gegensatz zu Gerechtigkeit bilden, sondern im Gegenteil – es ginge um die Verteilung von Freiheiten.

Was macht Ungleichheit mit der Demokratie? Diesem Zusammenhang spüren **Marius R. Busemeyer**, **Felix Jäger** und **Sharon Baute** in ihrem Beitrag auf Grundlage empirischer Daten nach. Das Ungleichheitsbarometer der Universität Konstanz zeigt, dass viele Menschen ihre Einflussmöglichkeiten auf die Politik und auch die Responsivität der Politik gegenüber ihren Bedürfnissen als gering einschätzen: sie sehen sich damit quasi auf dem politischen Abstellgleis. Die drei analysieren nicht nur die Zusammenhänge sondern benennen auch

Handlungsempfehlungen mit den die politische Partizipation wieder gestärkt werden können.

Die Bonner Politikwissenschaftlerin **Sandra Fischer** geht in ihrem Beitrag der Frage nach, welche Zusammenhänge zwischen Vertrauen und Sozialstaatlichkeit bestehen. Sie führt zunächst in unterschiedliche wissenschaftliche Vertrauensbegriffe ein und fragt nach den Auswirkungen, die der Sozialstaat auf das Vertrauen der Menschen hat. Mit Blick auf das weitere Auseinanderdriften der Gesellschaft, plädiert sie nicht nur für mehr Verteilungsgerechtigkeit, sondern auch dafür, vor allem die Kommune und den Lebensalltag der Bürger_innen stärker zu berücksichtigen. Familienzentren wie in Nordrhein-Westfalen könnten als Orte der Begegnung einen Beitrag leisten, wieder mehr Vertrauen in Mitmenschen und Politik herzustellen und den gesellschaftlichen Zusammenhalt zu befördern.

Der international renommierte Politikwissenschaftler **Jan-Werner Müller** aus Princeton argumentiert, dass Demokratie auf ein fundamentales *Grundvertrauen* zwischen Bürgerinnen und Bürgern nicht verzichten kann. Dieses horizontale Grundvertrauen meint die geteilte Überzeugung, das Gemeinwesen als Projekt von Freien und Gleichen weiterführen zu wollen. Wer durch Wahlentscheidungen autoritäre Entwicklungen unterstützt, trägt Verantwortung für den Bruch dieses Vertrauens und muss aktiv zu dessen Wiederherstellung beitragen. Müller plädiert daher für eine normative Verschiebung der Beweislast: Wähler_innen populistischer Parteien müssen zeigen, dass sie die Demokratie nicht aufkündigen wollen.

Angesichts einer weiterhin stabilen Zustimmung zur Demokratie als System und gleichzeitigen Misstrauens der Menschen in die Art, wie die Demokratie funktioniert, fragt die Bundesvorstandssprecherin von Mehr Demokratie e. V., **Claudine Nierth**, in ihrem Beitrag danach, was das Vertrauen in die Demokratie stärkt. Mit Beispielen aus der Praxis zeigt sie auf, dass da, wo die Menschen persönliche demokratische Erfahrungen machen und Selbstwirksamkeit erleben, die Werte der Demokratie tiefer verankert und weniger bedroht zu sein scheinen.

Der Schriftsteller **Lukas Rietzschel** kritisiert die Annahme, rechtspopulistisches Wählerverhalten lasse sich vor allem sozioökonomisch erklären, und argumentiert stattdessen für eine demokratiepolitische Perspektive. Er sieht in der geringen Repräsentation und sinkenden Responsivität politischer Institutionen die eigentliche Ursache wachsender Entfremdung, insbesondere in Ostdeutschland. Um dieser Entwicklung zu begegnen, schlägt er tiefgreifende Reformen vor – darunter eine losbasierte Besetzung kommunaler Parlamente zur Stärkung demokratischer Selbstwirksamkeit der Bürger_innen. Demokratie, so sein Fazit, könne auf Dauer nicht allein durch Wahlen verteidigt, sondern müsse strukturell erneuert werden.

Darüber hinaus lässt sich in den jüngsten Wahlen eine Legitimationskrise des Parteiensystems beobachten, die ihr soziales Epizentrum in der Arbeiterklasse hat. Noch deutlicher als im Rest der Gesellschaft erodiert hier der Rückhalt der etablierten Parteien, inklusive der Parteien links der Mitte. Die beiden Berliner Soziologen **Linus Westheuer** und **Thomas Lux** loten in ihrem Beitrag aus, inwiefern Klassenbewusstsein heute mit spezifischen Wahlpräferenzen einhergeht. Insbesondere der Befund, dass ein starkes Klassenbewusstsein linke Parteien stärkt, während Menschen mit einem »Unten-Bewusstsein« oft zu Rechtspopulismus tendieren, verstehen sie als Auftrag an sozialdemokratische Akteure. Sie sollten das vorhandene Bewusstsein über gesellschaftliche Ungleichheit und widerstreitende Interessen stärker aufgreifen, schärfen und zum Kompass ihrer Politik machen.

Katja Muñoz und **Emma Laumann** von der Deutschen Gesellschaft für Auswärtige Politik (DGAP) haben den Einfluss von Künstlicher Intelligenz auf die Wahlen im Jahr 2024 in sechs Demokratien analysiert und zeigen, dass KI die Dynamiken und Möglichkeiten im digitalen Raum grundlegend verändert. Der Einsatz von KI kann als Treiber für demokratische Innovation die politische Teilhabe revolutionieren, aber auch die demokratische Willensbildung durch systematische Manipulation bedrohen. Die beiden Expertinnen liefern Handlungsempfehlungen, wie durch das koordinierte Engagement aller zentralen Akteure KI ihr Potenzial für eine lebendige Demokratie entfalten kann, während gleichzeitig ihre Risiken effektiv begrenzt werden.

Um den wachsenden Herausforderungen wie dem Aufstieg populistischer und demokratiefeindlicher Kräfte zu begegnen, setzen sich die Berliner Politikwissenschaftlerin **Julia Reuschenbach** und der Journalist **Korbinian Frenzel** in ihrem Beitrag für eine neue Streitkultur ein, die Kompromisse als demokratische Leistung versteht und die Verlässlichkeit politischer Prozesse in den Vordergrund rückt. Medien, Politik und Gesellschaft insgesamt müssten ihren Beitrag dazu leisten, *defekte Debatten* zu reparieren, durch gegenseitigen Perspektivwechsel und mehr Raum für Zweifel. Die beiden Autor_innen skizzieren in fünf Thesen konkrete Wege, wie wir gesellschaftliche Konflikte besser miteinander aushandeln können.

In seinem Beitrag analysiert **Ben Ansell** von der Universität Oxford die tiefen strukturellen Probleme moderner Demokratien: Individuelle Eigeninteressen untergraben kollektive Entscheidungen. Er identifiziert dabei fünf grundlegende *Fallen*: die Illusion eines Volkswillens; den Widerspruch zwischen Gleichheit der Rechte und Gleichheit der Ergebnisse; die Krise der Solidarität; das Dilemma zwischen Anarchie und Kontrolle sowie die Schwierigkeit, für langfristigen Wohlstand zu sorgen. Seine zentrale These: Politik kann nicht durch Technologie oder Märkte ersetzt werden, sondern braucht funktionierende Institutionen und soziale Normen, die kooperatives Verhalten ermöglichen. Trotz aller Schwächen bleibt für Ansell die Politik der zentrale Rahmen, in dem gesellschaftliche Konflikte ausgehandelt werden müssen.

Natascha Strobl, österreichische Expertin für Rechtsextremismus und die Neue Rechte, analysiert in ihrem Beitrag aktuelle autoritäre Tendenzen als Folge tiefgreifender sozioökonomischer Krisen. Sie beschreibt den Übergang von einer finanzkapitalistischen zu einer technologisch geprägten Hegemonie. Diese Entwicklungen führten zu einer demokratischen Repräsentationskrise, einem Vertrauensverlust in politische Institutionen und zur Erosion des sozialstaatlichen

Wohlstandsversprechens. Strobl argumentiert, dass sogenannte *Kulturkämpfe* als emotionalisierte Debatten über scheinbar gesellschaftlich relevante Themen ein Ventil für gesellschaftliche Unsicherheit und Ohnmachtsgefühle darstellen. Einen wesentlichen Schlüssel zur Bewältigung dieser Kulturkämpfe sieht sie in der aktiven Verweigerung, an diesen mitzuwirken.

Doch wie können wir die Demokratie zukunftsfest machen? Demokratische Innovationen ergänzen auf allen politischen Ebenen zunehmend das repräsentative System. Diese Entwicklungen gehen mit dem Wunsch der Bevölkerung nach mehr Beteiligung über Wahlen hinaus einher. Vor allem direktdemokratische Instrumente wie Bürgerentscheide erfahren hohe Zustimmung, insbesondere in Kombination mit dialogischen Verfahren wie zum Beispiel Bürgerräten. Internationale Beispiele haben hier große Hoffnungen und Erwartungen geweckt. Bislang gibt es dazu aber nur wenig Forschung. Die beiden Frankfurter Politikwissenschaftler_innen **Brigitte Geißel** und **Felix Hoffmann** verfolgen in ihrem Beitrag daher das Ziel, diese Kombinationen näher zu beleuchten, um Lehren für die demokratische Erneuerung auch hierzulande ziehen zu können.

Auch die drei Politikwissenschaftlerinnen **Gesine Schwan**, **Laura Gerards Iglesias** und **Tara Ella Grimm** beschäftigen sich in ihrem Beitrag mit der Frage, wie wir die Demokratie weiterentwickeln können. Sie betrachten dabei die Kommunen als »Keimzellen« der Demokratie als die zentrale Arena. Auf Basis ihrer Erfahrungen mit Kommunalen Entwicklungsbeiräten plädieren die Autorinnen für den Ansatz einer Multi-Stakeholder-Beteiligung: In diesen dialogorientierten Formaten bringen Politik, Verwaltung, Wirtschaft und organisierte Zivilgesellschaft ihre Interessen zusammen, um gemeinsam konsensorientierte Lösungen für konkrete gesellschaftliche Herausforderungen zu entwickeln. Die Teilnahme an solchen Gremien könne dazu beitragen, das Vertrauen in eine lebendige, pluralistische Demokratie zu stärken.

Angesicht eines Erstarkens autoritärer Kräfte brauchen wir neben demokratischen Innovationen auch eine wehrhafte Demokratie, um den Rechtsstaat vor den Feinden der Demokratie zu schützen. Denn Recht und Institutionen können eine freiheitliche Gesellschaftsordnung nur insoweit bewahren, wie diese selbst auf ihre Gefährdungen vorbereitet ist. Der Jurist **Friedrich Zillessen** vom Verfassungsblog leistet einen Beitrag dazu, autoritär-populistische Strategien zu erkennen und ihnen so entschieden entgegentreten zu können. Aus seiner Szenarienanalyse über die Möglichkeiten des autoritären Populismus lassen sich Handlungsspielräume ableiten, die die Resilienz unserer Demokratie stärken.

Auch der Bonner Politikwissenschaftler und Mitherausgeber dieses Bandes **Frank Decker** fragt im abschließenden Beitrag danach, was gegen den erstarkenden autoritären Populismus zu tun ist. Er analysiert dessen Ursachen und Erscheinungsformen in Deutschland als Ausdruck einer zunehmenden politischen Radikalisierung. Als Gegenstrategie liefert er konkrete Empfehlungen zur gesellschaftlichen Vorbeugung, institutionellen Wappnung und für repressive Maßnahmen zur Verteidigung der Demokratie. Entscheidend für die Resilienz demokratischer Systeme sei letztlich aber eine gefestigte politische Kultur, die autoritären Tendenzen langfristig die gesellschaftliche Basis entziehen.

Wir danken allen hier versammelten Autorinnen und Autoren sowie den Mitwirkenden in der Friedrich-Ebert-Stiftung und der Universität Bonn. Unser besonderer Dank gilt zudem den stets über das Mögliche hinaus engagierten Mitarbeitenden im Verlag J.H.W. Dietz Nachf. und Tobias Kronenberg für das gründliche Lektorat. Wir hoffen mit diesem Band, die Debatte darüber, was unsere Demokratie jetzt braucht und wie wir sie weiterentwickeln können, zu bereichern und Antworten auf die zu Beginn gestellten Fragen liefern zu können.

FREIHEIT

FREIHEIT IM WANDEL*

Von WOLFGANG THIERSE

Freiheit in Zeiten des Wandels – wahrlich ein großes Thema. Deshalb beginne ich ganz klein, also persönlich, biografisch. Ich habe den immer noch größeren Teil meines Lebens in einem unfreien Land verbracht, und zwar nicht freiwillig. Unfreiheit ist nichts Abstraktes und so wie Freiheit ist auch Unfreiheit etwas durchaus Alltägliches. Deshalb erzähle ich zwei Geschichten, zwei mir unvergessliche Erinnerungen, die zugleich sehr politisch sind – aus der alltäglichen Diktatur namens DDR.

1953 hatte mein Vater, der Rechtsanwalt war, einen Mann zu verteidigen, der nach Stalins Tod im Wirtshaus, also alkoholisiert, ausgerufen hatte: »Hurra, Stalin, der Verbrecher ist tot!« Der Mann wurde zu acht Jahren Zuchthaus verurteilt. Mein nicht sehr sentimentaler Vater berichtete beim Abendbrot davon und sagte mit Tränen in den Augen: »Und ich habe ihm nicht helfen können.« Ich war damals neun Jahre alt, aber ich habe diesen Satz und das Gesicht meines Vaters nie vergessen – und war so von Kindesbeinen an gefeit gegen alle kommunistischen Versuchungen.

1961, nach dem Mauerbau, wurde die kleine Stadt, in der meine Eltern lebten, zum Grenzgebiet, weil nur zwei Kilometer von Bayern entfernt. Für den Besuch dort brauchte man seitdem einen Passierschein, der Wochen vorher zu beantragen war. Wegen der Erkran-

---

* Willy-Brandt-Vortrag 2024 im Rahmen der Ringvorlesung »Freiheit. Gleichheit. Vertrauen. Was unsere Demokratie jetzt braucht« der Friedrich-Ebert-Stiftung an der Universität Bonn am 10. Dezember 2024.

kung meiner Mutter musste ich einmal sofort nach Hause fahren, hatte keinen Passierschein, fuhr trotzdem, wurde prompt erwischt, festgehalten und hatte eine Strafe zu bezahlen – für den Tatbestand, die eigenen Eltern im eigenen Land besuchen zu wollen.

Ich muss Ihnen vermutlich nichts erzählen darüber, wie wenig die Ihnen und mir heute so selbstverständlichen Grundrechte und Grundfreiheiten in der DDR galten. Die DDR war – auch und ausdrücklich nach der Selbstdefinition durch die SED – eine kommunistische Diktatur, und deshalb war das, was 1989 stattgefunden hat, so sehr es auch ein wirtschaftlicher und moralischer Zusammenbruch des SED-Regimes war, eben eine Freiheitsrevolution, eine Demokratierevolution. Erst die Freiheit, dann die Einheit, das war der Gang der Dinge. Es ist gut, wenn wir Deutschen uns gemeinsam daran erinnern und begreifen, auch im Westen des Landes, dass die ostdeutsche Freiheitsrevolution zu den Fundamenten der gemeinsamen Republik gehört.

Wie wenig selbstverständlich das ist, sieht man an dem, wie soll ich es nennen, traurigen, peinlich-lächerlichen Umstand, dass es bisher immer noch nicht gelungen ist, in Berlin ein Denkmal für dieses glücklichste Ereignis der deutschen Geschichte im 20. Jahrhundert zu errichten. Ein Freiheits- und Einheitsdenkmal, das an die Friedliche Revolution und die deutsche Einigung erinnern soll. Ich selbst jedenfalls habe diese Befreiungserinnerung, die Erinnerung an ein großes historisches und auch persönliches Glück, unauslöschbar nicht nur im Kopf, sondern auch im Herzen und sogar im Bauch. Ich vergesse einfach nicht, wo ich herkomme und wie wenig selbstverständlich meine und unsere Freiheit ist.

Die wahrlich historische Wendung von 1989/90, also der Zusammenbruch der Sowjetunion, das Ende des gefährlichen Ost-West-Konflikts, der demokratische Aufbruch in Mittel- und Osteuropa (und auch, nicht zu vergessen, in Südafrika) – das löste weltweite Begeisterung aus: Erinnern Sie sich noch an den Traum von einem goldenen Zeitalter des Friedens? Von einem endgültigen Siegeszug der Demokratie war die Rede, gar vom Ende der Geschichte. Welch zwar verständliche, aber – wie wir inzwischen sehen – doch leichtsinnige Euphorie damals. Und welche bittere und ernüchternde Enttäuschung seither in den vergangenen Jahrzehnten. Nichts von der erhofften Friedensdividende, keine weltweiten Demokratieerfolge. Im Gegenteil. Die Freiheit schreitet nicht voran. Die Zahl autoritärer Herrscher und Regime nimmt beängstigend zu.

Und in Deutschland heute, 35 Jahre später? Wir erleben gerade eine Regierungskrise. Das ist keine Katastrophe, keine Demokratiekrise. Denn wir haben Regeln für die Lösung von Regierungskrisen. Wir haben Regeln für demokratischen Wechsel. Zuerst hat das Parlament, also der Bundestag, das Wort, danach die Wählerinnen und Wähler. Und dazwischen Wahlkampf, also Streit, also Demokratie. Vor dem Wahlkampf müssen wir uns nicht fürchten, wenn er nicht so erbittert, so feindselig, so hasserfüllt geführt wird, wie wir zuletzt in den USA beobachten konnten. Noch sind und bleiben wir hoffentlich ein nicht gleichermaßen gespaltenes Land.

Und in Ostdeutschland? 30 Jahre nach der Freiheitsrevolution im September 2024 haben wir einen Einschnitt in der deutschen Demokratie-Geschichte erlebt. Bei drei Landtagswahlen sorgten die Wählerinnen und Wähler für einen dramatischen Erfolg einer rechtspopulistisch bis rechtsextremistischen Partei, der Partei eines völkischen Nationalismus. Darüber muss ich hier, gewissermaßen weit im Westen, in Bonn ein wenig reden.

War das nur eine Protestwahl? Die Rache des abgehängten Ostens, wie ein bekannter Künstler behauptet hat? Ich glaube nicht. Die Wählerinnen und Wähler in Sachsen, Thüringen und Brandenburg wussten genau, wen sie wählen – Höcke und Co haben sich deutlich genug ausgedrückt –, und sehr viele taten es aus Überzeugung, aus inhaltlicher Übereinstimmung, wie Wahlanalysen belegen. Da ist nichts mehr zu beschönigen. Noch niemals in Nachkriegsdeutschland haben Rechtsextreme so viel und so gefährliche Macht erhalten (in zwei Landtagen eine Sperrminorität). Zugleich wählen andere eine Partei, deren Programm in einer Person besteht, die kaum Mitglieder und dafür zwei sehr großzügige Spender hat und ganz viel Verheißung:

»Bei uns bekommt die Zukunft eine Heimat«, so ein Plakat des Bündnis Sahra Wagenknecht. Die beiden »neuen« Parteien BSW und AfD erreichen zusammen im sächsischen und brandenburgischen Landtag fast die Mehrheit der Mandate, im thüringischen erzielten sie eine eindeutige Mehrheit. Eine furchtbare Niederlage für die bisher regierenden Parteien.

Ich war im Frühjahr und im Sommer mehrmals in Thüringen unterwegs und war erschrocken über das Ausmaß von Wut gegen »die da oben« (nicht nur in Berlin). Über den Hass auf demokratische Politiker und Institutionen. Meinungsumfragen belegen zudem eine wachsende Zustimmung zur Gewalt. Die Wahlergebnisse sind Ausdruck dieser Wut und der massiven Unzufriedenheit mit den Landesregierungen und auch mit der Bundesregierung. Die eignete sich wahrlich gut zum Sündenbock. Aber damit ist sie ja leider nicht allein in Europa: fast überall kriselnde Regierungen und ein Erstarken rechtsextremer und populistischer Kräfte. Das ist kein Trost, im Gegenteil. Sollte aber ein wenig vor monokausalen Erklärungen und allzu flotten Schuldzuweisungen schützen.

Mir ist ein Widerspruch aufgefallen. Viele Ostdeutsche, aber wahrscheinlich nicht nur die, schimpfen hemmungslos, malen die Lage schwarz in schwarz. Die Zukunft erscheint ihnen finster, das Land im Untergang. Und zugleich sagen die meisten: Mir persönlich geht es gut. Das ist ein Widerspruch, der durch viele Meinungsumfragen bestätigt wird. Eine fast apokalyptische Stimmung von rechts, der argumentativ kaum beizukommen ist. Befragt, was denn konkret der Anlass für ihre Kritik und Wut ist, sind es immer wieder dieselben Themen: eine geradezu hasserfüllte Angst vor der Migration, die Unbeherrschbarkeit der Zuwanderung (auch in Orten, wo es kaum Ausländer gibt), damit verbunden ein diffuses, nicht zu überwindendes Gefühl von Unsicherheit wegen der zunehmenden Kriminalität, die Wut über das Heizungsgesetz und die Energiekosten, die Angst vor den Folgen des Ukrainekrieges, wirtschaftliche Zukunftssorgen. Es geht immer um tatsächliche Probleme, die aber im Gefühl ins geradezu Katastrophische übersteigert werden.

Und überhaupt: dass »die da oben« und »die im Westen« über uns bestimmen wollen, von uns so viele schmerzende Veränderungen verlangen. Die Wahlergebnisse sind wohl auch Ausdruck einer gewachsenen ostdeutschen Verärgerung und Renitenz: Die in Berlin befassen sich mit Cannabis-Freigabe, mit Gendersprache, mit Geschlechts-Selbstbestimmung, überfordern uns mit ihren eifrigen ökologischen Zwangsmaßnahmen und kümmern sich nicht um unsere wirklichen Probleme: den Zusammenbruch des öffentlichen Verkehrs und der Gesundheitsversorgung auf dem Lande, den Wegfall der vertrauten Arbeitsplätze, die nach wie vor bestehenden West-Ost-Differenzen bei Einkommen und Vermögen, bei der Wirtschaftskraft. Ja, es gibt tatsächlich und trotz aller Anstrengungen und Fortschritte der vergangenen 35 Jahre noch deutliche wirtschaftliche, soziale und auch kulturell-mentale Unterschiede zwischen West und Ost. Wir sind eben »ungleich vereint«, wie der Untertitel eines sehr illustrativen Buches von Steffen Mau heißt.

Aber ist das, was Ostdeutschland erlebt, nur und besonders ostdeutsch? Oder erleben, erleiden, empfinden die Ostdeutschen nur mit besonderer Härte und Verunsicherung, was die allgemeine Weltlage bestimmt in Europa und auch im Westen Deutschlands? Nämlich – und das macht ja die Dramatik aus – die Gleichzeitigkeit verschiedener umwälzender Entwicklungen und heftiger Veränderungen. Von Polykrise spricht man und meint die widersprüchliche Globalisierung mit ihren Migrationsschüben, die die Fremden und das Fremde näherbringen und das Eigene, Selbstverständliche infrage stellen, meint in einer geöffneten Welt die unvermeidliche und doch konflikthafte ethnische und kulturelle Pluralisierung unserer Gesellschaft, meint die dramatische Veränderung von Produktion und Kommunikation durch künstliche Intelligenz, durch Digitalisierung. Und vor allem ist gemeint die Verhinderung der ökologischen Katastrophe, die radikale Veränderungen unserer Produktions- und Lebensweise verlangt. Und dann auch noch die Ängste durch Pandemien, durch Inflation, durch Terrorismus und Gewalt, durch nicht enden wollende Kriege.

Im Zusammenhang mit dem Aggressionskrieg Putin-Russlands gegen die Ukraine hat Bundeskanzler Olaf Scholz den Begriff »Zeitenwende« ins öffentliche Bewusstsein gebracht. Dieses Ereignis ist mit Sicherheit ein historischer Einschnitt, eine höchst folgenreiche Wendung der Geschichte, allerdings ganz anderer Art als die Wende von 1989/90. Inzwischen sind manche, aber wohl noch nicht alle Folgen dieses tiefen negativen Einschnitts sichtbar: eine neue Hochrüstungsphase mit ihren nicht nur materiellen Kosten, neue (alte?) Konfrontationen, ökonomische und soziale und finanzielle Zuspitzungen und Belastungen. Und beunruhigende Fragen: Wie geht es weiter mit der überlebensnotwendigen ökologischen Transformation? Was wird aus den sozialen und ökonomischen Ungleichheiten und Ungerechtigkeiten in der Welt? Die Gefahr ist groß, dass durch eine sich neu verschärfende, politisch-militärische Polarisierung in der Welt die globalen Anstrengungen aufgekündigt bzw. massiv zurückgeworfen werden. Gemeinsame Anstrengungen, die unbedingt notwendig sind, um die dramatische Welterhitzung mit ihren Folgen von Umweltkatastrophen, Hungersnöten, Energieengpässen und Arbeitsmigration aussichtsreich zu bekämpfen.

Und blicken wir auf unser Land. Was wird aus unserem deutschen Erfolgsmodell? Ich sage nichts Originelles: Die Grundlage für unseren ökonomischen Wohlstand und unsere politische und soziale Stabilität waren ja Verlagerungen: Für unsere Sicherheit waren die USA verantwortlich. Unsere Rohstoffbasis war Russland geworden und unser expandierender Absatzmarkt war China. Das deutsche Industriemodell passte da gut hinein. Das machte alles so schön billig. Wir Deutschen haben die Kosten unseres Wohlstands und unserer Freiheit jedenfalls nicht alle selbst bezahlen müssen. Dass dies so nicht bleiben wird, vermutlich, das wird eine erhebliche Herausforderung für das Innere unserer Gesellschaft, für deren sozialen Zusammenhalt werden.

Jetzt wird sich erweisen müssen, ob unsere Demokratie, die ja die politische Lebensform der Freiheit ist, eine Schönwetterdemokratie (gewesen) ist. Denn die Existenzgrundlagen der »alten« Bundesrepublik waren doch wirtschaftliches Wachstum und stabile Wohlstandsmehrung. Das begründete und ermöglichte die Stabilität unserer Demokratie. Was wird aus ihr werden, wenn diese Grundlage für nicht absehbare Zeit nicht mehr so sicher ist wie gewohnt? Wenn die materiellen und kulturellen Verteilungskonflikte sich – nicht nur in unserem Land, sondern auch global – verschärfen? Auch das ist eine entscheidende Frage bei dem, was »Zeitenwende« wirklich bedeutet, weit über das Militärische hinaus. Wenn es nicht Früchte von Wachstum, wenn es nicht ein Mehr zu verteilen gibt, sondern vielleicht gar ein Weniger, dann stellen sich härtere Gerechtigkeitsfragen als in den glorreichen Zeiten der alten Bundesrepublik.

Es ist jedenfalls viel, sehr viel, was individuell und kollektiv zu bestehen ist. Die Fülle der Probleme, Krisen und Veränderungen verstärkt auf unübersehbar heftige Weise das individuelle wie kollektive Bedürfnis nach neuen (und auch alten) Vergewisserungen und Verankerungen, nach Identität, nach Sicherheit, nach Beheimatung. Allerdings: Die Gefühle der Unsicherheit, der Gefährdung des Vertrauten und Gewohnten, der Infragestellung dessen, was Halt und Zusammenhalt gibt, insgesamt also ökonomische Abstiegsängste und soziale Überforderungsgefühle und kulturelle Entheimatungsbefürchtungen und tiefgehende Zukunftsunsicherheiten – sie sind höchst ungleich verteilt einerseits zwischen den Erfolgreichen, auf den Wellen der Globalisierung Surfenden und andererseits denen, die sich durch die Modernisierungsschübe bedroht fühlen, die Entfremdungsängste empfinden und die die Veränderungen als sozialen Verteilungskonflikt erfahren.

Des Weiteren gibt es neben diesen kulturellen und sozialen Spaltungen auch eine sichtbare West-Ost-Ungleichheit, ein West-Ost-Gefälle der Sicherheiten und Gewissheiten: nach den ostdeutschen Erfahrungen eines Systemwechsels, eines radikalen Umbruchs sowohl ökonomisch-sozialer wie moralisch-kultureller Art, nach dem vielfachen Erlebnis der Entwertung und des Entschwindens der eigenen Lebenserfahrungen und Lebensleistungen.

Zeiten heftiger Veränderungen und Verunsicherungen, also unsere, das sind Zeiten für Populisten, also für die großen und kleinen

Vereinfacher und Schuldzuweiser, die die verständlichen Sehnsüchte nach Erlösung von ängstigenden Unsicherheiten flott zu befriedigen versprechen. Zumal in Ostdeutschland. Dort trifft ja die gegenwärtige Veränderungsdramatik auf Menschen, die die dramatischen Veränderungen seit 1989/90 mit Schmerzen, Opfern, Verlusten noch nicht gänzlich und vor allem nicht alle gleichermaßen erfolgreich bestanden haben.

So viel Umwälzung in kurzer Zeit! Und nun die nächste Welle umgreifender Veränderungen. Das macht nicht wenige empfänglich für die einfachen, radikalen Botschaften, für das Angebot alt-neuer konservativ-nationaler Gewissheiten und wütend aggressiver Abwehr. Eine erfolgreich gefährliche Mischung. Aber doch nicht nur in Ostdeutschland, wie man in der Corona-Krise erleben konnte. Und ebenso bei den unterschiedlichen Reaktionen auf die russische Aggression.

Die zu bewältigenden Veränderungen, sie sind allerdings insgesamt und im ganzen Land von durchaus erschütternder Qualität. Die Corona-Pandemie hat uns zu neuer Einsicht in unsere menschliche Verletzlichkeit gezwungen. Die Beschleunigung der technologischen Entwicklung – man spricht mit Blick auf die künstliche Intelligenz vom Eintritt ins Exponentialzeitalter – führt uns die Antiquiertheit des Menschen vor Augen, um den Titel eines berühmten Buchs von Günther Anders aus dem Jahr 1979 zu zitieren. Was der militärische Einsatz der künstlichen Intelligenz im Übrigen noch alles bedeuten könnte, wir können es nur erahnen.

Der Aggressionskrieg Putin-Russlands zerstört unser Vertrauen auf eine durch Regeln und Verträge geordnete und sichere Welt des Friedens. Die anhaltende Migration aus Armuts- und Konfliktgründen bringt den Westen und Europa an die Grenzen ihres humanitär universalistischen Selbstverständnisses. Und der Klimawandel? Die drohende ökologische Katastrophe ist die massivste Herausforderung unseres Zukunftsoptimismus und stellt – wir können es doch beobachten – vor allem in der jüngeren Generation die Fortschrittsverheißung des Aufwärts und Mehr in Frage. Aber genau das war doch die

Grundannahme, das Fundament der Moderne: dass der Fortschritt stetig voranschreitet. Wer von uns ist sich dessen wirklich noch sicher?

Der Politikwissenschaftler Peter Graf Kielmansegg hat es in einem Essay vor einiger Zeit höchst treffend formuliert. Die Moderne, die »als Projekt der Selbstbefreiung der Menschheit gedacht war und begonnen wurde, schlägt in einen Prozess um, der immer mehr Unfreiheit erzeugt, Zwänge nämlich, denen sich die Menschheit unterwerfen muss. In der sogenannten Klimakrise ist dieser Umschlag mit zerstörender Wucht sichtbar geworden. Die Klimakrise ist es, die der Menschheit jetzt ihre Agenda diktiert, mit einer Dringlichkeit, wie sie noch von keiner Herausforderung der Menschheit ausging.« Das Anthropozän, also das vom Menschen bestimmte Erdzeitalter, könnte, so seine Befürchtung, »das Zeitalter der existenziellsten Ohnmachtserfahrung« werden. Der zu begegnen, bedürfe es »zum ersten Mal in der Menschheitsgeschichte einer menschheitlichen Anstrengung«. Das ist das Zentrum dessen, was der Begriff »Zeitenwende« meint und meinen muss.

Die Reaktionen auf die genannten Erschütterungen, Infragestellungen und Herausforderungen unseres gewohnten Lebens sind höchst unterschiedlich: Nichtwahrhabenwollen auf der einen Seite, Verlustwut auf der anderen, trotziges Bestehen auf dem Weiter-So hier und apokalyptische Ungeduld dort. Und in jedem Fall die Erwartung, das Verlangen, dass die Politik schnell handelt, schmerzlose Lösungen, ja Wunder vollbringt. Und da demokratische Politik das nicht so kann wie gewünscht, nehmen Politikerverachtung und Demokratieverdruss zu.

Übertreibe ich? Denken Sie an die Landtagswahlen in Ostdeutschland und schauen Sie sich in Europa um, was überall bei Wahlen passiert. Insgesamt erleben wir eine deutliche Abnahme der Zustimmung zur Demokratie und einen erheblichen Verlust des Vertrauens in demokratische Politiker und Institutionen. Die täglichen Nachrichten belegen es: Extremismus, Hass, Gewaltbereitschaft haben zugenommen. Es hat in den vergangenen Wochen und Monaten Angriffe gegeben, nicht nur gegen Bundes- und Kommunalpolitiker, sondern auch auf Feuerwehrleute, medizinische Nothelfer, Schiedsrichter, Wissenschaftler. Rhetorische Gewalt schlägt um in physische Gewalt. Und schauen wir uns um in der Welt: In harter Umbruchszeit ist die uns so selbstverständlich gewordene offene und rechtsstaatliche Demokratie nicht mehr gesichert. Sie ist eher die Ausnahme, nicht die Regel. Sie ist kostbar, weil vielfach bedroht von außen und auch von innen. Das ist doch unser Erschrecken beim Blick auf die USA. Dort gewinnt ein Lügner und Betrüger, ein Rassist und Sexist eine demokratische Wahl. Was wird das für Folgen haben für die Demokratien weltweit? Und für die Demokratie in den USA selbst? Sollte sich tatsächlich die Beobachtung zweier amerikanischer Politikwissenschaftler bestätigen, dass heute Demokratien nicht durch Gewaltakte, durch militärische Staatsstreiche zerstört werden, sondern durch Wahlen, durch Entwicklung innerhalb der Demokratie?

Meine Damen und Herren, ein Blickwechsel. Ich erinnere an die Erfahrung mit der Pandemie. Das war mehr als der unvermeidliche Streit um Einschränkungen und verpflichtende Regeln, zum Beispiel um das Pro und Contra einer Maskenpflicht und vor allem einer Impfpflicht (für die und gegen die es durchaus nachvollziehbare Argumente gibt). Es war mehr. In vielen Äußerungen, zum Beispiel auch zum Vorschlag des Bundespräsidenten, eine soziale Pflichtzeit einzuführen, war wahrzunehmen, wie verbreitet die Vorstellung ist, dass Pflicht gleich Zwang sei. Pflicht habe bevormundenden Charakter, hieß es. Und man denkt dabei an solche Bevormundungen wie Schulpflicht oder Gurtpflicht oder Steuerpflicht und überlegt, wie sehr sie wohl unsere Freiheit einschränken mögen. Man wünscht den Kritikern, dass sie ein wenig nachdenken – auch im kritischen Rückblick über die möglichen freiheitszerstörenden Folgen der Aussetzung von verpflichtenden Regeln bei einer neuen, bis dahin unbekannten und ansteckenden, also zwangsweise kollektiven Erkrankung (eben nicht nur von Singularitäten).

Nicht der Streit war und ist ärgerlich, er gehört zu einer liberalen Demokratie. Sondern mich irritiert die ideologische Überhöhung von Ablehnungen. Sichtbar wird, so meine ich, ein durchaus problematisches Freiheitsverständnis. Autonomie, und zwar verstanden als selbstbestimmte, individuelle Selbstverwirklichung, gilt ja irgendwie als der höchste Wert unserer Gesellschaft. Regisseur des eigenen Lebens zu sein, das ist ein schönes Bild dafür und ein verräterisches. Die Anderen, die Mitmenschen, sind dann wohl die Assistenten, gar die Statisten meiner Lebensregie. Freiheit bekommt auf diese Weise Fetischcharakter, als habe man sie von Natur aus, als sei sie Eigentum, und wird so zum Gegenstück des Sozialen, zum Widerpart von Solidarpflichten.

Gewiss ist der Prozess der Individualisierung ein großer zivilisatorischer Fortschritt, ein Gewinn an subjektiver Freiheit, kodifiziert in den Grund- und Menschenrechten. Aber als Siegeszug der »Singularitäten« (Andreas Reckwitz) zeigt dieser Prozess seine durchaus problematische, gar pathologische Rückseite: Die steigenden Selbstverwirklichungsansprüche richten sich gegen die Solidargemeinschaft, den demokratischen Sozialstaat, von dem man immer mehr verlangt, der als Dienstleister meiner Ansprüche gefälligst zu funktionieren hat und den man zugleich verachtet, weil er die geradezu autoritären Erwartungen nicht befriedigen kann.

Was mich ärgert, ist die tiefe Politik- und Sozialvergessenheit des grassierenden, oberflächlichen Freiheitsverständnisses: das Herunterdimmen von Freiheit und Wahrheit zu einem Ausdruck von Befindlichkeiten, von Identitätsansprüchen gegen andere. Wie wollen wir mit einem solchen individualistischen und entsolidarisierenden Freiheitsverständnis, mit einem so subjektivierten Authentizitäts- und Wahrheitsanspruch die vor uns liegenden dramatischen Herausforderungen meistern? Es wäre doch gut, wir würden lernen, unseren egozentrischen Freiheits-Narzissmus zu erkennen und zu überwinden, und begreifen, dass Freiheit und Verantwortung zusammengehören. Dass Freiheit ohne die Regeln und Beschränkungen des Solidarischen zur blanken Rücksichtslosigkeit, zum Recht des Stärkeren wird. Und uns erinnern an die uralte goldene Regel, die Kant in seinen kategorischen Imperativ übersetzt hat. »Was du nicht willst, das man dir tu, das füg auch keinem andern zu!« Aleida und Jan Assmann haben es in ihrem neuen und letzten gemeinsamen Buch sehr pointiert formuliert: Die europäische Erfindung des autonomen, singulären Individuums sei eine eitle Selbstüberschätzung der Moderne, aus der man Luft ablassen könne, um dafür die Idee des dialogischen Mitmenschen, des freiheitlichen Miteinanders zu stärken. Das ist wohl notwendig, meine auch ich, um der Solidarität mit den verletzlichen Anderen willen, um unserer Demokratie willen und um unserer globalen Zukunft willen. Gegen die Entfesselung des »Hier-und-Jetzt-Egoismus« (eine Formulierung, die ich gerade einem Text aus der ZEIT über die Lindner-FDP entnommen habe).

Meine Damen und Herren, Sie kennen vermutlich die berühmten Sätze von Willy Brandt aus seiner Abschiedsrede als Parteivorsitzender auf einem SPD-Parteitag 1987: »Wenn ich sagen soll, was mir neben dem Frieden wichtiger sei als alles andere, dann lautet meine Antwort ohne Wenn und Aber: Freiheit. Die Freiheit für viele, nicht nur für die wenigen. Freiheit des Gewissens und der Meinung. Auch Freiheit von Not und von Furcht.« In diesen Sätzen drückt sich ein tiefes Wissen aus, das gerade in der Arbeiterbewegung, in der Sozialdemokratie bewahrt ist: das Wissen von einem fundamentalen, geradezu existentiellen Zusammenhang von Freiheit und Gerechtigkeit. Wie die Geschichte der Demokratien und ihre Zerstörung zeigt, denken Sie nur an das Ende der Weimarer Demokratie.

Gleiche Freiheit für alle – das muss das Ziel, muss die dauernde Aufgabe demokratischer Politik sein. Das ist gerade in dramatischen Veränderungszeiten besonders wichtig, zu deren Dramatik ja die Verschärfung sozialer Gegensätze und der Reichtums- und Armutsunterschiede gehört. Sie kennen die Zahlen über die Eigentumsungleichheiten in der Welt und auch in unserem Land. Ich erwähne nur zwei Meldungen aus den letzten Tagen: Es gibt 2.700 Milliardäre auf der Welt. Sie haben allein so viel Eigentum wie das gesamte Bruttosozialprodukt Deutschlands. Das reichste Prozent der Weltbevölkerung verursacht 17 Prozent der globalen Emissionen, mehr als die ärmere Hälfte der Weltbevölkerung insgesamt. Die massenhafte Erfahrung wachsender Ungleichheit aber erzeugt das Gefühl, dass die Demokratie nicht der Schlüssel für Gerechtigkeit sein könnte. Ungerechtigkeit, Armut und Not gefährden Freiheit und Demokratie. Und auch das können wir wissen: Gerechtigkeit unter Preisgabe der Freiheit herstellen zu wollen, muss scheitern. Das ist die Lehre aus den Diktaturerfahrungen des 20. Jahrhunderts. Und das heißt heute. Wer bei der überlebensnotwendigen, ökologischen Reformpolitik die Gerechtigkeitsfrage missachtet, der wird scheitern. Aber ebenso umgekehrt, wer heute Gerechtigkeitspolitik betreiben will, muss ökologische Reformpolitik betreiben. Denn zerstörte Umwelt belastet die Ärmeren und Schwächeren mehr als die Vermögenden, die die Umwelt mehr belasten und sich zugleich von den Folgen eher freikaufen können.

Deshalb ist es so wichtig, dass beide politischen Zentralaufgaben der Gegenwart in ihrem Zusammenhang gesehen und gelöst werden, also energische Reformen vorangetrieben werden, wissenschaftlicher, technologischer, ökonomischer, sozialer und ökologischer Fortschritt organisiert wird und dabei Verluste und Gewinne, Schmerzen und Vorteile fair und gerecht verteilt werden. Im Sinne der genannten doppelten Aufgabe – Fortschritt und Gerechtigkeit um der Freiheit willen – ist ökologische Teilhabe eine moderne Dimension von Verteilungsgerechtigkeit, zu der die Sozialdemokratie sich zu bekennen hat.

Ökologische Teilhabe, das meint die angemessene aktive und wirksame Beteiligung aller an den Anstrengungen wie an den Früchten von nationaler wie globaler Überlebenspolitik. Überlebenspolitik wird es nicht ohne Zumutungen und Schmerzen geben, die aber, so hoffe ich, zu tragen und zu ertragen sind, wenn sie denn gerecht verteilt werden und mit Zukunftsaussichten verbunden sind. Überzeugende demokratische Modernisierungs- und Reformpolitik muss immer wieder neu ein Angebot, eine Einladung an das Ganze der Gesellschaft formulieren. Sie darf keine Klientelpolitik sein oder als solche erscheinen.

Das ist wohl der eigentliche Kraftakt, der von den demokratischen Parteien verlangt wird. In der Debatte, im Streit miteinander und im Gespräch mit der Bevölkerung eine Politik zu entwickeln und zu gestalten und mehrheitsfähig zu machen, der es gelingt, bei knapperen

Gütern, geringeren Umweltbelastungen und weniger materiellem Wohlstandswachstum, also trotz vermutlich härterer Verteilungskonflikte, für politischen Zusammenhalt und soziale Gerechtigkeit zu sorgen. Genau das ist, so meine ich, auch die Bewährungsprobe für unseren demokratischen Gemeinsinn.

Es ist sehr viel, was demokratische Politik heute für uns und mit uns Bürgern zu bearbeiten, zu lösen hat, was zu bewältigen ist. Dabei helfen apokalyptische Dramatisierungen weniger, so verständlich sie sein mögen. Vielmehr muss es um Lösungsvorschläge gehen, um die Diskussion von konstruktiven Alternativen, die auf Verwirklichung zielen, auf die Lösbarkeit von Problemen, um eine begründete Zuversicht, dass es wirklich gelingen kann, durch Kreativität und Innovationskraft, durch Änderung unserer Produktionsweise die Zukunft zu gewinnen.

Es wäre gut, wenn Politik und vor allem auch politische Kommunikation hoffnungsorientierter sein könnte, statt nur Ängste zu verbreiten und Unsicherheit und Abwehr zu vermehren. Nicht nur Notwendigkeiten beschwören, sondern zeigen, was möglich ist – im Großen wie im Kleinen. Die meisten Menschen sind doch schließlich süchtig nach guten Nachrichten. Die schlechten können wir kaum noch ertragen. Kassandrarufe, wir erinnern uns, bewirken wenig. Die »Zeitenwende« – sie ist hoffentlich keine Endzeit, wie die »Letzte Generation« beschwört. Sie ist aber auch keine Zeit der Wunder, sondern eine Zeit für energisches Handeln! Keine Zeit für falsche Versprechungen und gefährliche Illusionen, sondern eine Zeit für sozial und ökologisch und ökonomisch verantwortliche Reformpolitik, um der Zukunft der Freiheit willen!

Und die Bürger? Wir Bürger bedürfen der – vielleicht schmerzlichen – Einsicht, dass Leben in Freiheit nicht identisch ist, nicht identisch sein muss mit andauerndem wirtschaftlichem Wachstum und ständiger Wohlstandsmehrung! Und dass individuelle Selbstverwirklichung angesichts der Bedrohung durch Krieg und Klimakatastrophe möglicherweise zweitrangig, jedenfalls nicht der einzige Maßstab sein könnte. Von dem Philosophen Peter Sloterdijk stammt die bissige Bemerkung: »Es scheint, wir westliche Menschen sterben lieber, als auf Selbstbestimmung und Überfluss zu verzichten«. Selbsterhaltung des Menschen, also der Menschheit, kann nur als gemeinschaftliches Projekt gelingen. Das ist die notwendige wie ernüchternde Einsicht, vor der wir uns nicht mehr drücken sollten.

Zum Schluss komme ich noch einmal zurück auf Ostdeutschland und die Wahlen im Herbst. Die Ergebnisse zeigen: Nach 35 Jahren deutscher Einheit haben wir es mit einer durchaus unterscheidbaren politischen Kultur zu tun. Diese ist im Osten fragiler, mit schwächeren demokratischen Strukturen, mit weniger festen Parteibindungen. Viele Menschen haben eine andere Vorstellung von Demokratie: Weniger Parteiendemokratie; nicht die repräsentative Demokratie mit ihrem Regelwerk und Institutionengefüge, mit ihren zeitraubenden Entscheidungsprozessen – sondern direktere Demokratie, der Vollzug des Volkswillens, statt quälendem Streit; die umweglose Durchsetzung des Mehrheitsprinzips durch eine entschlossen geführte Politik, durch klare Führung. Diese Demokratievorstellung, dokumentiert durch die Wahl zweier unterschiedlicher, aber durchaus doch verwandter autoritärer Parteien, ist eine Herausforderung für die bisher das politische System der Bundesrepublik tragenden Parteien. Dieses System, das fundamentaler Teil der Erfolgsgeschichte der Bundesrepublik war, muss sich neu bewähren. Vor allem in Ostdeutschland und in diesen unruhigen Zeiten von Krisen und Umwälzungen und angesichts von so viel Veränderungsschmerz und Unwillen. Ohne Wunder, aber durch gute Politik.

Die Demokraten haben die Pflicht, der autoritären Versuchung und Verführung zu widersprechen und zu widerstehen. Das ist allerdings nicht nur eine ostdeutsche Angelegenheit. Denn es geht global darum, wer den notwendigen Wandel, die notwendige Überlebenspolitik besser organisieren kann: freiheitliche Demokratien oder autoritäre Regime? Und das ist nicht nur, aber auch eine deutsche Angelegenheit. Dabei geht es letztlich um die Zukunft der Freiheit.

FREIHEIT UND MITBESTIMMUNG*

Von LISA HERZOG

Freiheit ist ein vielschichtiger Begriff mit unterschiedlichen Dimensionen. In der Philosophie werden verschiedene Arten von Freiheit unterschieden. Eine klassische Dreiteilung ist die zwischen *negativer Freiheit* als der Abwesenheit von Staatseingriffen, *positiver Freiheit* als der Freiheit, Dinge tun zu können, und *republikanischer Freiheit* im Sinne der bürgerschaftlichen Freiheit, das Mitgestalten. Letztere äußert sich nach Meinung vieler Autor_innen auch in der *demokratischen* Partizipation, in der die Bürger_innen sich gemeinsam die Regeln geben, unter denen sie leben. Meiner Meinung nach wäre es falsch, wenn man versuchen würde, diese unterschiedlichen Dimensionen von Freiheit auf einen einzigen Begriff zu reduzieren. Wir brauchen diese unterschiedlichen Dimensionen, wenn wir Freiheit als gelebte Wirklichkeit verstehen wollen (siehe auch Herzog 2013).

Für den politischen Bereich wird dieses Bild, vielleicht in leichten Abwandlungen, von vielen anerkannt. Aber ich möchte argumentieren, dass wir diese Freiheitsbegriffe auch auf das Wirtschaftssystem anwenden müssen (und vielleicht auch noch auf andere soziale Systeme). Das gilt vor allem, wenn wir uns fragen, was eine *wirklich freie* Gesellschaft ausmacht. Dabei möchte ich Freiheit nicht als Gegensatz von Fairness oder Gerechtigkeit verstehen, sondern im Gegenteil letztere so verstehen, dass es *um die Verteilung von Freiheiten* geht.

---

* Der Beitrag basiert auf einem Vortrag im Rahmen des Willy-Brandt-Vortrags 2024, »Freiheit in Zeiten des Wandels«, mit Wolfgang Thierse als Hauptredner, an der Universität Bonn am 10. Dezember 2024.

Auch die ökologische Dimension unserer Gesellschaft muss dabei mitgedacht werden, denn es ist essentiell, dass Gesellschaftsvisionen die Einhaltung der planetaren Grenzen (Rockström et al. 2009) mitdenken. Das gilt insbesondere, wenn man sich über die Zukunft unseres Wirtschaftssystems Gedanken macht.

Wolfgang Thierse hat die ökologische Transformation genannt, die wir durchlaufen müssen, und dabei das Stichwort Anthropozän verwendet, also das vom Menschen gemachte Zeitalter. Es gibt einen Vorschlag von Wissenschaftler_innen, den ich sehr plausibel finde: dass wir eigentlich vom *Kapitalozän* sprechen müssten statt vom Anthropozän (z. B. Moore 2016). Denn es war ja nicht die Menschheit als Ganze, die den Klimawandel ausgelöst hat, sondern eine ganz bestimmte Wachstumsdynamik, die im 19. Jahrhundert in Gang kam. Zwar waren auch die sozialistischen Wirtschaftssysteme des 20. Jahrhunderts nicht gerade klimafreundlich, doch heute ist es in hohem Maße die kapitalistische Wachstumsdynamik, die dem Umstieg auf ein klimafreundlicheres Wirtschaftssystem im Weg steht.

Es ist eine weitergehende Frage, ob unser heutiges Wirtschaftssystem einer gerechten Verteilung von Freiheit entspricht. Aus Zeitgründen kann ich darauf nicht im Detail eingehen. Ich möchte jedoch auf einen Punkt hinweisen, der in der Debatte meines Erachtens oft zu kurz kommt. Das Wirtschaftssystem, das die neuen Bundesländer in den 1990ern bekommen haben, war nicht gerade der Rheinische Kapitalismus, mit seinen Mechanismen der Sozialpartnerschaft und seiner Einbettung in ein vielfältiges System zivilgesellschaftlicher Institutionen, das zumindest in Teilen Westdeutschlands einen recht anderen Kapitalismus erzeugt hat als zum Beispiel in der angelsächsischen Welt (Hall and Soskice 2001).

Spricht man von der Anwendung von anspruchsvolleren Freiheitsbegriffen und demokratischen Prinzipien auf die Wirtschaft, dann hört man manchmal den Einwand, dass dies doch eine »Privatwirtschaft« sei, die ihrer eigenen Logik folge. Das ist jedoch ein Missverständnis. Unser Wirtschaftssystem wird durch öffentliche Regeln – Gesetze, Regulierungen, auch öffentliche soziale Normen – gestaltet.

Es ist nicht privat in dem Sinne, in dem die Intimität unserer Schlafzimmer privat ist. Und durch diese Gesetze und Regulierungen lässt sich Wirtschaft auch verändern, um die unterschiedlichen Dimensionen von Freiheit in ihr so gerecht wie möglich zu verteilen.

Meine These ist daher, dass die Verwirklichung von Freiheit immer in dieser Doppeldimension – vom politischen und vom wirtschaftlichen System her – gedacht werden muss, auch und gerade in Zeiten des Wandels.

Im Sinne der klassischen Trias der politischen Philosophie – negative, positive und republikanische Freiheit – will ich drei Formen von Freiheit im Wandel vorschlagen: die Freiheit, vom Wandel nicht überfallen zu werden, die Freiheit, Wandel zu verarbeiten, und die Freiheit, Wandel mitzugestalten.

Die Freiheit, vom Wandel nicht überfallen zu werden

Die Freiheit, vom Wandel nicht überfallen zu werden, orientiert sich am Konzept negativer Freiheit im Sinne einer Freiheit *von* Furcht. *Freiheit von* wird oft in erster Linie verstanden als Freiheit von staatlichen Eingriffen, wie eben am Ende des Willkürstaats der DDR oder auch am Ende der Diktatur in Syrien. Aber die Gefahr hier ist, dass es um ein zu individuelles, subjektives Freiheitsverständnis geht, das vor allen Dingen die Abwehr irgendwelcher Eingriffe, was auch immer sie sein mögen, in den Mittelpunkt stellt. Trotzdem scheint mir diese Form von Freiheit – und zwar nicht nur gegenüber dem Staat, sondern auch gegenüber anderen Akteuren – weiterhin eine wichtige Dimension. Aber im wirtschaftlichen Bereich, und gerade, wenn es um Transformationszeiten geht, stellt sie sich in einer anderen Form dar: Freiheit als Freiheit von Furcht, als Freiheit von Angst, als Freiheit davon, dass andere über mein Leben bestimmen können. Oft geht es auch um die Freiheit, die entsteht, wenn Menschen Sicherheitsnetze haben, auf die sie sich verlassen können. Was passiert mit ihnen, wenn »die Wirtschaft«, in diesem ganz abstrakten Sinne, sich ändert? Die Angst vor Verlusten kann das Schlechteste im Menschen hervorbringen, und zwar nicht nur die Angst vor materiellem Verlust, sondern auch die vor Statusverlusten, vielleicht sogar vor gefühlten Statusverlusten, die schon dadurch entstehen können, dass andere gesellschaftliche Gruppen mehr Aufmerksamkeit erhalten.

Von der renommierten Soziologin Arlie Russell Hochschild stammt das Bild von Menschen, die sich in der Schlange vordrängeln. Sie hat amerikanische Wähler_innen erforscht und geschildert, dass diese Menschen in Louisiana, in der amerikanischen unteren Mittelschicht, ganz oft das Gefühl hatten, dass Frauen oder Nichtweiße auf einmal bevorzugt behandelt wurden (Hochschild 2016). Und das ist natürlich eine interessante Tatsache, weil die Benachteiligung von Frauen und Nichtweißen historisch und empirisch sehr gut untersucht ist und ihre heutige Bevorzugung deswegen oft gerechtfertigt ist. Und diejenigen Gruppen, die sich dann benachteiligt fühlen – die finden, dass andere in der Schlange sie überholen –, die hatten ihre Privilegien historisch nicht unbedingt mit guten Gründen. Wie geht man damit um? Aber es geht nicht nur um subjektive Emotionen; irgendwelche vagen Neidgefühle, die sich dann im Hass auf Gendersternchen äußern. Sondern es geht auch um die konkreten wirtschaftlichen Bedingungen, denen Menschen ausgesetzt sind, wenn ihre Lebenswelt vom Wandel erfasst wird.

Und deswegen muss gerade in Zeiten des Wandels das Prinzip der *Sozialversicherung* immer mitgedacht werden. Versicherung meint: Wir zahlen alle ein, weil es uns alle treffen könnte, und alle haben dadurch ein Sicherheitsnetz. Gerade angesichts des Wandels, der durch künstliche Intelligenz auf uns zukommt, wird das wieder politisch enorm relevant. Es geht hier nicht nur um die »klassischen« Verlierer_innen technologischen Wandels, sondern auch um sehr viele Mittelklasseberufe, die sich wahrscheinlich rapide verändern werden. Und die Frage ist, ob es gelingt, die sich dadurch ergebende allgemeine Unsicherheit in ein neues Gefühl von Solidarität umzuwandeln und in die Bereitschaft, sich an Sozialversicherungssystemen zu beteiligen.

Die Freiheit, Wandel zu verarbeiten

Zweitens die Freiheit, Wandel zu verarbeiten. Diese orientiert sich am Konzept der positiven Freiheit, aber sie hat auch gewisse Überlappungen mit dem dritten Konzept. Die menschliche Natur ist nicht derart, dass jede und jeder sofort und mit Begeisterung auf alles Neue anspringen würde; vermutlich wäre es in der Evolution der Menschheit ziemlich gefährlich gewesen, wenn alle Neuheiten immer sofort umarmt geworden wären. Das würde Stabilität, Routinen und soziale Ordnung zu stark gefährden. Aber gewisse Veränderungen sind notwendig und unvermeidbar. Die Frage ist: Wie können die Einzelnen damit umgehen? Wie können sie sich damit auseinandersetzen? Bei dem österreichischen Philosophen Ludwig Wittgenstein gibt es die Formulierung, dass philosophische Probleme oft die Form haben: »Ich kenne mich nicht aus« (Wittgenstein 1958). Und dieses Gefühl, sich nicht auszukennen, ist eines, das einen auch in Zeiten von Wandel und Veränderung überfallen kann. Es kann sich anfühlen wie ein Angriff auf die eigene Selbstbestimmung und die eigene Autonomie, nicht nur im Sinne eines narzisstisch verengten individuellen Freiheitsbegriffs, sondern wirklich im Sinne dessen, ob es eigentlich noch das eigene Leben ist, das man führen kann. Was heißt es für die Art und Weise, wie wir unsere politischen und ökonomischen Systeme ausgestalten, dass Menschen Wandel auch verarbeiten können müssen und diese Freiheit haben müssen?

Man könnte hier auf sehr viele Dimensionen eingehen. Ich möchte zwei aufgreifen. Das eine ist die Informationspolitik. Woher bekommen Menschen zuverlässige, ausführliche Informationen über all diese neuen Phänomene? Wo gibt es nicht nur Informationen, die ihnen einseitig zugespielt werden, sondern auch die Möglichkeit, Fragen zu stellen, sich mit neuen Phänomenen auseinandersetzen zu können, sich etwas noch einmal erklären zu lassen, bis man es wirklich verstanden hat?

Demokratien brauchen das, was ich epistemische Infrastrukturen nenne, also Wissensstrukturen (Herzog 2023). Dazu gehören natürlich die Medien, aber dazu gehören auch Schulen und Hochschulen. Und das sind in neuester Zeit natürlich auch die sozialen Medien, mit all ihren Vor- und Nachteilen. Ich glaube weiterhin, dass es die Vorteile auch gibt – man denke an die Möglichkeit, sich zu vernetzen und Gleichgesinnte zu finden. Aber es gibt eben auch die Nachteile – zum Beispiel die Gefahr, *nur noch* von Gleichgesinnten umgeben zu sein und Meinungsmanipulation zu unterliegen. Wir müssen uns daher fragen, wie wir diese epistemischen Infrastrukturen vor antidemokratischen Einflüssen schützen können und so ausgestalten können, dass sie Menschen ermöglichen, sich mit Wandel erfolgreich auseinanderzusetzen.

Ein zweiter Aspekt in diesem zweiten Freiheitskonzept ist die Zeitpolitik. *Wer* in der Gesellschaft hat eigentlich *wie viel* Zeit, sich mit all diesen neuen Dingen zu beschäftigen, zum Beispiel all den neuen Technologien, die für den Umstieg auf grüne Mobilität nötig sind? Sicher kann niemand Expertin oder Experte auf *all* diesen Gebieten werden. Aber trotzdem sind die Zeitressourcen in unserer Gesellschaft ziemlich ungleich verteilt und das Muster folgt typischerweise den gleichen sozioökonomischen Strukturen, die auch sonst an vielen Stellen Vorteile und Nachteile in der Gesellschaft verteilen. Wer keine Zeit, und vielleicht auch keine Energie hat, sich mit neuen Phänomenen auseinanderzusetzen, der ist wahrscheinlich psychologisch anfälliger für die einfachen Narrative populistischer Rattenfänger. Wenn man sich mit dem Thema Zeitpolitik befasst und sich dann die Zahlen für die USA anschaut – die dortigen Arbeitszeiten, die nötig sind, um ein Einkommen zu verdienen, mit dem man eine Familie ernähren kann –, da wird die Verarbeitungsfähigkeit oder eben auch -unfähigkeit deutlich (z. B. Schor 1992; Eichner 2020). Wenn Menschen schlicht und einfach keine Zeit haben, sich mit Veränderungen auseinanderzusetzen, muss es einen dann wundern, wenn sie sich lieber an Altbekanntem festhalten?

Die Freiheit, Wandel mitzugestalten

Diese Freiheit orientiert sich am Konzept republikanischer Freiheit in einem demokratischen Verständnis: als Bürgerin oder Bürger die Rechte zu haben, die Gesellschaft mitzugestalten. Das kann nie nur eine individuelle Freiheit sein; es ist eine Freiheit, die man konstitutiv immer gemeinsam mit anderen ausüben muss. Auch und gerade in Zeiten des Wandels ist zentral, dass Menschen sich einbringen können, und zwar aus mehreren Gründen. Zum einen, um Legitimität für neue Politik, und auch Verständnis für neue Politik, besser sichern zu können. Wenn Leute verstehen, wie die Prozesse zustande kommen und wenn sie die Möglichkeit haben sich einzubringen, können sie die Ergebnisse eher akzeptieren, auch wenn nicht alles genau so wird, wie sie es am liebsten hätten.

Zum Zweiten gibt es in der Demokratietheorie seit einigen Jahren wieder verstärkt Interesse an der sogenannten epistemischen Demokratietheorie, zum Beispiel bei Hélène Landemore (2013), die sich an dem alten aristotelischen Stichwort orientiert, dass Demokratie das Wissen der vielen in die Politik einbringen will. Sie stellt die Frage, wie demokratische Institutionen die unterschiedlichen Perspektiven, Kenntnisse und Erfahrungen von Menschen positiv in den demokratischen Prozess einbringen können, sodass wirklich bessere Entscheidungen entstehen. Wenn das gelingt, kann das wiederum Legitimität erzeugen, eben weil alle Beteiligten erkennen können, dass die Ergebnisse besser sind, als wenn nur von oben herab entschieden worden wäre.

Man könnte einwenden: »Aber wir *haben* doch Demokratie?« Für den politischen Bereich stimmt das zum Glück. Aber wenn man sich die empirischen Daten dazu anschaut, wer sich wirklich beteiligen kann, dann haben wir auf Ebene der gewählten Volksvertreter_innen ein Repräsentationsproblem. Das fällt unter das Stichwort »Diploma Democracy« (Bovens und Wille 2017): In den Parlamenten westlicher Länder sitzen fast nur noch (oder zumindest weit überproportional) Leute, die studiert haben. Andere Berufsgruppen sind im Verhältnis dazu viel weniger vertreten. Eine andere Frage, die ich mir oft stelle, zu der ich aber keine aktuellen empirischen Untersuchungen kenne, ist die danach, wie viel Quereinstieg in die Politik eigentlich derzeit noch möglich ist. Gefühlt müsste man eigentlich schon mit zwölf Jahren angefangen haben, Plakate zu kleben, sonst kommt man in die politischen Netzwerke nicht mehr rein. Ob das gesund ist für die Demokratie und was das mit dem Gefühl der Menschen macht, dass sie in einer Demokratie leben, ist für mich ein großes Fragezeichen.

Natürlich gibt es viele Ansätze, die auf diese weit diagnostizierten Probleme reagieren wollen, gerade auch in der Lokalpolitik. Es gibt ausgeloste Bürgerräte, es gibt neue Partizipationsformate, es gibt alle möglichen Konsultationsprozesse. Manche Länder, zum Beispiel Island, haben mit so einem partizipativen Prozess sogar eine neue Verfassung geschrieben. Frankreich hat eine große Klimakonferenz zu Klimapolitik auch mit per Los ausgewählten Bürger_innen ausgerichtet. Das Problem ist allerdings, dass – Stand heute – diese Formate Ergebnisse liefern, die dann aber nicht in den offiziellen politischen Prozess übernommen werden. Die isländische Verfassung, die neu geschriebene, wurde vom Parlament nicht ratifiziert (Landemore 2014). Der Klimarat in Frankreich hat Thesen vorgelegt, von denen nur wenige in die Politik übernommen wurden (Giraudet et al. 2022).

Man kann viele Fragen danach stellen, was für eine Form von Legitimität in solchen Gremien erzeugt wird und was idealerweise ihr Verhältnis zur gewählten Politik sein sollte. Aber die Gefahr, die ich derzeit sehe, das ist, dass sehr viele Menschen mit sehr viel Energie und sehr viel Enthusiasmus diese Experimente starten und dass all diese Energie letztlich verpufft. Wenn man sieht, dass die Vorschläge alle in den Schubladen landen, ist das Risiko groß, dass dies nur zu noch mehr Frustration und Zynismus führt.

Gibt es Alternativen dazu? Meines Erachtens ist auch hier eine zentrale Frage, die man sich stellen muss: Wie sieht es eigentlich mit Partizipation und Mitsprache im *wirtschaftlichen* Bereich aus? Wer kann dort Wandel mitgestalten? Wir haben in Deutschland, vor allem in den klassischen produzierenden Industrien in Westdeutschland, das System der Mitbestimmung. Wir haben Betriebsräte, wir haben Aufsichtsratsmitbestimmung. Aber dieses System steht unter Druck. Und ich habe oft den Eindruck, dass es überhaupt nicht die Wertschätzung erfährt, die es verdient hat. In den USA fordern die progressivsten Kräfte in der Demokratischen Partei ein Drittel Mitbestimmung für Arbeitnehmer_innen in Aufsichtsräten – als ob das schon eine ganz radikale Forderung wäre. In Deutschland haben wir viel mehr, und auch in einigen anderen europäischen Ländern haben wir viel mehr. Aber die besondere Rolle dieser Institutionen wird oft nicht erkannt. Ich will auch nicht sagen, dass sie perfekt wären und nicht auch in vieler Hinsicht Reformen bräuchten. Aber ich denke, dass es ihr *Ausbau und ihre Weiterentwicklung* sind, die wir nötig haben, wenn wir das Wirtschaftssystem mit demokratischen Werten in Einklang bringen wollen.

Zusätzlich zum deutschen Mitbestimmungssystem, das stark auf *repräsentative* Mechanismen – also gewählte Vertreter_innen – setzt, stellt sich auch die Frage, inwieweit die *partizipative* Demokratie im Wirtschaftsleben gestärkt werden könnte. Es gibt oft das Gegenargument, dass Menschen sich von Demokratie überfordert fühlen und eigentlich gar nicht mitmachen wollen. Vielleicht *wollen* Menschen nur alle vier Jahre wählen gehen, vielleicht haben sie sich auch an das enge, individualistische Freiheitsverständnis, das Wolfgang Thierse in seinem Beitrag angesprochen hat, gewöhnt und *wollen* keine weitergehende Verantwortung übernehmen. Aber in der Arbeitswelt sind Menschen sowieso da, und sie müssen sowieso miteinander kooperieren. Man spricht sowieso ständig in Teams miteinander. Die Frage ist dann, auf welcher Basis es passiert: Wie hierarchisch sind die Verhältnisse, wie partizipativ, wie egalitär geht man miteinander um? Und könnte die Arbeitswelt vielleicht in viel stärkerem Maße das sein, was bei dem amerikanischen Philosophen John Dewey (1916) als »Schule der Demokratie« verstanden wird? Dabei geht es um die gelebte, alltägliche Auseinandersetzung damit, dass wir unterschiedlich sind, dass wir unterschiedliche Hintergründe haben, dass wir voneinander lernen müssen und gemeinsam um Kompromisse ringen müssen, um unsere demokratische Gesellschaft zu gestalten. Idealerweise würde das dazu führen, dass Menschen viel stärker erleben, dass sie vor Ort in ihrer eigenen Umgebung Handlungsmöglichkeiten haben, dass sie etwas beitragen können zum Wandel – und dass sich damit auch die Perspektive eröffnet, dass sie auf Gesellschaft in einem weiteren Sinne Einfluss haben und Wandel mitgestalten könnten.

Ich komme zum Schluss: Wandel, der die Freiheit aller respektiert, wird immer mühsam bleiben; es geht nicht ohne Kompromiss. Aber letztlich ist das Ziel, zu besseren Ergebnissen zu kommen, die größere Legitimität haben, weil sie die Freiheit aller respektieren, in all ihren Dimensionen.

Allerdings stellt sich in der heutigen Zeit eine Frage, auf die ich selbst keine Antwort habe und die ich deswegen am Schluss hier an alle richten möchte. Die Gegner_innen der Demokratie verwenden Rhetorik, Emotionen, alle Spielarten psychologischer Manipulation bis hin zum Niedermachen der Gegner_innen in den sozialen Medien und im öffentlichen Diskurs. Diejenigen, die die Demokratie verteidigen, haben moralisch an sich selbst den Anspruch, dass sie mit solchen Methoden nicht arbeiten wollen und lieber rationalistisch mit Argumenten und Fakten überzeugen. Michelle Obama hat dazu den Satz geprägt: »When they go low, we go high.«

Die Frage ist: Funktioniert das? Reicht es, um die Demokratie zu verteidigen? Oder schafft es zu ungleiche Ausgangsbedingungen? Gibt es vielleicht Zwischenwege für die Verteidiger_innen der Demokratie, wie man z. B. mit positiven Emotionen Begeisterung, aber auch die Dringlichkeit von Demokratie vermitteln könnte? Vielleicht, indem man statt über die Börsenkurse in den Abendnachrichten über Beispiele gelungener Mitbestimmung in neuen ökonomischen Kooperativen berichtet? Oder vielleicht, indem man in den sozialen Medien die Werte des Grundgesetzes tanzt oder rappt, wer weiß. Jedenfalls müssen wir alle, die wir von uns sagen, dass wir die Demokratie verteidigen wollen, die Frage stellen, mit welchen Mitteln und in welcher Form wir das tun, um wirklich die Zielgruppe zu erreichen. Wie vermitteln wir ein Verständnis dafür, wie wichtig demokratische Institutionen sind, damit wir nicht erst merken, was wir verloren haben, wenn es zu spät ist?

Literatur

Bovens, Mark und Wille, Anchrit (2017), *Diploma Democracy. The Rise of Political Meritocracy*, New York.

Dewey, John (2016), *Democracy and Education: An Introduction to the Philosophy of Education*, New York.

Eichner, Maxine (2020), *The Free-Market Family: How the Market Crushed the American Dream (and How It Can Be Restored)*, New York.

Giraudet, Louis-Gaetan u. a. (2022), »Co-construction« in Deliberative Democracy: Lessons from the French Citizens' Convention for Climate, in: *Humanities and Social Sciences Communications* 9(207), 1–37.

Hall, Peter A. und Soskice, David (2001), An Introduction to Varieties of Capitalism, in: dies. (Hg.), *Varieties of Capitalism: The Institutional Foundations of Comparative Advantage*, Oxford, 1–68.

Herzog, Lisa (2013), *Freiheit gehört nicht nur den Reichen. Plädoyer für einen zeitgemäßen Liberalismus*, München.

Herzog, Lisa (2023), *Citizen Knowledge. Markets, Experts, and the Infrastructure of Democracy*. New York: Oxford University Press.

Hochschild, Arlie (2016), *Strangers in their own Land. Anger and mourning on the American Right*, New York/London.

Landemore, Hélène (2013), *Democratic Reason: Politics, Collective Intelligence, and the Rule of the Many*, Princeton.

Landemore, Hélène (2014), »Inclusive Constitution-Making: The Icelandic Experiment,« in: *Journal of Political Philosophy* 23(2), 166–191.

Moore, Jason W. (Hg.) (2016), *Anthropocene or Capitalocene? Nature, History, and the Crisis of Capitalism*, Oakland.

Rockström, Johan u.a. (2009), A Safe Operating Space For Humanity, in: *Nature* 461, no. 7263: 472–475.

Schor, Juliet (1992), *The Overworked American: The Unexpected Decline of Leisure*, New York.

Wittgenstein, Ludwig (1958), *Philosophical Investigations*. Transl. by G.E.M. Anscombe. 2nd edition, Oxford.

GLEICHHEIT

AUF DEM ABSTELLGLEIS? ZUM ZUSAMMENHANG ZWISCHEN UNGLEICHHEITSWAHRNEHMUNGEN UND POLITISCHER BETEILIGUNG*

Von MARIUS R. BUSEMEYER, FELIX JÄGER & SHARON BAUTE

Auch wenn im Bundestagswahlkampf Themen wie Migration und die aktuelle Wirtschaftslage im Vordergrund standen, bleibt für viele Menschen in Deutschland die soziale Ungleichheit eines der wichtigsten politischen Themen dieser Zeit. Nicht zuletzt auch deswegen, weil Ungleichheit als Querschnittsthema viele Politikbereiche – von Sozialstaat über Bildung bis hin zur Flüchtlingspolitik – berührt. Das Konstanzer Ungleichheitsbarometer erfasst in regelmäßigen Befragungen seit 2020 die individuellen Wahrnehmungen und Einstellungen der deutschen Wohnbevölkerung zum Thema Ungleichheit.

Die hier präsentierten Daten wurden im Rahmen einer Online-Befragung der über-18-jährigen Wohnbevölkerung in Deutschland durch die Umfragefirma Verian (ehemals Kantar) erhoben. Die Erhebung fand zwischen dem 11. November und 5. Dezember 2024 statt. Insgesamt nahmen 6.152 Befragte teil. Die Daten sind quasi repräsentativ; verbleibende Abweichungen werden durch Gewichtung ausgeglichen. Wenn in der Befragung von Einkommen gesprochen wird, beziehen wir uns auf das Netto-Einkommen von Haushalten in Deutschland, zu dem Lohn/Gehalt, Rente/Pension, Kindergeld und andere Einkünfte zählen, jeweils nach Abzug von Steuern und Sozialversicherungsbei-

---

* Dieser Beitrag erschien zuerst als Policy Paper No. 19, s. Busemeyer, Marius R.; Jäger, Felix und Baute, Sharon (2025).

trägen. Die Befragten wurden in der Umfrage über diese Definitionen informiert. Für die Analyse nach Einkommen wurden die Befragten entlang des Medianeinkommens in der Stichprobe (2.800 €) in zwei Gruppen unterteilt: »niedrig« und »hoch«. Das Bildungsniveau wird dreistufig basierend auf dem Schulabschluss gemessen:

- »Untere Bildung« entspricht dem Hauptschulabschluss, keinem Abschluss oder einem sonstigen Abschluss,
- »Mittlere Bildung« entspricht der Mittleren Reife/dem Realschulabschluss und
- »Hohe Bildung« entspricht dem Abitur.

Das Policy Paper, auf dem dieser Beitrag basiert, stellte erste Ergebnisse der jüngsten Befragungswelle, die im Herbst 2024 durchgeführt wurde, vor. Thematisch konzentrieren wir uns auf den Zusammenhang zwischen Wahrnehmungen von Ungleichheit und politischen Beteiligungs- und Einstellungsmustern. Der Kernbefund unserer Analyse ist, dass sich ökonomische und politische Ungleichheit wechselseitig beeinflussen, sodass eine hohe (wahrgenommene) ökonomische Ungleichheit mit einer stärker negativen Einschätzung der Möglichkeiten der eigenen politischen Einflussnahme einhergeht. Langfristig kann dieser Zusammenhang zu einer Erosion des Vertrauens in die Demokratie und ihre politischen Institutionen führen.

Subjektive Wahrnehmungen politischer und ökonomischer Ungleichheit

Während frühere Forschungsarbeiten vor allem den Einfluss von objektiven Faktoren wie Einkommen, Bildungshintergrund, Alter, Geschlecht oder Beruf auf politische Einstellungen und Verhalten untersuchten, deutet die jüngere Forschung auf die Relevanz von subjektiven Wahrnehmungen hin (Hartmann, Kurz und Lengfeld 2022; Burgoon, Baute und van Noort 2023). Subjektive Wahrnehmungen sind ein wichtiger Filtermechanismus, der objektive Lagen subjektiv übersetzt. Sie haben einen maßgeblichen Einfluss auf das politische

Wahlverhalten und die Einstellungen zum Sozialstaat über die objektiven Faktoren hinaus.

Die Forschung hat außerdem gezeigt, dass subjektive Wahrnehmungen von Ungleichheit häufig verzerrt sind und die objektive Lage daher nur bedingt widerspiegeln (Bobzien 2020; Cruces, Perez-Truglia und Tetaz 2013; Gimpelson und Treisman 2018). Auch das Konstanzer Ungleichheitsbarometer hat diese systematischen Verzerrungen nachweisen können (Bellani u. a. 2021). Ein Beispiel für eine solche verzerrte Wahrnehmung ist der Befund eines ausgeprägten Mittelklasse-Bias in dem Sinne, dass sich relativ reiche Menschen tendenziell für weniger reich halten als sie es objektiv sind – und relative Arme für weniger arm. Wenn es um die Einschätzung von Ungleichheitstrends auf der gesamtgesellschaftlichen Ebene geht, zeigten frühere Untersuchungen auf Basis von Daten des Konstanzer Ungleichheitsbarometers allerdings, dass die Befragten solche Trends tendenziell zu negativ bzw. zu stark einschätzen (Busemeyer u. a. 2023).

Hier stehen zunächst subjektive Wahrnehmungen zu politischen Einflussmöglichkeiten im Vordergrund, die in der jetzigen Befragungswelle des Ungleichheitsbarometers ausführlicher erfasst wurden als in früheren Wellen. Die Politikwissenschaft unterscheidet hierbei zwischen den beiden Dimension der internen politischen Selbstwirksamkeit (internal political efficacy) und der externen politischen Selbstwirksamkeit (external political efficacy).[1] Wahrnehmungen der internen Selbstwirksamkeit betreffen die Identität des Einzelnen als politisch informierter und damit prinzipiell politisch handlungsfähiger Mensch. Es geht hier beispielsweise darum, ob Menschen sich gut informiert über politische Zusammenhänge fühlen und wie zuversichtlich sie sind, sich aktiv in politische Diskussionen einbringen zu können. Bei der externen Selbstwirksamkeit geht es im Gegensatz dazu um die Einschätzung zur Frage, inwiefern die Politik und politische Akteure die Bedürfnisse und Belange ihrer

---

1   Zur Definition und Unterscheidung von interner und externer Selbstwirksamkeit siehe: Balch 1974. Zur Messung der beiden Dimensionen siehe: Beierlein u. a. 2012.

Wähler:innen aufgreifen und ob damit Möglichkeiten der effektiven Einflussnahme auf tatsächliche politische Entscheidungsprozesse gegeben sind. Beide Dimensionen hängen nur bedingt zusammen: Es ist durchaus möglich, dass sich Individuen selbst als prinzipiell politikfähig einschätzen und dennoch eine geringe Responsivität des politischen Systems gegenüber ihren Belangen wahrnehmen.

Die in Abbildung 1 dargestellten Ergebnisse bestätigen die Vermutung, dass interne und externe Selbstwirksamkeit nicht gleichgelagert sein müssen. Die Abbildung zeigt jeweils den Anteil der Befragten im Konstanzer Ungleichheitsbarometer, die der auf der linken Seite stehenden Aussage »gar nicht« oder »wenig« zustimmen. Die Befragten können allen Aussagen auf einer 5-stufigen Skala von »gar nicht« bis »voll und ganz« zustimmen. Die Abbildung zeigt damit den

Abb. 1:
Ablehnung verschiedener Aussagen, die interne und externe politische Wirksamkeit messen, in Prozent

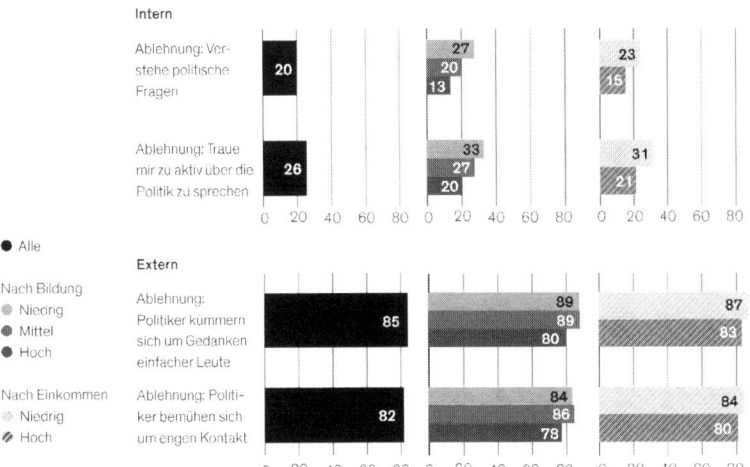

Quelle: Alle Abbildungen dieses Beitrags stammen aus Marius R. Busemeyer, Felix Jäger und Sharon Baute (2025) Auf dem Abstellgleis? Zum Zusammenhang zwischen Ungleichheitswahrnehmungen und politischer Beteiligung, Policy Paper No. 19: Ungleichheit und soziale Mobilität, © Cluster of Excellence »The Politics of Inequality. Perceptions, Participation and Policies«.

Grad der Ablehnung der betreffenden Aussagen. Die ersten beiden Aussagen messen die interne politische Wirksamkeit. Generell haben die allermeisten Befragten eine hohe Wahrnehmung von politischer Selbstwirksamkeit: Nur 19 Prozent stimmen der ersten Aussage nicht zu, dass sie wichtige politische Fragen gut verstehen und einschätzen können. Bei der zweiten Aussage zur aktiven Beteiligung an einem Gespräch über politische Fragen stimmen 26 Prozent nicht zu. Die beiden unteren Aussagen messen die wahrgenommene externe politische Selbstwirksamkeit, also inwiefern das politische System auf Wünsche und Bedürfnisse der Wähler:innen reagiert. Hier ist die Skepsis deutlich höher: 85 Prozent geben an, dass Politiker:innen sich nicht darum kümmern, was »einfache Leute« denken, während 82 Prozent der Meinung sind, dass sich Politiker:innen nicht um einen engen Kontakt zur Bevölkerung bemühen.

Diese Abbildung spiegelt damit die sehr ausgeprägte Skepsis der Befragten hinsichtlich ihrer Einflussmöglichkeiten auf politische Entscheidungsprozesse wider – und das, obwohl die internen Selbstwirksamkeitswahrnehmungen relativ hoch sind. Des Weiteren wird deutlich, dass starke Unterschiede zwischen den Selbstwirksamkeitswahrnehmungen vorhanden sind, die mit dem individuellen Bildungshintergrund (mittlere Spalte) und Einkommen (rechte Spalte) zusammenhängen. Menschen aus unteren Einkommensschichten und mit geringerer Bildung nehmen systematisch weniger persönliche Einflussmöglichkeiten auf die Politik wahr und sind weniger zuversichtlich, sich selbst aktiv in politische Debatten einbringen zu können. So beträgt der Unterschied zwischen Menschen mit hoher und niedriger Bildung bei der Frage zur aktiven Beteiligung in politischen Diskussionen 13 Prozentpunkte. Auch bei der externen Selbstwirksamkeit gibt es große Unterschiede: So liegt beispielsweise der Unterschied zwischen Hoch- und Niedrig-Gebildeten bei der Frage nach dem Kümmern der Politiker:innen um die Belange »einfacher Leute« bei 9 Prozentpunkten. Dies ist ein erster Hinweis darauf, dass und wie die ökonomische und politische Dimension von Ungleichheit zusammenhängen.

Wie genau aber hängen ökonomische und politische Wahrnehmungen von Ungleichheit zusammen? Wie in früheren Befragungswellen erfasst das Ungleichheitsbarometer weiterhin subjektive Wahrnehmungen zur Ausprägung der ökonomischen Ungleichheit. Abbildung 2 gibt einen Überblick über verschiedene Messungen dieser Wahrnehmungen aus der letzten Befragungswelle. Im Gegensatz zur obigen Abbildung ist hier der Anteil der Befragten abgebildet, der der jeweiligen Aussage »eher« oder »voll und ganz« zustimmt. Es bestätigt sich auch hier der vorherige Befund, dass ein großer Teil der Befragten eine ausgeprägte ökonomische Ungleichheit in Deutschland wahrnimmt und diese als problematisch erachtet. So sind beispielsweise 81 Prozent der Befragten der Meinung, dass die Einkommensunterschiede in Deutschland zu groß sind. Dabei werden sowohl die Einkommen der Armen (67 Prozent) als auch die Einkommen der Mittelschicht (70 Prozent) als zu niedrig angesehen.

Abb. 2:
Verschiedene Messinstrumente zur Messung der Wahrnehmung ökonomischer Ungleichheit

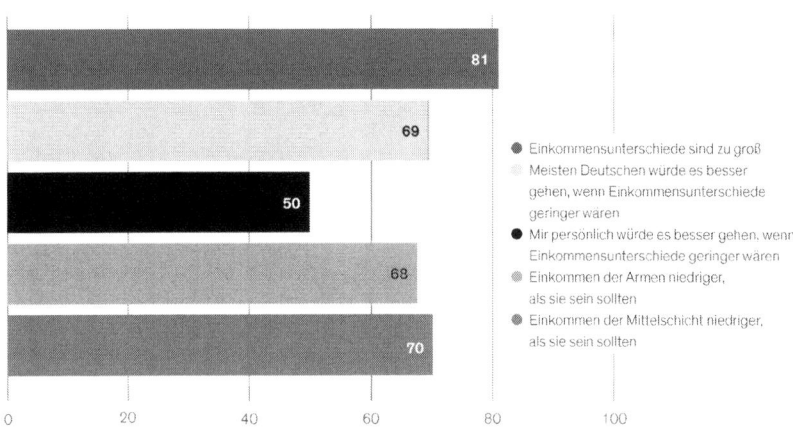

Quelle: vgl. Abb. 1, S. 47

Abb. 3:
Interne und externe politische Selbstwirksamkeit im Zusammenhang mit der Wahrnehmung von ökonomischer Ungleichheit, gemessen anhand der Aussage »Die Einkommensunterschiede in Deutschland sind zu groß«

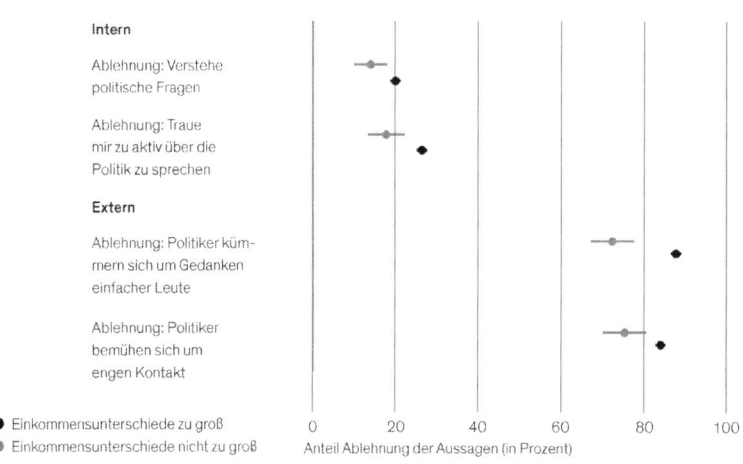

Quelle: vgl. Abb. 1, S. 47

Abbildung 3 zeigt, dass es einen systematisch und statistisch nachweisbaren Zusammenhang zwischen diesen beiden Dimensionen von Ungleichheit gibt. Diejenigen, die der Aussage zustimmen, dass die Einkommensunterschiede zu groß sind, haben signifikant stärkere negative Einschätzungen hinsichtlich ihrer internen und externen politischen Selbstwirksamkeit. Das heißt, dass Menschen, die ein hohes Maß an Ungleichheit wahrnehmen, zugleich weniger zuversichtlich sind, dass sie daran durch ihr politisches Handeln etwas verändern können.

Abbildung 4 zeigt diesen Zusammenhang nochmals in etwas veränderter Form. Statt eines einzelnen Items aus der Befragung verwenden wir hier einen Index zur Wahrnehmung von Verteilungsungleichheit, der sich aus den oben erwähnten einzelnen Messinstrumenten zusammensetzt.[2] Dieser etwas breitere Zugang zur Messung von Ungleichheitswahrnehmungen bestätigt den negativen Zusammenhang sowohl für die interne als auch die externe politische Selbstwirksamkeit. Insofern bestätigt sich der Zusammenhang zwischen der wahrgenommenen ökonomischen Ungleichheit und der Wahrnehmung der Selbstwirksamkeit auch mit einem breiteren Messinstrument.

Abb. 4:
Zusammenhang zwischen Wahrnehmung und Bewertung von Ungleichheit, gemessen mit einem Index, und politischer Selbstwirksamkeit

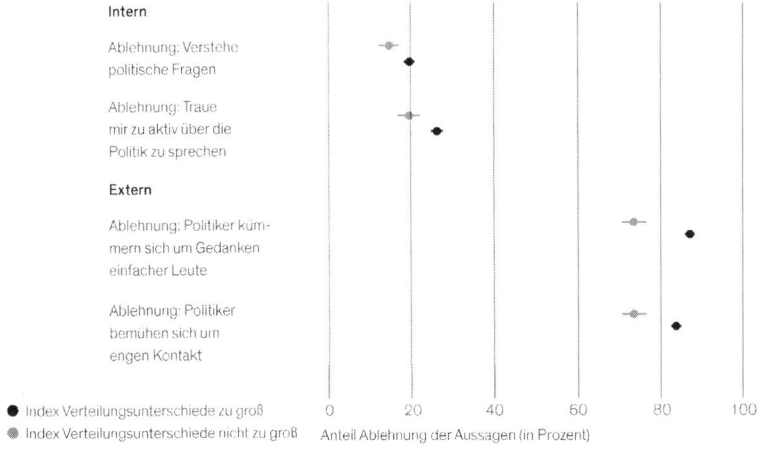

Quelle: vgl. Abb. 1, S. 47

---

2   Zur Bildung des Index wird für jeden Befragten der Mittelwert der Zustimmung zu den fünf gezeigten Messinstrumenten von Ungleichheit errechnet. Die Skala wird in der Mitte geteilt, um die Aussagen der Befragten als »Verteilungsunterschiede zu groß« oder »Verteilungsunterschiede nicht zu groß« einzuordnen.

Ökonomische Ungleichheit und tatsächliches politisches Verhalten

Es ist ein bekannter Befund der Forschung zu Wahlverhalten, dass individuelle Ressourcen wie Einkommen oder Bildung stark mit dem Ausmaß politischer Beteiligung korrelieren (Brady, Verba und Lehman Schlozman 1995). Die Tatsache, dass sich Menschen mit geringer Bildung und geringem Einkommen weniger politisch beteiligen, verschärft die negative Wechselwirkung zwischen ökonomischer und politischer Ungleichheit. Aber welche Rolle könnten subjektive Wahrnehmungen von Ungleichheit in diesem Zusammenhang spielen?

Abbildung 5 zeigt einen gewissen Zusammenhang zwischen subjektiven Wahrnehmungen der ökonomischen Ungleichheit und konkreten Absichten zu politischem Verhalten: in diesem Fall die Wahrscheinlichkeit, sich nicht an Wahlen zu beteiligen.[3] Der Zusammenhang ist – im statistischen Sinne – allerdings weniger stark als die oben dokumentierte Assoziation zwischen den verschiedenen Wahrnehmungsarten. Dennoch gibt es Hinweise darauf, dass Menschen, die ein höheres Maß an ökonomischer Ungleichheit wahrnehmen, sich tendenziell weniger politisch beteiligen. Der Grund ist vermutlich, dass sie die Möglichkeit der eigenen Einflussnahme auf politische Entscheidungsprozesse ebenfalls negativ beurteilen.

In einem weiteren Schritt untersuchen wir den Zusammenhang zwischen Wahrnehmungen der politischen Selbstwirksamkeit und parteipolitischen Wahlabsichten bzw. der fehlenden politischen Beteiligung. Abbildung 6 zeigt einen klaren Zusammenhang zwischen fehlender interner wie auch externer politischer Wirksamkeit und einer höheren Wahrscheinlichkeit, nicht wählen zu wollen. Dies bedeutet, dass die subjektive Wahrnehmung der politischen Selbstwirksamkeit in einem sehr starken Zusammenhang mit dem tatsächlichen politischen Verhalten steht und somit reale politische Konsequenzen hat.

---

3 Nicht-Wahl ist im Rahmen der Frage nach Parteipräferenz (Sonntagsfrage) erhoben. Neben den bekanntesten Parteien konnten Befragte angeben, dass sie nicht wählen gehen würden.

Abb. 5:
Zusammenhang zwischen Wahrnehmung und Bewertung von Ungleichheit, gemessen mit einem Index, und politischer Selbstwirksamkeit

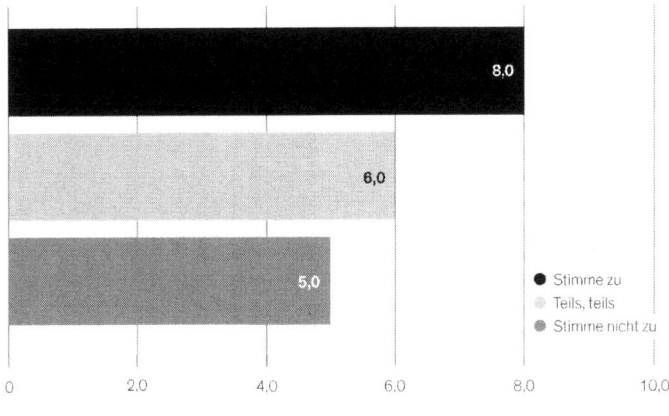

Abb. 6:
Zusammenhang zwischen Präferenz für eine Partei oder Nicht-Wahl und interner/ externer politischer Selbstwirksamkeit

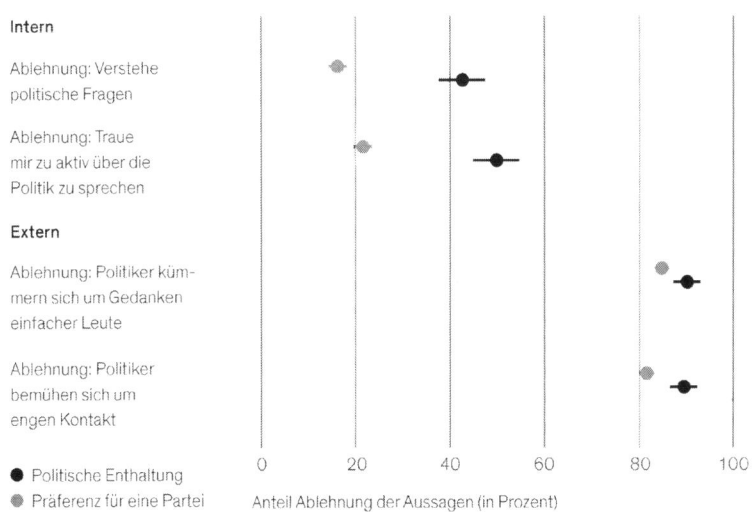

Quelle: vgl. Abb. 1, S. 47

Abbildung 7 stellt die Relation zwischen wahrgenommener politischer Selbstwirksamkeit und parteipolitischer Wahlabsicht dar. Die Abbildung zeigt, dass die Ablehnung der Aussagen zur internen politischen Wirksamkeit über die Parteien hinweg ähnlich ausfällt. Lediglich Personen mit Wahlabsicht »AfD« geben etwas häufiger an, politische Fragen nicht zu verstehen (24 Prozent).

Für die externe politische Selbstwirksamkeit zeigt sich eine breitere Verteilung der Ablehnung der beiden Aussagen. Personen mit Wahlpräferenz im ideologischen Zentrum (SPD, CDU/CSU, Grüne, FDP) lehnen die beiden Aussagen zu einem geringeren Anteil ab als Personen mit Parteipräferenz am Rande des ideologischen Spektrums (AfD, BSW, Linke). Die größte externe politische Wirksamkeit findet

Abb. 7:
Relation zwischen wahrgenommener politischer Selbstwirksamkeit und parteipolitischer Wahlabsicht

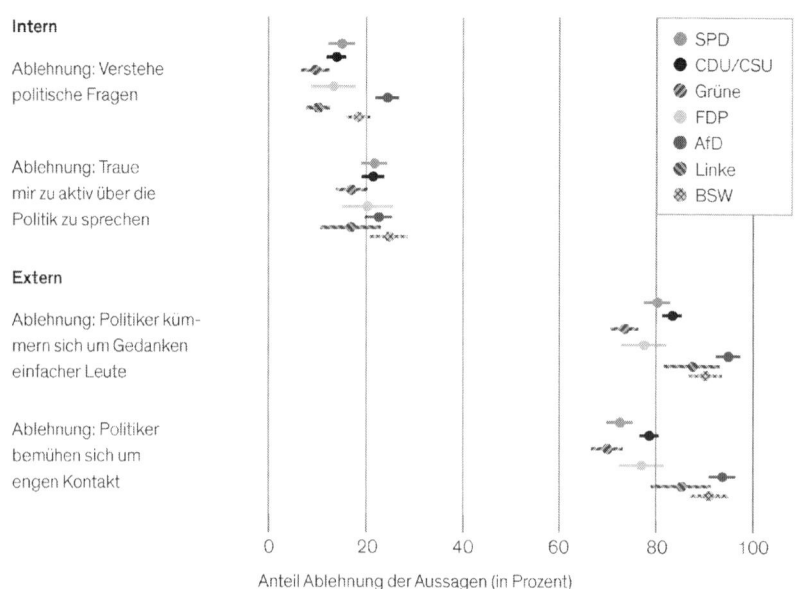

Quelle: vgl. Abb. 1, S. 47

sich bei Anhänger:innen der Grünen, welche die Aussagen zu 74 Prozent bzw. 70 Prozent ablehnen. Im Gegensatz dazu weisen Personen mit Wahlpräferenz für die AfD zu sehr großen Anteilen keine externe politische Wirksamkeit auf (95 Prozent bzw. 94 Prozent). Hier zeigt sich ein sehr klarer Zusammenhang: Diejenigen, die überzeugt sind, wenig Einfluss auf die Politik zu haben, unterstützen signifikant stärker populistische und/oder extreme Parteien.

Policy-Implikationen & Handlungsempfehlungen

Unser Policy Paper befasste sich mit dem Zusammenhang zwischen Wahrnehmungen politischer Selbstwirksamkeit und ökonomischer Ungleichheit. Welche Implikationen und Handlungsempfehlungen ergeben sich daraus für die Politik?

1. Eine erste Handlungsempfehlung bezieht sich auf die politische Kommunikation. Gewählte Abgeordnete sind als berufliche Kommunikationsprofis im regelmäßigen Austausch mit ihren Wähler:innen. Trotz dieser Bemühungen wird Politik oftmals als geschlossene Veranstaltung erlebt, die es vor allem für Menschen mit geringeren ökonomischen oder bildungsbezogenen Ressourcen schwer macht, einen Zugang zu finden. Hier sind über die Berufspolitiker:innen hinaus daher vor allem die Parteien gefragt, politisch interessierte Menschen nicht nur anzusprechen, sondern auch effektiv in Mitbestimmungs- und Entscheidungsprozesse einzubinden. Die im Zusammenhang mit der jüngsten Bundestagswahl zu verzeichnenden starken Mitgliederzuwächse bei einigen Parteien sowie die hohe Wahlbeteiligung deuten darauf hin, dass es durchaus eine gewisse Bereitschaft in der Bevölkerung gibt, sich stärker politisch einzubringen.

2. Eine zweite, daran anschließende Handlungsempfehlung ist, bewusst Frei- und Ermöglichungsräume für demokratische politische Debatten in Alltagskontexten (in Betrieben, Schulen, Universitäten etc.) zu sichern und zu erweitern. Wenn sich politische

Debatten auf Talkshows mit prominenten Gästen und Kanzlerkandidat:innen-Duelle im Fernsehen verengen und beschränken, ist es wenig verwunderlich, dass die wahrgenommene politische Selbstwirksamkeit der Menschen leidet. Das demokratische Streiten um gute Lösungen muss wieder stärker in den realweltlichen Alltagspraktiken verankert werden. Dies kann zum Beispiel durch die Förderung und den Ausbau von demokratischen Mitbestimmungsinstitutionen in Behörden, Betrieben und Bildungseinrichtungen geschehen.

3. Eine dritte Handlungsempfehlung ist die Ausweitung der politischen Bildung, insbesondere zur Stärkung von Personen mit geringer interner politischer Wirksamkeit, da sich diese Personengruppe auch seltener an Wahlen beteiligt. Um diese Personen gezielt zu erreichen, könnte ein spezifisches politisches Bildungsangebot hilfreich sein. Politische Bildung spielt generell eine zentrale Rolle bei der Stärkung demokratischen Bewusstseins und könnte hier als wirksames Instrument eingesetzt werden.

Literatur

Balch, G. I. (1974) Multiple Indicators in Survey Research: The Concept »Sense of Political Efficacy«, in: *Political Methodology*, 1(2), 1–43.

Bellani, Luna; Bledow, Nona R.; Busemeyer, Marius R. und Schwerdt, Guido (2021) When Everyone Thinks They're Middle-Class: (Mis-)Perceptions of Inequality and Why They Matter for Social Policy. Cluster of Excellence »The Politics of Inequality« Policy Paper No 6.

Beierlein, Constanze; Kempe, Christoph J.; Kovaleva, Anastassiya und Rammstedt, Beatrice (2012) Ein Messinstrument zur Erfassung politischer Kompetenz- und Einflusserwartungen: Political Efficacy Kurzskala (PEKS). GESIS-Working Papers 2012/18.

Bobzien, Licia (2020) Polarized Perceptions, Polarized Preferences? Understanding the Relationship between Inequality and Preferences for Redistribution, in: *Journal of European Social Policy*, 30(2), 206–220.

Brady, Henry E.; Verba, Sidney und Lehman Schlozman, Kay (1995) A Resource Model of Political Participation, in: *American Political Science Review*, 89(2), 271–294.

Busemeyer, Marius R.; Schönhage, Nanna Lauritz; Baute, Sharon; Bellani, Luna und Schwerdt, Guido (2023) Gloomy prospects: The Konstanz Inequality Barometer shows that inequality is perceived to have increased. Cluster of Excellence »The Politics of Inequality« Policy Paper No. 12.

Busemeyer, Marius R.; Jäger, Felix und Baute, Sharon (2025) Auf dem Abstellgleis? Zum Zusammenhang zwischen Ungleichheitswahrnehmungen und politischer Beteiligung, Ungleichheit und soziale Mobilität, Ungleichheit und soziale Mobilität. Cluster of Excellence »The Politics of Inequality« Policy Paper No. 19.

Burgoon, Brian; Baute, Sharon und van Noort, Sam (2023) Positional Deprivation and Support for Redistribution and Social Insurance in Europe, in: *Comparative Political Studies*, 56(5), 655–693.

Cruces, Guillermo; Perez-Truglia, Ricardo und Tetaz, Martin (2013) Biased Perceptions of Income Distribution and Preferences for Redistribution: Evidence from a Survey Experiment, in: *Journal of Public Economics*, 98, 100–112.

Gimpelson, Vladimir und Treisman, Daniel (2018) Misperceiving Inequality, in: *Economics & Politics*, 30(1), 27–54.

Hartmann, Jörg; Kurz, Karin und Lengfeld, Holger (2022) Modernization Losers' Revenge? Income Mobility and Support for Right- and Left-Wing Populist Parties in Germany, in: *European Sociological Review*, 38(1), 138–152.

SOZIALSTAAT UND DEMOKRATIE

Von SANDRA FISCHER

In einer von der Friedrich-Ebert-Stiftung beauftragten, 2023 veröffentlichten Studie zum *Demokratievertrauen in Krisenzeiten* (vgl. Best u.a. 2023) wurden Entwicklungen aufgezeigt, die für die Stabilität der Demokratie in Deutschland potenziell bedrohlich sind. Dazu zählen vor allem die großen Diskrepanzen zwischen verschiedenen gesellschaftlichen Gruppen – es sind insbesondere die benachteiligten, schlechter situierten Bevölkerungsteile, die sich von der bestehenden repräsentativen Demokratieform abwenden –, der weit verbreitete Zukunftspessimismus, die von der Wähler_innenschaft schlechter bewertete Responsivität, also der Rückgang der Übereinstimmung des Regierungshandelns mit den Wähler_innenpräferenzen, und die Radikalisierung vor allem am rechten Rand des politischen Spektrums.

Dies deutet darauf hin, dass die beiden Quellen demokratischer Legitimation – die Zustimmung zu den politischen Institutionen, Akteuren und Willensbildungs- und Entscheidungsprozessen (Inputseite) und die Zufriedenheit mit der Leistungs- und Regierungsfähigkeit des politischen Systems (Outputseite) – zunehmend unter Druck geraten. Auf der Inputseite begegnen die Bürger_innen der Politik mit wachsendem Misstrauen. Auf der Outputseite haben sich, bedingt durch den Wandel von der Industrie- zur Dienstleistungs- und von der Dienstleistungs- zur heutigen Wissens- und Informationsgesellschaft, die Verteilungsspielräume seit Mitte der 1970er Jahre und nochmals beschleunigt seit den 1990er Jahren verengt. In der Folge erfährt ein Teil der Bürger_innen wirtschaftliche Verluste oder muss diese befürchten (vgl. Raphael 2019). Gleichzeitig fühlen sich einige auch in kultureller Hinsicht auf der Verlierer_innenseite, weil sie den Tendenzen der Singularisierung und multikulturellen Vielfalt, die die heutige Gesellschaft kennzeichnet, nicht nur Positives abgewinnen können (vgl. Reckwitz 2018).

Um das Auseinanderdriften der Gesellschaft in sozialökonomischer und -kultureller Hinsicht zu adressieren, empfehlen die Autor_innen der Studie für die Outputseite, nicht nur für mehr Verteilungsgerechtigkeit zu sorgen, sondern auch die Kommune in den Blick zu nehmen, denn dort spiele sich der Lebensalltag der Bürger_innen ab und dort könnten die Angehörigen unterschiedlicher Milieus und Lebenswelten wieder miteinander in Kontakt kommen und ihre eigenen Erfahrungen mit anderen teilen. Das Zusammenführen von Politik, organisierten Interessen und Zivilgesellschaft auf kommunaler Ebene schlage zugleich die Brücke zur Staatlichkeit auf nationaler bzw. supranationaler Ebene. »Orte der Begegnung« (Best u.a. 2023: 72) auf lokaler Ebene zu schaffen, sei daher eine Möglichkeit, Vertrauen zurückzugewinnen.

An diese Empfehlung anschließend wird in diesem Beitrag zum einen der Frage nachgegangen, welche Zusammenhänge zwischen Vertrauen und Sozialstaatlichkeit überhaupt bestehen. Zum anderen soll ein Beispiel kommunaler sozial- bzw. bildungspolitischer Praxis vorgestellt werden – die Familienzentren in Nordrhein-Westfalen (NRW) –, die als mögliche Orte der Begegnung einen Beitrag leisten könnten, wieder mehr Vertrauen in Mitmenschen und Politik herzustellen und den gesellschaftlichen Zusammenhalt zu befördern. Im Folgenden werden zunächst die in der Politikwissenschaft verwendeten Vertrauensbegriffe eingeführt und zueinander ins Verhältnis gesetzt. Daran schließt sich ein komprimierter Überblick über die von den Sozialwissenschaften identifizierten Auswirkungen von Sozialstaatlichkeit auf Vertrauen an, bevor das Konzept der Familienzentren in NRW beleuchtet und ein abschließendes Fazit gezogen wird.

Vertrauen in der Politikwissenschaft[1]

In der Politikwissenschaft wird in der Regel zwischen partikularem sozialen Vertrauen, generalisiertem sozialen Vertrauen und politischem Vertrauen unterschieden. Partikulares soziales Vertrauen meint Vertrauen in die Familie, Freunde, die Nachbarschaft – also Menschen, die uns persönlich bekannt sind, und Menschen, die so sind wie wir. Generalisiertes soziales Vertrauen bezieht sich auf Menschen, denen wir zum ersten Mal begegnen, Menschen anderer Nationalität oder anderer Religion (vgl. Newton und Zmerli 2011: 171). Unter politischem Vertrauen wird Vertrauen in bestimmte Politiker_innen und in Institutionen wie die Regierung, das Parlament, die Parteien, die Polizei, das Justizwesen oder die Verwaltung verstanden (vgl. Carstens 2023: 298–299).

Soziales und politisches Vertrauen gelten als mehrdimensionale Konzepte, die schwer einzugrenzen und messbar sind. Es besteht jedoch ein gewisser Konsens, wonach Vertrauen ein Zusammenspiel aus drei Elementen ist: »A vertraut B, X zu tun« (Hardin 1993: 506). Daraus ergibt sich erstens, dass Vertrauen relational ist (vgl. Carstens 2023: 299). Beim sozialen Vertrauen geht es dabei um ein horizontales Beziehungsverhältnis zwischen Individuen, beim politischen Vertrauen um ein vertikales zwischen Individuen und politischen Institutionen (vgl. Schnaudt 2013: 299). Hier kann zwischen parteilichen und unparteilichen Institutionen unterschieden werden, wobei das Vertrauen in letztere regelmäßig höher ist als in erstere (vgl. Warren 2018: 77–78). Des Weiteren spielt eine Rolle, auf welcher Ebene eines politischen Systems die Objekte politischen Vertrauens angesiedelt sind. Studien zeigen, dass Institutionen und Akteuren auf der lokalen Ebene oftmals das höchste Vertrauen entgegengebracht wird (vgl. Carstens 2023: 299; Zmerli 2020: 252).

---

1   Die beiden folgenden Abschnitte stellen einerseits gekürzte, andererseits erweiterte und aktualisierte Fassungen des zweiten und dritten Kapitels in Fischer (i. E.) und des zweiten Kapitels in Decker u.a. (2019) dar.

Zweitens ist Vertrauen kontext- und situationsbezogen (vgl. Carstens 2023: 299–300). So gibt es beispielsweise beim sozialen Vertrauen kulturell bedingte Unterschiede in der Breite oder Enge des Vertrauensradius (vgl. Zmerli 2013: 136). Beim politischen Vertrauen wird die Kontext- und Situationsbezogenheit insbesondere in Krisenzeiten deutlich: So ließen sich zu Anfang der Coronapandemie Anstiege des politischen Vertrauens in die Bundesregierung oder zu Beginn des russischen Angriffskriegs auf die Ukraine in die Europäische Union verzeichnen, die aber mit der Zeit wieder abklangen. Dieses Phänomen wird in der Literatur als »Rally-around-the-flag«-Effekt bzw. als »Stunde der Exekutive« bezeichnet (vgl. Bytzek und Schnepf 2022; Kizilova und Norris 2024).

Eng mit der Kontext- und Situationsbezogenheit verknüpft sind drittens Fragen der Unsicherheit und der damit einhergehenden Vulnerabilität. In den komplexen Gesellschaften der Moderne ist das Individuum permanent genötigt, in der Gegenwart Entscheidungen zu treffen, die das Handeln fremder Personen in der Zukunft nach sich ziehen können. So entsteht ein Bedarf an Vertrauen bzw. an einem Vertrauensvorschuss, um die Ungewissheit über das zukünftige Verhalten von Personen und politischen Akteuren zu minimieren (vgl. Carstens 2023: 300); der Soziologe Niklas Luhmann (1968: 30–31) spricht in diesem Zusammenhang von Vertrauen als einem Mechanismus zur Reduktion sozialer Komplexität. In diesem Sinne ist Vertrauen die Überzeugung, dass diejenigen, denen man Vertrauen schenkt, einem willentlich oder wissentlich keinen Schaden zufügen und im besten Falle im Interesse der vertrauensgebenden Person handeln werden (vgl. Delhey und Newton 2005: 311).

Mit Blick auf die Zusammenhänge zwischen den drei Vertrauensformen hat sich das sogenannte konditionale Modell durchgesetzt (vgl. Newton und Zmerli 2011), das von einer »hierarchische[n] Strukturierung« (Zmerli 2013: 137) des Vertrauens ausgeht. Eine Person kann demnach je nach Art des Vertrauens – partikular, generalisiert oder politisch – ein unterschiedlich hohes Maß an Vertrauen aufweisen: Beinahe alle Menschen vertrauen der eigenen Familie oder Freund_ innen. Je entfernter bzw. abstrakter das Objekt des Vertrauens ist, desto niedriger liegt der Anteil derjenigen, die diesem Objekt (etwa Menschen, denen wir zum ersten Mal begegnen, politischen Akteuren und Institutionen) ihr Vertrauen schenken (vgl. Newton und Zmerli 2011).

Zusammenhänge von Vertrauen und Sozialstaat

Neuere Studien, die sich mit den Zusammenhängen von Vertrauen und Sozialstaat beschäftigen, fragen nach den Auswirkungen des sozialen und politischen Vertrauens auf die Akzeptanz wohlfahrtsstaatlicher Politik im Allgemeinen und sozialstaatlicher Reformen im Speziellen (vgl. etwa Gabriel und Trüdinger 2011; Garritzmann, Neimanns, Busemeyer 2023). In diesem Beitrag soll es umgekehrt um die Auswirkungen des Sozialstaats und von sozialstaatlicher Politik auf das soziale und politische Vertrauen gehen. In der Literatur lassen sich diesbezüglich vier Forschungsrichtungen ausmachen, die analytisch zu trennen sind, sich gegenseitig aber nicht ausschließen und Überschneidungen aufweisen: auf der Makro- bzw. gesamtgesellschaftlichen Ebene liegende kulturalistische (1) und performanzbasierte (2) Erklärungsansätze sowie auf der Mikro- bzw. individuellen Ebene angesiedelte kulturalistische (3) und performanzbasierte (4) Erklärungsansätze (vgl. Carstens 2023: 301; Zmerli 2020: 261).

(1) Kulturalistische Erklärungsansätze auf der gesamtgesellschaftlichen Ebene haben ihre Ursprünge in der politischen Kulturforschung. Sie betonen die Stabilität gesamtgesellschaftlichen sozialen und politischen Vertrauens im Zeitverlauf, da durch die Sozialisation in der frühen Kindheit kulturelle Normen und Werte von einer Generation zur nächsten weitergegeben werden (vgl. Carstens 2023: 302).[2] Mit Blick auf den Sozialstaat handelt es sich dabei unter anderem um Ideen zur sozialen Gerechtigkeit, zum Umgang mit Armut und Ein-

---

2 Allerdings können sich Wertvorstellungen im Laufe der Zeit ändern, so dass ein Wertewandel langfristig möglich ist (vgl. Carstens 2023: 302; Zmerli 2020: 263).

kommensungleichheit, zum Verhältnis von Erwerbsarbeit und sozialer Sicherung, zu den Grundlagen des sozialen Bürger_innenstatus und zum Verhältnis von Staat, Markt und Familie und dem damit einhergehenden Familienbild (vgl. Pfau-Effinger 2019: 221–222). In den drei Welten des Wohlfahrtskapitalismus, die der dänische Sozialwissenschaftler Gøsta Esping-Andersen 1990 identifizierte, unterscheiden sich die Gesellschaften zum Teil erheblich darin, »welche Wohlfahrtswerte in der Bevölkerung besonders unterstützt werden« (Pfau-Effinger 2019: 223). Während sich die sozialdemokratischen Wohlfahrtsstaaten Skandinaviens idealtypisch durch universalistische und großzügige Sozialleistungen auszeichnen, die auf sozialen Bürger_innenrechten basieren, gewährt der Sozialstaat konservativ-korporatistischer Prägung, wie er in Deutschland zu finden ist, zwar durchaus großzügige wohlfahrtsstaatliche Leistungen, verteilt diese aber oftmals nach berufsständischer bzw. Status-Zugehörigkeit. Das liberale Wohlfahrtsregime, das in den USA besteht, stellt wiederum nur den Armen Geld- und Sachleistungen auf einem (äußerst) geringen Niveau zur Verfügung. Die Mehrheit der Bürger_innen hat sich in Selbstverantwortung zu üben und privat für die Wechselfälle des Lebens vorzusorgen (vgl. Fischer 2015: 831–833).

Konservativ-korporatistischen und liberalen Wohlfahrtsstaaten ist gemeinsam, dass sie weniger generalisiertes als partikulares soziales Vertrauen erzeugen. Dies liegt unter anderem an der Bedeutung des sozialpolitischen Instruments der Bedürftigkeitsprüfung. Diese soll garantieren, dass nur »verdiente« Sozialhilfeempfänger_innen staatliche Leistungen beziehen und kein Sozialmissbrauch betrieben wird. Daraus spricht ein tiefes Misstrauen gegenüber den Hilfebedürftigen (vgl. Decker u.a. 2019: 17). Universalistische, generöse Wohlfahrtsstaaten und geringe sozio-ökonomische Ungleichheiten, wie sie den sozialdemokratischen Wohlfahrtsstaaten Skandinaviens zugeschrieben werden, wirken sich dagegen positiv auf das generalisierte soziale und politische Vertrauen aus (Kumlin, Stadelmann-Steffen, Haugsgjerd 2018: 388–390).

(2) Zu den performanzbasierten Erklärungsansätzen auf der gesamtgesellschaftlichen Ebene gehört beispielsweise eine Mitgliedschaft in Freiwilligenorganisationen, die laut der Sozialkapitaltheorie Robert D. Putnams (1993) dabei hilft, generalisiertes soziales Vertrauen zu erlernen. Regelmäßige soziale Interaktionen mit anderen Menschen in diesen Organisationen führen dazu, dass sich Vertrauen und Normen der Reziprozität herausbilden. Die positiven Erfahrungen mit den Mitmenschen innerhalb der sozialen Organisationen werden auf die gesamte Gesellschaft übertragen. Des Weiteren wirken sich eine geringe Einkommensungleichheit, wenig Korruption, ein hohes Bruttoinlandsprodukt, spürbares Wirtschaftswachstum, eine niedrige Arbeitslosenquote, geringe Armutsrisiken und universalistische sozialstaatliche Ansprüche wie zum Beispiel ein generöses Arbeitslosengeld positiv auf das politische Vertrauen aus (vgl. Decker u. a. 2019: 17; Zmerli 2020: 264–265). Dagegen bilden soziale Ungleichheiten, ein residualer Wohlfahrtsstaat, der diese nicht aufzufangen vermag, und das daraus resultierende geringe politische und soziale Vertrauen einen Teufelskreis (*inequality trap*), der schwer zu durchbrechen ist (vgl. Kumlin, Stadelmann-Steffen, Haugsgjerd 2018: 390). Zudem belegen Studien aus den USA, die sich mit dem Zusammenspiel von Einwanderung und sozialem sowie politischem Vertrauen beschäftigen, dass Einwanderung und eine zunehmend ethnisch diverse Gesellschaft negative Auswirkungen auf Vertrauen hat. Im europäischen Kontext sind die Ergebnisse hierzu disparater (vgl. Decker u. a. 2019: 18–19; Zmerli 2020: 265).

(3) Kulturalistische Ansätze auf der individuellen Ebene betrachten Vertrauen als Veranlagung oder Persönlichkeitsmerkmal, das Menschen von Geburt an besitzen oder in frühester Kindheit entwickeln; das Maß an Vertrauen lässt sich demnach nicht oder kaum durch Erfahrungen ändern. So sei soziales Vertrauen eine Charaktereigenschaft, die mit anderen Persönlichkeitszügen wie Optimismus einhergehe. Da Optimist_innen in der Regel auch mit Blick auf die Zukunft optimistisch seien, gilt das sinkende Zukunftsvertrauen als eine Hauptursache für das schwindende generalisierte soziale Vertrauen

(vgl. Decker u.a. 2019: 9). Untersuchungen zur Bedeutung der »Big-Five-Persönlichkeitsfaktoren« für politisches Vertrauen zeigen, dass Eigenschaften wie »Offenheit für Erfahrungen« und »Extraversion« negativ wirken, während »Verträglichkeit« mit höherem politischen Vertrauen einhergeht (vgl. Mondak, Hayes, Canache 2017: 148–153). Darüber hinaus zählen Moral- und Wertvorstellungen und politisch-ideologische Grundorientierungen zu den kulturalistischen Ansätzen auf individueller Ebene (vgl. Decker u.a. 2019: 21; Zmerli 2020: 263).

(4) Performanzbasierte Ansätze auf der individuellen Ebene gehen davon aus, dass Vertrauen auf Erfahrungen basiert, die ein Mensch im Laufe des Lebens macht. So besagt etwa die »Gewinner_innenhypothese«, dass Menschen mit höherer Bildung, höherem Einkommen und höherer sozialer Schichteinstufung – die »Gewinner_innen« in einer Gesellschaft – auch ein höheres Maß an sozialem Vertrauen aufweisen (vgl. Decker u.a. 2019: 9). Studien zum politischen Vertrauen kommen zu dem Ergebnis, dass negative individuelle Bewertungen der sozialstaatlichen Leistungsfähigkeit sowie negative Erfahrungen mit der Wohlfahrtsbürokratie niedrigere Vertrauenswerte gegenüber den staatlichen Einrichtungen nach sich ziehen (vgl. Carstens 2023: 302; Decker u.a. 2019: 19–20; Kumlin, Stadelmann-Steffen, Haugsgjerd 2018: 395–399; Zmerli 2020: 262).

Analysen, die sich mit den konkreten Erfahrungen beschäftigen, die Bürger_innen im Austausch mit den Institutionen des Wohlfahrtsstaates bzw. der Wohlfahrtsbürokratie gemacht haben, betonen, dass es für das politische Vertrauen eine Rolle spielen kann, wie sich Menschen von den sogenannten *street-level bureaucracies* behandelt fühlen, also von den Institutionen, mit denen sie in ihrem Alltag (regelmäßig) in Kontakt treten und von denen sie Leistungen in Anspruch nehmen (etwa Schulen, das Jugendamt oder das Jobcenter). Werden Antragstellende wie Bittsteller_innen behandelt? Oder begegnen sich Vertreter_innen des Wohlfahrtsstaates und Nachfragende sozialstaatlicher Leistungen auf Augenhöhe (vgl. Bruch, Ferree, Soss 2010; Kumlin 2002; Soss 1999)?

Dies gilt auch für das soziale Vertrauen. In universalistischen Sozialstaaten, die nicht auf Bedürftigkeitsprüfungen als in Politikinstrumente geronnenes gesellschaftliches (und staatliches) Misstrauen zurückgreifen, ist das individuelle soziale Vertrauen höher als in Wohlfahrtsstaaten mit Bedürftigkeitsprüfungen, gibt es doch wenig bis gar keine Stigmatisierung derjenigen, die auf die Hilfe des Staates bzw. der Gesellschaft angewiesen sind. Dies schlägt sich in zweierlei Hinsicht nieder: Auf der »Anbieterseite« herrscht höheres soziales Vertrauen, weil die einzelnen Gesellschaftsmitglieder einander nicht unterstellen, sie betrieben »Sozialbetrug«. Und auf der »Nachfrageseite« sind die sozialen Vertrauenswerte höher, weil Antragstellende ein Recht auf sozialstaatliche Leistungen haben und sich nicht sorgen müssen, von den Mitmenschen als »Sozialbetrüger_innen« angesehen zu werden (vgl. Rothstein und Stolle 2003).

Familienzentren in Nordrhein-Westfalen

Wenn es für das soziale und politische Vertrauen auf individueller Ebene eine Rolle spielt, welche konkreten Erfahrungen Menschen unter anderem mit den *street-level bureaucracies* machen, stellt sich die Frage, wie diese Einrichtungen des Wohlfahrtsstaates vor Ort ausgestaltet sein müssten, um wieder mehr Vertrauen in Mitmenschen und Politik zu generieren und den gesellschaftlichen Zusammenhalt zu befördern. Die Familienzentren in NRW bieten hier in ihrer konzeptionellen Ausgestaltung einen interessanten Ansatz. Als sozialstaatliche Einrichtung auf kommunaler Ebene bzw. im Quartier fungieren sie zum einen als Orte der Begegnung, die Menschen unterschiedlicher Milieus zusammenbringen. Zum anderen dienen sie dazu, sozial- und bildungspolitische Leistungen für (anspruchsberechtigte) Menschen leicht(er) zugänglich zu machen.

Familienzentren sind Einrichtungen, »die Bedarfe von Kindern und Familien in einem integrierten Gesamtkonzept aufgreifen« (Schelle 2022: 301). Zwar können unter den Begriff »Familienzentrum« verschiedene Einrichtungstypen fallen – etwa Mehrgenerationenhäuser oder die Familienbildungsstätten in Sachsen (vgl. Schlevogt 2014: 13) –, in der Regel sind aber Kindertageseinrichtungen gemeint, »die eltern- und kindbezogene Angebote bündeln, die sich an den Lebenslagen und Lebenswelten der Familien im Einzugsgebiet orientieren und einen niedrigschwelligen Zugang eröffnen« (Schelle 2022: 301). Der Grundstein für diese Funktionserweiterung von Kindertageseinrichtungen wurde in den 1990er Jahren gelegt und seit den 2000er Jahren in die Praxis umgesetzt (vgl. Schlevogt 2014: 12–13). Die Einrichtungen, »die Kinderbetreuung mit weiteren Bildungs- und Beratungsangeboten für Familien und Kinder kombinieren« (Schlevogt 2014: 13), firmieren dabei unter verschiedenen Bezeichnungen (etwa Familienzentren, Eltern-Kind-Zentren, Familien-Kitas, Haus für Kinder und Familien) und weisen unterschiedliche Organisationsformen und Einrichtungsprofile auf (vgl. Schelle 2022: 302; Schlevogt 2014: 18–22; Stöbe-Blossey 2024: 4–5).

NRW war das erste Bundesland, das ab 2005 die Weiterentwicklung von Kindertageseinrichtungen zu Familienzentren mit dem Landesprogramm »Familienzentren NRW« systematisch zu fördern begann. Zum Kindergartenjahr 2006/2007 startete zunächst eine einjährige Pilotphase, ab dem Kindergartenjahr 2007/2008 folgte der flächendeckende Ausbau, der schließlich ab dem Kindergartenjahr 2008/2009 durch eine Verankerung der Familienzentren und ihrer finanziellen Förderung im Kinderbildungsgesetz (KiBiz) flankiert wurde (vgl. Stöbe-Blossey 2024: 6–7). Um die Landesförderung zu erhalten, müssen die antragstellenden Kindertageseinrichtungen einen Zertifizierungsprozess durchlaufen. Sind sie erfolgreich, erhalten sie das Gütesiegel »Familienzentrum NRW«, das vier Jahre lang gültig ist und danach in einem vereinfachten Re-Zertifizierungsverfahren erneuert werden kann. Betrug die Förderung zunächst 12.000 Euro jährlich, wurde sie zum Kindergartenjahr 2010/2011 auf 13.000 Euro aufgestockt; für Familienzentren mit besonderem Unterstützungsbedarf gab es 14.000 Euro jährlich (vgl. Stöbe-Blossey u.a. 2020: 10). Seit dem Kindergartenjahr 2020/2021 beläuft sich die jährliche Fördersumme auf 20.000 Euro, ab 2021/2022 verbunden mit einer jährlichen Dynamisierung (§ 43 KiBiz). Durch die systematische Förderung kann heute von einer flächendeckenden Infrastruktur in NRW gesprochen werden: Erhielten 2007 die ersten 261 Kindertageseinrichtungen das Gütesiegel »Familienzentrum NRW«, sind es im Kindergartenjahr 2024/2025 etwa 4.150 (vgl. MKJFGFI NRW 2025a; MKJFGFI NRW 2025b) – somit arbeiten mehr als ein Drittel aller Kindertageseinrichtungen als Familienzentren (vgl. Stöbe-Blossey 2024: 6).

Laut § 42 Absatz 1 Satz 1 KiBiz sind Familienzentren »Kindertageseinrichtungen, die über die Aufgaben nach diesem Gesetz hinaus insbesondere leicht zugängliche und am Bedarf des Sozialraums orientierte Angebote für die Beratung, Unterstützung und Bildung von Familien vorhalten oder vermitteln.« Handlungsleitende Prinzipien von Familienzentren sind demnach ihre Familien-, Kooperations- und Sozialraumorientierung (vgl. Stöbe-Blossey 2024: 4); im Sinne einer vorbeugenden Sozialpolitik zielen Familienzentren darauf ab, dass »durch die Ansprache von Adressat_innen über Regelinstitutionen (Kindertageseinrichtungen, Schulen) möglichst alle (potenziell) Betroffenen im Rahmen der Primärprävention frühzeitig erreicht und niederschwellige Zugänge für Angebote der Sekundär- und ggf. auch Tertiärprävention ermöglicht werden, um Stigmatisierungen zu vermeiden und Kontinuität zu sichern. Somit geht es um eine Kooperation zwischen Regelinstitutionen und spezialisierten Fachdiensten aus unterschiedlichen Politikfeldern«[3] (Stöbe-Blossey 2024: 4).

Was bedeutet das konkret und wie kommt soziales und politisches Vertrauen ins Spiel? Zwei Beispiele sollen dies veranschaulichen. Als ein Kernelement von Familienzentren gilt die Förderung eines niederschwelligen Zugangs zu Beratungs- und Unterstützungsangeboten für Kinder und Familien. Dazu erweitern die Einrichtungen ihre eigenen Angebote und kooperieren mit verschiedenen externen Partner_innen aus dem Sozialraum. Eine besondere Bedeutung kommt

---

3   Zur Primärprävention zählen allgemeine Angebote für alle Kinder und Familien, die Sekundärprävention zielt auf die Früherkennung und -bearbeitung von Risikosituationen, und bei der Tertiärprävention geht es um die Verhinderung oder Minimierung von Folgeproblemen (vgl. Stöbe-Blossey 2024: 4).

der Zusammenarbeit mit Erziehungs- und Familienberatungsstellen zu. So bieten beispielsweise Mitarbeiter_innen von Erziehungs- und Familienberatungsstellen regelmäßig Sprechstunden in den Räumlichkeiten des Familienzentrums an. Familien müssen also, wenn sie Unterstützung etwa bei Erziehungsfragen brauchen, nicht selbst Angebote sichten, einen Termin vereinbaren, zu der Erziehungs- oder Familienberatungsstelle fahren, sich einer fremden Person gegenüber öffnen usw. – alles Tätigkeiten, die Informationen, Mobilität und Zeit erfordern, zudem angst- und schambelastet sein und daher eine Hürde darstellen können. Das Angebot einer Beratungssprechstunde im Familienzentrum, also dort, wo Eltern sowieso hingehen, um ihre Kinder zu bringen und abzuholen, ist dagegen leichter zugänglich. Darüber hinaus kann der niederschwellige Zugang gefördert werden, indem etwa die Mitarbeiter_innen der Beratungsstellen in Elterncafés oder auf Elternabenden präsent sind und allgemeine Informationen zu ihrer Arbeit geben. Die Eltern haben die Mitarbeiter_innen auf diesem Wege schon einmal kennengelernt, was die Kontaktaufnahme erleichtert und dazu beiträgt, Vertrauen aufzubauen (vgl. Stöbe-Blossey u. a. 2020: 36, 184).

Das zweite Beispiel betrifft die Zusammenarbeit von Familienzentren mit Therapeut_innen, um individuelle Therapien – zum Beispiel Logopädie oder Ergotherapie – für die Kinder zu ermöglichen. Kommen Therapeut_innen in das Familienzentrum, hat dies für die Kinder zum einen den Vorteil, in den vertrauten Räumlichkeiten bleiben zu können. Zum anderen wird die Therapie in ihren Alltag integriert und muss nicht nach der – oftmals ganztägigen – Betreuungszeit stattfinden, was bei den Kindern zu einer Überforderung führen könnte (vgl. Stöbe-Blossey u. a. 2020: 46–47). Für Eltern, die in Vollzeit berufstätig, wenig mobil oder aus den verschiedensten Gründen »organisatorisch nicht in der Lage sind, ihr Kind verlässlich zu Therapieterminen zu bringen« (Stöbe-Blossey u. a. 2020: 47), stellt das therapeutische Angebot im Familienzentrum ebenfalls eine Erleichterung dar. So wie die Therapeut_innen die Mitarbeiter_innen des Familienzentrums fachlich beraten können, können die Mitarbeiter_innen des Familienzentrums als Brücke zwischen den Eltern und den Therapeut_innen fungieren (vgl. Stöbe-Blossey u.a. 2020: 46–47). Allerdings gibt es gerade bei den gesundheitsbezogenen Leistungen eines Familienzentrums auch Herausforderungen, die an der Schnittstelle von Gesundheits- und Kinder- und Jugendhilfesystem liegen, etwa die Vorgaben von Krankenkassen und therapeutischen Berufsverbänden zur Finanzierung therapeutischer Leistungen oder zu räumlichen Mindestvoraussetzungen (vgl. Stöbe-Blossey u.a. 2020: 46, 373–376). Insofern ist es erstaunlich, dass angesichts der Widerstände von Krankenkassen und therapeutischen Berufsverbänden der Anteil der Einrichtungen, die ein solches Angebot bereithalten, bei der Neu-Zertifizierung 2017 bei fast 90 Prozent lag (vgl. Stöbe-Blossey u.a. 2020: 46).

Fazit

Wer Menschen in seinem Nahbereich vertraut, muss nicht unbedingt Menschen im Allgemeinen oder politischen Akteuren und Institutionen im Besonderen vertrauen. Generalisiertes soziales sowie politisches Vertrauen ist allerdings für das Funktionieren einer Demokratie wichtig. Was unklar bleibt, ist die Einflussrichtung. Können vertrauenswürdige politische Institutionen erst entstehen und beibehalten werden, wenn eine Gesellschaft sich durch hohes soziales Vertrauen auszeichnet? Oder liegt es an vertrauenswürdigen politischen Institutionen, dass eine Gesellschaft hohe soziale Vertrauenswerte aufweist? Jüngste Erkenntnisse aus skandinavischen Panelstudien stützen die letztgenannte Ansicht. Vertrauenswürdige politische Institutionen bilden danach die Grundlage für eine Gesellschaft, in der die Menschen einander vertrauen können; soziales Vertrauen ist somit eher Folge als Determinante von politischem Vertrauen (vgl. Carstens 2023: 303; Zmerli 2020: 262).

Mit Blick auf den Sozialstaat haben Studien gezeigt, dass es für das soziale und politische Vertrauen auf individueller Ebene eine Rolle spielt, welche konkreten Erfahrungen Menschen mit den Einrichtungen des Wohlfahrtsstaats auf der lokalen Ebene machen. Hier kommen die Familienzentren (in NRW) ins Spiel, die durch ihre Familien-, Kooperations- und Sozialraumorientierung nicht nur zu einer präventiven Sozialpolitik beitragen, sondern zugleich das Potenzial besitzen, soziales und politisches Vertrauen vor Ort zu fördern, indem sie Kindertageseinrichtungen als Infrastruktur nutzen, um Kinder und Eltern dort zu erreichen, wo sie sich ohnehin aufhalten. Durch Kooperation und Vernetzung mit externen Partner_innen aus dem Sozialraum, etwa Erziehungs- und Familienberatungsstellen oder Therapeut_innen, verbinden Familienzentren leicht zugängliche Angebote mit individueller Unterstützung. Gleichzeitig übernehmen sie eine Lotsenfunktion, indem sie auf spezialisierte Angebote außerhalb des Familienzentrums – z. B. Schuldenberatung, Sozialpädiatrisches Zentrum, Psychotherapie – verweisen, manchmal auch den Kontakt herstellen oder Eltern (mit ihren Kindern) zu Terminen begleiten (vgl. Stöbe-Blossey u. a. 2020: 559–561).

Das durch die persönlichen Kontakte zwischen Mitarbeiter_innen des Familienzentrums und den Eltern und Kindern entstandene soziale Vertrauen kann zudem politisches Vertrauen erzeugen, sind doch die Mitarbeiter_innen eines Familienzentrums zugleich die Vertreter_innen des Sozialstaats auf lokaler Ebene. Als Lots_innen können sie überdies dazu beitragen, zwischen Eltern und den externen Kooperationspartner_innen, die ja ebenfalls Vertreter_innen des Sozialstaats sind, soziales und politisches Vertrauen zu fördern. Dafür ist »eine gute Atmosphäre in der Einrichtung, die ein Zugehörigkeitsgefühl und den Zusammenhalt fördert und eine vertrauensvolle Zusammenarbeit zwischen Einrichtung und Familie möglich macht«, zentral, denn »[e]rst auf dieser Basis werden Angebote der Beratung, Bildung und Unterstützung genutzt« (Stöbe-Blossey u. a. 2020: 506–507).

Für eine gute Atmosphäre im Familienzentrum sorgen unter anderem dessen vielfältige Angebote wie etwa Elterncafés oder Familienfeste. Durch sie kommen Familien aus unterschiedlichen Milieus und Lebenswelten in Kontakt, lernen einander kennen und teilen ihre Erfahrungen, was das soziale Vertrauen fördern dürfte. Familienzentren können so Orte der Begegnung sein. Auch ihre Sozialraumorientierung trägt dazu bei: Oftmals sind Angebote der Familienzentren für alle Familien im Quartier zugänglich und nicht nur für diejenigen, deren Kinder die Einrichtung besuchen. Wenn es die räumlichen Gegebenheiten zulassen, vermieten Familienzentren gegen ein kleines Entgelt die Räumlichkeiten am Wochenende für Kindergeburtstage oder Ähnliches oder bieten monatlich eine allgemeine Bürgerberatung an (vgl. Stöbe-Blossey u.a. 2020: 81–82). Insofern können Familienzentren nicht nur Begegnungsstätten im Quartier, sondern auch Anker bzw. Anlaufstelle für die Nachbarschaft sein. Zwar sind sie nicht die einzige sozialstaatliche Einrichtung, die als Ort der Begegnung auf lokaler Ebene dienen kann – interessant ist beispielsweise die Übertragung auf Grundschulen (Familienzentren im Primarbereich; vgl. dazu der kurze Überblick bei Stöbe-Blossey 2024: 10–14). Dennoch halten sie ein vielversprechendes Konzept bereit, das nicht nur für eine präventive Sozialpolitik und mehr Chancengerechtigkeit im Bildungsbereich steht, sondern in mehrerlei Hinsicht auch dazu beitragen kann, soziales und politisches Vertrauen und gesellschaftlichen Zusammenhalt vor Ort zu fördern. Dieses Potenzial sollte von den sozialpolitischen Akteuren stärker bedacht werden.

Literatur

Best, Volker u.a. (2023), Demokratievertrauen in Krisenzeiten. Wie blicken die Menschen in Deutschland auf Politik, Institutionen und Gesellschaft?, Friedrich-Ebert-Stiftung, Bonn.

Bruch, Sarah K.; Ferree, Myra Marx; Soss, Joe (2010), From Policy to Polity: Democracy, Paternalism, and the Incorporation of Disadvantaged Citizens, in: *American Sociological Review*, 75 (2), 205–226.

Bytzek, Evelyn und Schnepf, Julia (2022), Politisches Vertrauen während der Corona-Pandemie, in: *Sozialer Fortschritt*, 71 (9), 637–657.

Carstens, Jens (2023), Unpacking political trust: a review of conceptualisations, determinants, and consequences, in: *French Politics*, 21 (3), 295–314.

Decker, Frank u.a. (2019), Vertrauen in Demokratie. Wie zufrieden sind die Menschen in Deutschland mit Regierung, Staat und Politik?, Friedrich-Ebert-Stiftung, Bonn.

Delhey, Jan und Newton, Kenneth (2005), Predicting Cross-National Levels of Social Trust: Global Pattern or Nordic Exceptionalism?, in: *European Sociological Review*, 21 (4), 311–327.

Esping-Andersen, Gøsta (1990), *The Three Worlds of Welfare Capitalism*, Princeton.

Fischer, Sandra (2015), Die deutsche Sozialversicherung zwischen Beitrags-, Steuer- und privater Finanzierung, in: Laurenz Mülheims u.a. (Hg.), *Handbuch Sozialversicherungswissenschaft*, Wiesbaden, 829–842.

Fischer, Sandra (i. E.), Vertrauen in Demokratie und Wohlfahrtsstaat, in: Philipp Sandermann und Vanessa Schwenker (Hg.), *TRUST ISSUES!? Vertrauen und gesellschaftliche Zukunft*, Bielefeld.

Gabriel, Oscar W. und Trüdinger, Eva-Maria (2011), Embellishing Welfare State Reforms? Political Trust and the Support for Welfare State Reforms in Germany, in: *German Politics*, 20 (2), 273–292.

Garritzmann, Julian L.; Neimanns, Erik; Busemeyer, Marius R. (2023), Public opinion towards welfare state reform: The role of political trust and government satisfaction, in: *European Journal of Political Research*, 62 (1), 197–220.

Hardin, Russell (1993), The Street-Level Epistemology of Trust, in: *Politics & Society*, 21 (4), 505–529.

Kizilova, Kseniya und Norris, Pippa (2024), »Rally around the flag« effects in the Russian-Ukrainian war, in: *European Political Science*, 23 (2), 234–250.

Kumlin, Staffan (2002), *The Personal and the Political. How Personal Welfare State Experiences Affect Political Trust and Ideology*, Göteborg.

Kumlin, Staffan; Stadelmann-Steffen, Isabelle; Haugsgjerd, Atle (2018), Trust and the Welfare State, in: Eric M. Uslaner (Hg.), *The Oxford Handbook of Social and Political Trust*, New York, 385–408.

Luhmann, Niklas (1968), *Vertrauen. Ein Mechanismus der Reduktion sozialer Komplexität*, Stuttgart.

MKJFGFI NRW [Ministerium für Kinder, Jugend, Familie, Gleichstellung, Flucht und Integration] (2025a), Ziele und Entwicklung des Landesprogramms, https://www.familienzentrum.nrw.de/landesprogramm/ziele-und-entwicklung-des-landesprogramms.

MKJFGFI NRW [Ministerium für Kinder, Jugend, Familie, Gleichstellung, Flucht und Integration] (2025b), Ausbau der Familienzentren, https://www.familienzentrum.nrw.de/landesprogramm/ausbau-und-standorte-der-familienzentren.

Mondak, Jeffery J.; Hayes, Matthew; Canache, Damarys (2017), Biological and psychological influences on political trust, in: Sonja Zmerli und Tom W. G. van der Meer (Hg.), *Handbook on Political Trust*, Cheltenham/Northampton, 143–159.

Newton, Ken und Zmerli, Sonja (2011), Three forms of trust and their association, in: *European Political Science Review*, 3 (2), 169–200.

Pfau-Effinger, Birgit (2019), Kulturelle Ideen als Grundlage der Wohlfahrtsstaatsforschung, in: Herbert Obinger und Manfred G. Schmidt (Hg.), *Handbuch Sozialpolitik*, Wiesbaden, 217–234.

Putnam, Robert D. (1993), *Making Democracy Work. Civic Traditions in Modern Italy*, Princeton.

Raphael, Lutz (2019), *Jenseits von Kohle und Stahl. Eine Gesellschaftsgeschichte Westeuropas nach dem Boom*, Berlin.

Reckwitz, Andreas (2018), *Die Gesellschaft der Singularitäten. Zum Strukturwandel der Moderne*, Bonn.

Rothstein, Bo und Stolle, Dietlind (2003), Social Capital, Impartiality and the Welfare State. An Institutional Approach, in: Marc Hooghe und Dietlind Stolle (Hg.), *Generating Social Capital. Civil Society and Institutions in Comparative Perspective*, New York/Basingstoke, 191–210.

Schelle, Regine (2022), Familienzentren, in: Deutscher Verein für öffentliche und private Fürsorge e. V. (Hg.), *Fachlexikon der Sozialen Arbeit*, Baden-Baden, 301–302.

Schlevogt, Vanessa (2014), Kinder- und Familienzentren in Deutschland – Konzepte und Modelle, in: Vanessa Schlevogt und Herbert Vogt (Hg.), *Wege zum Kinder- und Familienzentrum. Ein Praxisbuch*, Berlin, 11–23.

Schnaudt, Christian (2013), Politisches Vertrauen, in: Jan W. van Deth und Markus Tausendpfund (Hg.), *Politik im Kontext: Ist alle Politik lokale Politik? Individuelle und kontextuelle Determinanten politischer Orientierungen*, Wiesbaden, 297–328.

Soss, Joe (1999), Lessons of Welfare: Policy Design, Political Learning, and Political Action, in: *American Political Science Review*, 93 (2), 363–380.

Stöbe-Blossey, Sybille (2024), Familienzentren in Kindertageseinrichtungen und Grundschulen als Elemente kommunaler Präventionspolitik, in: Antonio Brettschneider, Stephan Grohs, Nora Jehles (Hg.), *Handbuch Kommunale Sozialpolitik*, Wiesbaden, https://doi.org/10.1007/978-3-658-38616-0.

Stöbe-Blossey, Sybille u.a. (2020), *Familienzentren in Nordrhein-Westfalen. Eine empirische Analyse*, Wiesbaden.

Warren, Mark E. (2018), Trust and Democracy, in: Eric M. Uslaner (Hg.), *The Oxford Handbook of Social and Political Trust*, New York, 75–94.

Zmerli, Sonja (2013), Soziales Vertrauen, in: Jan W. van Deth und Markus Tausendpfund (Hg.), *Politik im Kontext: Ist alle Politik lokale Politik? Individuelle und kontextuelle Determinanten politischer Orientierungen*, Wiesbaden, 133–155.

Zmerli, Sonja (2020), Politisches Vertrauen, in: Thorsten Faas, Oscar W. Gabriel und Jürgen Maier (Hg.), *Politikwissenschaftliche Einstellungs- und Verhaltensforschung. Handbuch für Wissenschaft und Studium*, Baden-Baden, 248–272.

VERTRAUEN

BRAUCHT DEMOKRATIE VERTRAUEN? UND WENN JA: WELCHER ART?

Von JAN-WERNER MÜLLER*

Vertrauen – das ist, ähnlich wie Zusammenhalt, so ein Sonntagsredenwort. Alle sind irgendwie dafür, aber keiner weiß genau warum. Das heißt, manche haben schon ihre Gründe: So erklärte vor nicht allzu langer Zeit eine Fachärztin für Allgemeinmedizin, ein »schönes Miteinander« sei entscheidend für ein langes, gesundes Leben (Blyth 2024). Aber lässt sich jenseits solcher *Self-help*-Ratschläge etwas spezifisch sagen über *politisches* Vertrauen in komplexen Gesellschaften, in denen man eben für gewöhnlich anonym bleibt und größtenteils sehr wenig miteinander zu tun hat?

Vielleicht lässt sich erstmal gar nichts Gutes sagen. Schon ein flüchtiger Blick in die Ideengeschichte zeigt, dass die pauschale politische Empfehlung im weitesten Sinne liberaler Denker gerade nicht Vertrauen, sondern Misstrauen war. Der Sozialwissenschaftler Russell Hardin, einer der einflussreichsten zeitgenössischen Theoretiker von Vertrauen, bemerkte einmal, der Anfang von allem politischem und wirtschaftlichem Liberalismus sei Misstrauen (Hardin 2022; vgl. auch Krishnamurthy 2015). Die These hat viel für sich: Benjamin Constant, der große französische Liberale, war der Ansicht, jede gute Verfassung sei ein Akt des Misstrauens; Jeremy Bentham, einer der Gründerväter des Liberalismus in Großbritannien, stellte die Frage: »Wem sollen wir denn misstrauen, wenn nicht denjenigen, die mit großer

---

* Ich danke meinem Publikum bei Vorträgen in Frankfurt und Bonn, das mir mit kritischen Fragen geholfen hat. Teile dieses Kapitels beruhen auf einem Beitrag zum MERKUR-Blog, der im März 2025 erschienen ist.

Autorität ausgestattet sind und daher am meisten versucht sind, diese zu missbrauchen?«

Offensichtlich handelt es sich hier um eine Art vertikales Misstrauen, von unten nach oben gerichtet: Bürger_innen sollen Amtsinhaber_innen nicht einfach vertrauen, sondern ein kritisches Auge auf sie halten. Zudem gilt es – das war Constants Einsicht – Wege zu finden, Misstrauen zu institutionalisieren bzw. die Möglichkeit von Machtmissbrauch von vornherein zu begrenzen. Aber auch den Institutionen kann man nicht einfach vertrauen; denn sie sind ja keine Maschinen, die von allein laufen, sondern werden von Menschen geführt, die stets für die von Bentham gefürchteten Versuchungen anfällig sind.

Konservative hingegen wollten Institutionen als auch Politikern im Zweifelsfalle immer einen Vertrauensvorschuss einräumen. Was schon lange währte, war erst einmal vertrauenswürdig – auch wenn man die Gründe für das lange Überdauern von Institutionen und Praktiken vielleicht gar nicht rational erklären (oder gar rechtfertigen) konnte (siehe auch Forst 2002). Wer hingegen Misstrauen säte und Veränderungen forderte, hatte die Beweislast zu tragen, ja ihm oder ihr ist selbst erst einmal mit Misstrauen zu begegnen: Denn vor allem Misstrauen gegenüber Autoritätspersonen und überkommenen Hierarchien drohte stets, die politische und soziale Ordnung zu erschüttern.

Nun sind wir derzeit Zeugen einer merkwürdigen Umkehrung: Im weitesten Sinne liberale Kräfte rufen heute dazu auf, den bestehenden Normen, Institutionen und letztlich auch Hierarchien zu vertrauen. Die offensichtlichsten Beispiele sind Wissenschaft, Gerichte, freie Medien. All diese sind bekanntlich in den vergangenen Jahren enorm unter Druck geraten, und zwar von populistischer, dezidiert antiliberaler Seite – auch wenn die merkwürdige Mischung aus libertären und autoritären Ansichten, die Carolin Amlinger und Oliver Nachtwey scharfsinnig analysiert haben, manchmal wie altbekanntes liberales Misstrauen klingen kann (Amlinger und Nachtwey 2022).

Nun, ganz neu ist die Mischung nicht – man denke an das auf den ersten Blick paradoxe Phänomen der Konservativen Revolution in den zwanziger Jahren; auch damals hätte man schon die Lektion lernen können, dass antiautoritär keinesfalls automatisch progressiv bedeutet. Aber merkwürdig mutet dieses *Great Reversal* schon an: Linksliberale in den USA wurden unter Trump plötzlich zu Verfechter_innen der Unabhängigkeit und der Professionalität beispielsweise des FBI und des Militärs – Institutionen, die ihnen doch seit dem Vietnamkrieg immer fremder geworden waren und denen sie, aus Prinzip, eher mit Misstrauen begegneten.

Vertrauen und Misstrauen haben jedoch nicht nur eine vertikale Ausrichtung. Sollten sich demokratische Bürger_innen gegenseitig – also sozusagen auf horizontaler Ebene – eher vertrauen oder kann hier Misstrauen nicht auch eine plausible Haltung sein? Man beachte, dass diese weitgehend ungeklärte Frage sich auf Vertrauen in einer Demokratie bezieht, nicht auf die allgemeine Frage, ob man die unzähligen Fremden, mit denen man tagtäglich in einer komplexen Gesellschaft interagiert, erst einmal als vertrauenswürdig erachten sollte (ein Aspekt, der gemeinhin unter dem Begriff »soziales Vertrauen« verhandelt wird) (Vallier 2020).

Vertrauen kommt bekanntermaßen überhaupt nur dann ins Spiel, wenn es Ungewissheit gibt. Wer alles weiß und alles kontrollieren kann, braucht kein Vertrauen in Individuen oder Institutionen zu setzen.[1] Nun ist aber eine sehr plausible (wenn auch zugegebenermaßen sperrige) Definition von Demokratie, sie sei eine Form von »institutionalisierter Ungewissheit« – so die einflussreiche Formel des polnischstämmigen Politikwissenschaftlers Adam Przeworski. Kurz gesagt: In halbwegs funktionierenden Demokratien sind Wahlergebnisse ungewiss; auf die Prozeduren, durch die man zu diesen Ergebnissen gelangt, kann man sich aber verlassen (mit anderen

---

1 Das heißt nicht, dass jemand, der vertrauen will (oder muss), gar nichts weiß. Luhmann beobachtet zu Recht: »Vertrauen [...] beruht [...] darauf, daß der Vertrauende sich in gewissen Grundzügen schon auskennt, schon informiert ist, wenn auch nicht genug, nicht vollständig, nicht zuverlässig« (Luhmann 1973, 34).

Worten: Die Institutionen bieten Gewissheit) (Przeworski 1991). In Autokratien ist es genau andersherum: Wer Präsidentschaftswahlen in Venezuela oder Russland gewinnt, ist in keiner Weise ungewiss; die Verfahren können jedoch jederzeit zugunsten der Machthaber manipuliert werden (so beispielsweise, als noch in letzter Minute Regeln abgeändert wurden, um Nawalnys Strategien zu konterkarieren) (Müller 2021).

Ungewissheit ist also kein Fehler im System, sie ist vielmehr ein Zeichen, dass etwas richtig funktioniert in einer Demokratie. Erfordert *diese* Art von Ungewissheit aber auch eine Form von Vertrauen und wenn ja – welche?

Demokratisches Grundvertrauen

Viele philosophische Versuche, Vertrauen analytisch zu erfassen, gehen erst einmal von persönlichen Beziehungen aus. Vertrauen, so heißt es beispielsweise, bedeute, dass man sich auf jemanden, der eine bestimmte Aufgabe auszuführen habe, verlassen könne; der bereits erwähnte Russell Hardin meinte, Vertrauen heiße, dass man annehme, eine andere Person würde bei ihren Entscheidungen unser eigenes Interesse stets mit einbeziehen. Um diese Art von Vertrauen zu bilden, braucht es offenbar Zeit – und eine Reihe von Erfahrungen, die dann bestimmte Erwartungen stabilisieren (aber nie garantieren, dass Erwartungen auch erfüllt werden). Hier schafft Vertrautheit Vertrauen (Luhmann 1973).

Doch derartige moralphilosophische Ansätze passen schwer zu Demokratie in großen, komplexen Gesellschaften: Wir sind nicht mit allen unseren Mitbürger_innen irgendwie vertraut; wir sind auch nicht von anderen Mitgliedern des Gemeinwesens instruiert, irgendwelche Aufgaben zu erfüllen; und es ist offensichtlich Teil von ganz normalen politischen Konflikten, dass verschiedene Gruppen sich für ihre eigenen Interessen einsetzen (ohne dabei immer alle anderen zu berücksichtigen). Ein Anhänger Rousseaus, der von der Existenz eines relativ einfach zu identifizierenden Gemeinwohls ausgeht, mag solche schnöden Kämpfe gerade um materielle Interessen mit Bedauern sehen – aber sie sind schlicht die Realität pluralistischer zeitgenössischer Demokratien.

Braucht man also eigentlich in der Demokratie anderen Menschen – auf horizontaler Ebene – gar nicht vertrauen? Eine Form von Vertrauen angesichts der in der Demokratie schlicht nicht vermeidbaren Ungewissheit braucht es, so meine These, schon. Und das ist das Grundvertrauen, dass die anderen prinzipiell das Gemeinwesen weiterhin als eine Sache von Freien und Gleichen betreiben (und gemeinsam gestalten) wollen (Rawls 1993). Das klingt sehr abstrakt, ist aber nicht ohne Relevanz, wenn man an Parteien denkt, die manche Bürger_innen ganz ausschließen oder zumindest als Bürger_innen zweiter Klasse behandeln möchten (Müller 2016). Es ist auch nicht irrelevant, in Zeiten, in denen Autokraten in spe versuchen, Institutionen so umzugestalten, dass sie die Macht auch bei halbwegs freien Wahlen nicht mehr verlieren können – was ja im Endeffekt auch heißt, dass sie die Bürger_innen nicht mehr als Freie, die eben auch jemand anderen ins Amt bringen könnten, respektieren.

Um noch einmal auf die Diskussion in der Moralphilosophie zurückzukommen: Das Gegenteil von Vertrauen ist nicht Unzuverlässigkeit. Das Gegenteil von Vertrauen ist Verrat. Wer Vertrauen bricht, verursacht nicht nur Enttäuschung, sondern ein ganz spezifisches Gefühl von Verletztheit und Verrat (Baier 1986: 235). Enttäuschungen sind in der Demokratie eigentlich unvermeidlich: Irgendjemand muss immer bei Wahlen – und auch in der tagtäglichen politischen Auseinandersetzung – verlieren. Aber Verlierer_innen fühlen sich nicht per se verraten (es ist natürlich etwas anderes, wenn beispielsweise ein politischer Verbündeter seine Unterstützung aus opportunistischen Gründen zurückzieht). Verraten kann sich aber mit Recht fühlen, wenn andere Bürger_innen eine Wahl treffen, die darauf hinausläuft, das Gemeinwesen nicht mehr als ein Projekt von Freien und Gleichen, mit offener Zukunft, weiter zu verfolgen.

Sehr viel konkreter gesagt: Wer 2024 Trump wählte, musste sich eigentlich darüber im Klaren sein, dass der Mann die amerikanische

Demokratie gefährden würde. Natürlich gab es auch immer Abwiegler_innen und Beschwichtiger_innen: Da hieß es beispielsweise, die Strafverfolgungen, denen er dank ihm wohlgesonnener Richter_innen am Ende letztlich entging, hätten ihn sicher vorsichtiger werden lassen. Zudem behaupteten viele Beobachter_innen, die Leute seien mit der wirtschaftlichen Situation unter der Biden-Regierung einfach so unzufrieden gewesen, dass ihnen gar keine andere Wahl als Trump geblieben sei.

Nun haben die ersten Monaten der zweiten Amtszeit von Trump an Klarheit nichts zu wünschen gelassen. Die Vorstellung, alles würde schon wie in den Jahren 2017–2021 halbwegs normal ablaufen (mal abgesehen von dem nicht gerade normalen Angriff auf das Kapitol im Januar 2021), hat sich sehr, sehr rasch als Illusion erwiesen. Trump benutzt alle staatlichen Hebel, um gegen politische Gegner vorzugehen – und da handelt es sich nicht nur um prominente Figuren; nein, ganze Regionen (wie jüngst der Bundesstaat Maine, wo radikale Kürzungen vorgenommen wurden) werden bestraft, wenn sich ihre politischen Repräsentant_innen nicht einfach Trumps Wünschen fügen.

Vor diesem Hintergrund dürfen sich diejenigen, die Trump nicht gewählt haben, durchaus verraten fühlen, und zwar nicht nur vom Präsidenten und seiner politischen Partei (die ihn nach wie vor bedingungslos unterstützt), sondern von all den Amerikaner_innen, die dem Mann – wider besseres Wissen – zur Macht verholfen haben. Moralisch wie auch politisch liegt die Beweislast jetzt bei den Trump-Wähler_innen; um horizontales Vertrauen wieder herzustellen, müssten sie plausibel machen, dass sie einen autoritären Kurs in keiner Weise gewollt haben – und ihn auch jetzt nicht gutheißen.

Dies könnten sie am ehesten dadurch zeigen, dass sie sich jetzt öffentlich lautstark gegen autoritäre Maßnahmen wenden, statt dem früheren Reality-TV-Star weiter blindlings zu folgen. Mit anderen Worten: Ein fundamentaler Verlust politischen Vertrauens ließe sich nur rückgängig machen, wenn nicht nur im weitesten Sinne Linke und Liberale, sondern Trump-Wähler_innen auf die Straße gingen. Naiv? Wahrscheinlich. Aber dieser Imperativ folgt, so meine These, aus einem stringenten Verständnis von politischem Grundvertrauen, ohne das Demokratie wohl nicht auf Dauer bestehen kann.

Wer trägt die Beweislast?

Diese Idee lässt sich auf andere Kontexte übertragen. Es ist in der Demokratie nicht verboten, eine Partei an die Regierung zu bringen, die für weniger Einwanderung eintritt. Es ist aber demokratiegefährdend, wenn eine Partei pauschal bestimmte Menschen unter Verdacht stellt – indem beispielsweise suggeriert wird, schon im Land lebende Muslime seien, unabhängig davon, ob sie Staatsbürger_innen sind oder nicht, irgendwie politisch und kulturell suspekt. Es ist dann – auch hier wieder rein normativ gesprochen – Aufgabe derjenigen, deren Entscheidungen für den Machtgewinn solcher Parteien verantwortlich zeichnen, Grenzen zu setzen, im Sinne von: »Offene Diskussion über Einwanderung ja; Hetze gegen Minderheiten nein.«

Das mag, wie gesagt, politisch alles illusorisch sein. Aber diese Perspektive hat zumindest den Vorteil, dass man der Endlosschleife mit dem vermeintlich wohlmeinenden Imperativ »Man muss den Wähler_innen der Populisten gegenüber Empathie zeigen!« entkommen kann. Bekanntlich hat sich dieser Diskurs – nach dem Motto: »Die Populisten mögen politisch gefährlich sein, aber ihre Wähler_innen sind die Abgehängten, die man ja irgendwie auch verstehen muss« – als Reaktion auf reüssierenden Rechtspopulismus geradezu verselbständigt.

Sicherlich ist nichts falsch daran, anderen erst einmal mit Empathie zu begegnen. Nur besteht die »Begegnung« ja häufig darin, aus der Ferne über Beweggründe zu spekulieren bzw. sich mit kulturellen Erzeugnissen schnell mal scheinbare Vertrautheit mit den Verhältnissen bei den Abgehängten zu sichern; anders lässt sich wohl der länderübergreifende Erfolg von JD Vances *Hillbilly Elegy* nicht erklären.

Mit anderen Worten: Man sucht nach einer Art von Vertrautheit, die aber letztlich eine Art Pseudo-Vertrautheit ist. Diese Pseudo-Vertrautheit produziert wiederum Verständnis, was bei dem Versuch hilft, sich sein politisches Grundvertrauen nicht erschüttern zu lassen: Die Wähler_innen der Rechtspopulisten wollten, so sagt man sich dann, gar nicht das Projekt, gemeinsam Freiheit und Gleichheit zu verwirklichen, aufkündigen; sie möchten doch eigentlich nur Protest artikulieren oder sind irgendwie verwirrt: Anstatt gegen den Neoliberalismus Widerstand zu leisten, fallen sie auf Demagog_innen herein, die Hass gegen Minderheiten schüren.[2]

Die Frage ist hier nicht, was empirisch letztlich als Erklärung am plausibelsten ist; es geht auch nicht darum, Bürger_innen nonchalant falsches Bewusstsein zu unterstellen. Es geht allein darum, dass die Wahlentscheidung für Populisten Bürger_innen dann auch dafür verantwortlich macht, politisches Grundvertrauen wiederherzustellen. Denn es ist eine Entscheidung: Mit Begriffen wie »backlash« wird verunklart, wer eigentlich handelt und sich auch anders entscheiden könnte – Bürger_innen werden aus der politischen Verantwortung entlassen, wenn man suggeriert, gewisse politische Entwicklungen seien quasi-unvermeidlich.

Bleibt noch die Frage nach den Institutionen. Die Politikwissenschaftlerin Pippa Norris hat vorgeschlagen, man solle ihnen mit einer Art von skeptischem Vertrauen begegnen (Norris 2022). Wer gute Gründe hat, die Vertreter_innen von Institutionen für kompetent und prinzipiell gutwillig zu halten, kann einen Vertrauensvorschuss geben; wer zudem weiß, dass es innerhalb der Institutionen Sicherungsmechanismen gibt, sollte etwas schieflaufen, darf sogar noch mehr vertrauen (angesichts der Komplexität des Innenlebens dieser

---

2   Ein polit-psychologischer Nebeneffekt dieser Strategien ist im Übrigen, dass das Heft des Handelns scheinbar immer bei den Anti-Populisten verbleibt: Sie müssen beispielsweise nur ein wenig vermeintliche »Wokeness« zurückfahren und schon ist wieder politische Normalität hergestellt. Eine Haltung, die auf sympathische Weise verständnisvoll erscheint, ist in Wirklichkeit zutiefst paternalistisch: Den Abgehängten wird unterstellt, sie hätten gar keine Wahl, seien immer Opfer, seien nie verantwortlich …

Institutionen muss man sich wohl oder übel auf spezialisierte Beobachter_innen verlassen).³

Auch hier ist Trumps Vorgehen verheerend: In den ersten Wochen seiner zweiten Amtszeit sind Beamte, die Korruption und Kleptokratie bekämpfen sollen, massenhaft und systematisch entlassen worden; die *inspectors general*, die innerhalb von Ministerien über die Integrität der internen Abläufe wachen sollen, wurden ebenfalls grundlos entlassen (was illegal ist). Hier wird mühsam errungenes vertikales Vertrauen zunichte gemacht; gleichzeitig wird den Anhänger_innen des Regimes signalisiert, dass man sich jetzt so einiges erlauben darf. Demokratie sollte nicht mit kommunitaristischem Kitsch überfrachtet werden. Es muss nicht immer ein schönes Miteinander sein; oft tut es auch ein respektvolles Gegeneinander. Aber ein gewisses Grundvertrauen – dass man es nicht nur weiter miteinander aushalten, sondern auch eine gewisse normative Schwelle von Freiheit und Gleichheit nicht unterschreiten will – braucht es schon (Schönberger 2023). Dieses Vertrauen steht heute in vielen Ländern, allen voran jetzt in den USA, in Frage.

---

3 Luhmann argumentiert zu Recht: »Praktisch kann Vertrauenskontrolle [...] nur im Hauptberuf ausgeübt werden. Alle anderen müssen sich auf die hauptberuflich Kontrollierenden verlassen und leben damit notgedrungen an der Peripherie des Geschehens. Die Kontrollen müssen [...] in die Vertrauen erheischenden Systeme hineinverlagert und dort explizit gemacht, wenn nicht organisiert werden. Das Vertrauen in die Funktionsfähigkeit von Systemen schließt Vertrauen in die Funktionsfähigkeit ihrer immanenten Kontrollen ein. Die Risikoneigung muß in diesen Systemen selbst unter Kontrolle gehalten werden« (Luhmann 1973: 65).

Literatur

Amlinger, Caroline und Nachtwey, Oliver (2002), *Gekränkte Freiheit*, Berlin.

Hardin, Russell (2002), Liberal Distrust, in: *European Review*, Jg. 10, 73–89.

Baier, Annette (1986), Trust and Antitrust, *Ethics*, Jg. 96 (1986), 231–60.

Blyth, Jennifer (2024), »Das ist der Booster für ein langes gesundes Leben«, abrufbar unter https://www.faz.net/aktuell/stil/leib-seele/langlebigkeit-diesen-booster-haben-wir-voellig-aus-den-augen-verloren-110327077.html

Forst, Rainer (2022), The Justification of Trust in Conflict, *ConTrust Working Paper*, Nr. 2.

Krishnamurthy, Meena (2015), (White) Tyranny and the Democratic Value of Distrust, in: *The Monist*, Jg. 98 (2015), 391–406.

Luhmann, Niklas (1973), Vertrauen: *Ein Mechanismus der Reduktion sozialer Komplexität*. Stuttgart: Ferdinand Enke Verlag.

Müller, Jan-Werner (2016), *Was ist Populismus?*, Berlin: Suhrkamp.

Müller, Jan-Werner (2021), *Freiheit, Gleichheit, Ungewissheit*. Berlin: Suhrkamp.

Norris, Pippa (2022), *In Praise of Skepticism*. New York: Oxford UP.

Przeworski, Adam (1991), *Democracy and the Market*. Cambridge: Cambridge UP.

Rawls, John (1993), *Political Liberalism*, New York: Columbia UP.

Schönberger, Sophie (2023), *Zumutung Demokratie: Ein Essay*. München: Beck.

Vallier, Kevin (2020). *Trust in a Polarized Age*. New York: Oxford UP.

VERTRAUEN IN DIE DEMOKRATIE UND NEUE FORMEN DER BETEILIGUNG

Von CLAUDINE NIERTH

Meine Meinung, deine Meinung?

Wann haben Sie das letzte Mal Ihre Meinung geändert? Wann sind Sie von einer Befürworterin zu einer Gegnerin geworden oder von einem Gegner zu einem Befürworter?

Wann haben Sie die Seite gewechselt? Zum Beispiel in der Debatte um die Waffenlieferungen an die Ukraine, bei der Wiedereinführung der Wehrpflicht, Lockerung der Schuldenbremse, Impfpflicht, Volksabstimmung oder den Gottesbezug in der Verfassung?

Warum ist es so schwer, die eigene Position zu verlassen, die eigene Meinung zu hinterfragen oder zu korrigieren?

Im Grunde kann niemand unsere Meinung ändern außer wir selbst. Wenn wir von etwas wirklich überzeugt sind, nehmen wir in der Regel nur jene Informationen, Fakten und Inhalte auf, die unsere Meinung bestätigen. Wir schenken meistens nur jenen Betrachter_innen unser Vertrauen, die das bestätigen, was wir meinen oder glauben wollen. In der Wissenschaft spricht man dann vom Bestätigungsfehler oder dem sogenannten Confirmation Bias.

Die meisten Menschen tun sich meistens schwer damit, die eigene Position zu hinterfragen. Meinungen, Positionen und Haltungen werden oft Teil unserer Identität. Und bis wir bereit sind, Teile unserer Identität aufzugeben, muss viel passieren. Unsere Identität haben wir durch unsere Sozialisierung und unsere Erfahrungen gebildet. Wir sind so geworden, wie wir heute sind. Und wir werden im Laufe unserer Biografie immer mehr, wer und wie wir sind. Im Politischen eine Meinung aufzugeben und die Seite zu wechseln, bedeutet meist den Verlust des Gewohnten und das Wechseln des Lagers, des Milieus. Ein Sozialdemokrat kann es sich nicht leisten, auf einmal gegen den Mindestlohn zu sein, genauso wenig wie ein Liberaler plötzlich für Steuererhöhungen eintreten kann, ohne sein Umfeld zu vergraulen, ja sogar seine Freundschaften aufs Spiel zu setzen. Bestimmte Werte und Grundsätze gehören zu unserer individuellen politischen DNA.

Es sind selten Argumente und Fakten, die unsere Positionen erschüttern. Der Zweifel an der eigenen Meinung entsteht meist leise und in vertrauten Situationen. Wenn wir beispielsweise mit einer Person sprechen, die wir sehr schätzen und diese uns Anteil haben lässt an ihren Zweifeln. Wenn es aber so schwer ist, die eigene Position aufzugeben oder zu verändern, wieso versuchen wir dann immer wieder Einfluss auf die Meinung anderer zu nehmen?

Der gesamte politische Diskurs setzt aber auf die Beeinflussung der Meinung anderer. Wir möchten »die Anderen« von unserer »richtigeren« Position überzeugen und erreichen meist doch nur jene, die sich eh von uns bestätigt sehen. Wann schaffen wir es wirklich, über das eigene Klientel hinaus Menschen zu überzeugen? Sehr viel seltener, als wir denken.

Dabei ist es ein wesentlicher Bestandteil der Demokratie, die Blickwinkel zu wechseln, Interessen auszuhandeln und Einigungen zu erzielen – all das geht nicht mit verhärteten Positionen oder Hardlinern.

Es sei denn, man wechselt das Setting und ermöglicht jedem Menschen eine Situation, in der er sich – aus freien Stücken – mit seiner eigenen Position konfrontiert und ihm selbst die Möglichkeit überlässt, das Eigene zu überdenken oder eben nicht.

Sprechen und Zuhören

Seit einiger Zeit machen wir mit *Mehr Demokratie* die Beobachtung, dass absichtslose Dialogräume harte Fronten aufweichen können. Wir haben ein niedrigschwelliges, einfaches Dialogformat entwickelt, um Menschen aus verschiedenen politischen Lagern miteinander ins Gespräch zu bringen. Das Land Brandenburg hat uns 2024 ermutigt, mit unserem Format »Sprechen & Zuhören« in Dörfer und Gemeinden aufs platte Land zu gehen, um das Gespräch unter den Menschen wieder zu ermöglichen. »Sprechen & Zuhören«, das wir dann am Abend im Gemeindesaal durchführen, unterscheidet sich von anderen Diskussionsformaten. Wir greifen pro Abend ein polarisierendes Thema auf. Statt die Menschen zu fragen, was sie über dieses strittige Thema denken, fragen wir sie, wie es ihnen mit diesem Thema geht. Wir adressieren bewusst mehr als die rein kognitive Ebene. Das macht einen erheblichen Unterschied! Fragen wir danach, was Teilnehmende über Migration *denken*, dann reden die Menschen meistens über andere und was diese zu tun und lassen hätten. Oft gefolgt von einem Schlagabtausch und die Leute kommen polarisierter nach Hause, als sie gekommen sind. Wir fragen stattdessen: »Wie *geht* es dir mit dem Thema Migration?« Mit dieser Fragestellung reden die Menschen mehr von sich und über ihre Erfahrungen, Sorgen und Bedürfnisse. Während dieses Dialogs sitzen die Teilnehmenden in kleinen, zufällig zusammengesetzten Vierergruppen. Jede_r spricht 4 Minuten von und über sich, während die anderen drei der Person nur zuhören, nicht unterbrechen und nicht kommentieren. So kommt jede_r dran. Und das dreimal, in jeder Runde wird die gleiche Frage dreimal reihum beantwortet. Das vertieft den Austausch und verlässt die Ebene des Oberflächlichen. Jede Person erhält die Aufgabe, sich selbst beim Zuhören zu beobachten, wie sie auf das Gehörte reagiert.

Es geht bei diesem Austausch nicht um Rechthaben und Rechtbekommen, sondern um das Interesse am Anderen und dessen Erfahrungen, die immer seine subjektiven Erfahrungen bleiben. Dieser Austausch ermöglicht einen Einblick in die Ursachen, die hinter den Positionen liegen, und die Bedürfnisse, die zu politischen Forderungen führen. Im Anschluss kommen alle in der großen Runde im Plenum zusammen und die selbst gemachten Beobachtungen können ausgetauscht werden. Sehr oft hören wir Beiträge wie diese: »Ich hätte nicht gedacht, dass mir nochmal jemand richtig zuhört« oder

»Ich habe mich dabei beobachtet, wie behutsam ich versuche mich auszudrücken, um richtig verstanden zu werden.« Manchmal werden auch regelrecht Glücksgefühle ausgedrückt. Und immer wieder wird das eigene Erleben überdacht, angeregt durch das, was andere gesagt haben. Die eigene Erfahrung wird zu dem in Beziehung gesetzt, was andere erlebt haben. Oft entsteht Dankbarkeit, dass man Menschen trifft, denen man sonst nie begegnen würde. Die meisten erleben wieder menschliche Nähe, auch bei inhaltlicher Distanz. Vor allem äußern die meisten den Wunsch, solche Abende zu wiederholen.

Wir beobachten, dass Festgefahrenes wieder in Fluss kommt, Fronten aufbrechen und die Menschen einander wieder näher rücken.

Aus meiner Sicht besteht ein Teil des Erfolgs dieses Formats darin, dass wir davon ausgehen, dass niemand außer uns selbst unsere Meinung ändern kann. Wir erheben als Moderator_innen dieser Formate keinerlei Anspruch, irgendjemanden inhaltlich beeinflussen oder belehren zu wollen. Im Gegenteil, wir akzeptieren jede Position im Raum als *eine* Stimme der Gesellschaft und respektieren, dass jede Person ihre ganz persönliche Geschichte hat.

Zu Beginn der Veranstaltung wird der Rahmen gesetzt und die Würde eines jeden Menschen als leitendes Prinzip benannt. Jede und jeder hat die Freiheit, sich so auszudrücken, wie es ihr oder ihm liegt. Aber die Freiheit ist nicht grenzenlos, meine Freiheit endet da, wo deine beginnt.

Akzeptanz ermöglicht den Menschen Freiraum und vermittelt das Gefühl, wirklich willkommen zu sein. Und genau dieser Freiraum ermöglicht es, dass die Menschen sich wieder zuhören können und selbst entscheiden, wie sie die Erfahrungen der anderen zu ihren eigenen in Verbindung setzen. »Sprechen & Zuhören« setzt da an, wo der normale Diskurs oft stecken bleibt: bei Emotionen und Befindlichkeiten. Diese Formate sind einfache Kulturtechniken, um wieder dialogfähig für inhaltliche Debatten zu werden.

Mit *Mehr Demokratie* bieten wir »Sprechen & Zuhören« inzwischen bundesweit an und jeden ersten Mittwoch im Monat auch online. Wir werden von Bürgermeister_innen, Gemeindevertreter_innen oder örtlichen Vereinen eingeladen. Bewährt hat sich, wenn die Teilnehmenden vor Ort per Los eingeladen werden oder zumindest aus unterschiedlichen Lagern zusammenkommen.

Diese Art des politischen Dialogs, mit dem Einstieg über das eigene Erleben und der Konfrontation mit den eigenen Positionen, öffnet neue Perspektiven und die Möglichkeit, wieder Gemeinsinn zu finden.

Vertrauen ist die Triebfeder der Demokratie

Immer wieder bestätigen Umfragen, dass Menschen zwar die Demokratie an sich schätzen, aber jeder zweite Mensch in Deutschland misstraut der Art, wie sie konkret funktioniert. Was sagt dieses Misstrauen über uns aus? Wem misstrauen wir eigentlich? Den anderen? Uns selbst?

Niemand braucht die Demokratie für sich alleine. Aber jede_r braucht die anderen in der Demokratie. Die Demokratie braucht uns alle. Und Teil der Demokratie zu sein, ist in unserem Land ein Grundrecht, welches wir mit der Geburt und der Staatsbürgerschaft erwerben. Doch Demokratie ohne Vertrauen in sich und die anderen funktioniert nicht. Wer sich und anderen nicht traut, über die Belange zu entscheiden, die alle betreffen, hat trotz aller Schutzfunktionen wie Gewaltenteilung, Ewigkeitsklauseln im Grundgesetz oder Offenlegungspflichten ein Problem: Die Demokratie scheint für ihn nicht gemacht. Wenn das Vertrauen bröckelt, geraten die Säulen der Demokratie ins Wanken und wir müssen uns ernsthaft fragen, was die Alternativen sind.

Was stärkt das Vertrauen in die Demokratie? Unsere Erfahrungen bei *Mehr Demokratie* zeigen, dass da, wo die Menschen persönliche demokratische Erfahrungen machen und sich selbstwirksam erleben, die Werte der Demokratie tiefer verankert und weniger bedroht scheinen. Je weniger die Menschen das Gefühl haben, politisch etwas bewirken zu können, desto mehr distanzieren, empören oder radikalisieren sich Menschen. Das Gefühl, dass über die Menschen hinweg regiert wird, erzeugt Frustration, während Menschen, die in

Entscheidungsprozesse involviert sind, akzeptieren, wenn sie von der Mehrheit überstimmt werden. Entscheidend ist, die Chance zu bekommen, Einfluss nehmen zu können.

Geschichtlich betrachtet, ist die Entwicklung der Demokratie der Kampf gegen die herrschenden Eliten gewesen. Der Widerstand gegen jene, die Macht über andere haben, ebnet den Weg in die Demokratie. Wenn Politik heute unter Druck steht und Demokratie in der Krise ist, dann stellt sich die Frage: Wohin kann sich die Demokratie weiterentwickeln, wenn sie nicht dem Autoritarismus weichen soll?

Ein Hemmschuh ist: Sind Menschen überhaupt bereit, sich zu ändern? Die meisten, wie auch ich, wollen reflexartig erstmal gar keine Veränderung, weil das, was wir kennen und unser Leben ausmacht, unsere Sicherheit und damit Stabilität ist. Fragt man mich also, ob ich diese oder jene Veränderung will, neige ich eher zu sagen: »Nee, will ich nicht, soll alles so bleiben, wie es ist.« Denn Sicherheit ist eines der wichtigsten Grundbedürfnisse eines jeden Menschen. Schaue ich aber auf mein eigenes Leben und mein unmittelbares Umfeld, bin ich in ständiger Veränderung und Entwicklung. Weil es das Prinzip des Lebens ist: Wir stehen nicht still, sondern es geht immer weiter. Und so verändert sich die Gesellschaft auch ständig. Die für mich interessantere Frage ist, ob unsere Demokratie und unser Regierungssystem, so wie sich das die Gründungsväter und Mütter vor über 70 Jahren ausgedacht haben, noch ausreichend erfüllt, was die Bürgerschaft von ihnen erwartet. Wo könnten wir sie anpassen, verändern oder updaten? Wie zufrieden sind Politiker_innen mit den parlamentarischen Prozessen? Was würden sie verbessern? Und was würden die Bürger_innen verändern? Denn beide Seiten zeigen sich zunehmend unzufrieden: die Politik, weil sie bei weitem nicht das umsetzen kann, wofür sie sich hat wählen lassen, und die Bürgerschaft, weil sie nicht das bekommt, was sie gewählt hat.

Wir leben in Deutschland (noch) in einer der stärksten und stabilsten Demokratien weltweit. Doch damit die Demokratie auch stabil bleibt, muss sie sich mit der Gesellschaft mitentwickeln können.

Noch 2011 lebte die Hälfte der Weltbevölkerung in einer Demokratie. Wir waren der Überzeugung, dass sich Demokratien mehr und mehr durchsetzen, weil sie das überzeugendere System sind. Von wegen! Heute leben nur noch dreißig Prozent der Weltbevölkerung in einer Demokratie. Tendenz sinkend. Vielleicht sind wir in der EU bald eine demokratische Enklave auf der Welt. Und auch das nur, wenn wir uns des Wertes der Demokratie bewusst werden.

Auch heute rumort es in der Bevölkerung – und zwar in allen politischen Lagern. Wieder gibt es Widerstand gegen »die da oben«. Nur: bei den einen durch mehr Demokratie und mehr Partizipation und bei den anderen durch autoritäre Macht, eine starke Führung, die durchgreift.

Noch können wir entscheiden, welchen Weg wir aus der Krise gehen. Aber wie lange noch? Nur eins geht nicht: die Krise und den Druck von unten zu ignorieren, denn damit droht Schlimmeres.

Innovationen werden heute gefordert, über Staatsreformen wird diskutiert, was aber eigentlich fehlt, ist der Mut, die anstehenden Erneuerungen mit den Bürger_innen selbst zu erarbeiten. Das wäre mit Sicherheit die wirksamste Form, die Demokratie zu stabilisieren.

Von Frankreich lernen

Frankreich hat sich diese Fragen 2019 in der »Grand Débat National« beantworten lassen. Die Proteste der Gelbwestenbewegung gegen die Politik, die als abgehoben erlebt wurde, waren der Anlass, weshalb Macron als Regierungschef eine Debatte im ganzen Land anregte und führte. Es war eine groß angelegte Bürgerbefragung, die sich über tausende lokale Versammlungen mit Bürgermeister_innen und Bürger_innen hinzog. Außerdem konnten die Bürger_innen auch online ihre Anregungen einreichen. Am Ende wurden alle Ideen und Anregungen sortiert und zusammengefasst. Die wesentlichsten Forderungen waren: mehr Bürgerbeteiligung, mehr direkte Demokratie, mehr Dezentralisierung, mehr Steuersenkungen und ein leichterer Zugang zu öffentlichen Dienstleistungen.

Es war ein gigantischer Dialogprozess mit eindeutigen Ergebnissen. Die Umsetzung der Forderungen wurde von Macron zwar versprochen, blieb jedoch aus. Die einen sagen, weil die Corona-Pandemie das Vorhaben in den Hintergrund drängte, andere unterstellen Macron Halbherzigkeit. Vielleicht war es auch eine Mischung aus beidem. Die Ergebnisse der Debatte sind aber aktueller denn je.

In Deutschland hat parallel dazu der erste bundesweite Bürgerrat unter der Schirmherrschaft des Bundestagspräsidenten Wolfgang Schäuble seine Arbeit aufgenommen. Dieser Bürgerrat sollte Empfehlungen zur Stärkung der Demokratie erarbeiten. Zwar war dieser erste Prototyp eines Bürgerrats noch zivilgesellschaftlich finanziert und durchgeführt, doch im Zentrum stand die eine Frage, die im damaligen Koalitionsvertrag der GroKo von SPD und Union stand: »ob und in welcher Form unsere bewährte parlamentarisch-repräsentative Demokratie durch weitere Elemente der Bürgerbeteiligung und direkter Demokratie ergänzt werden kann«.

160 bundesweit ausgeloste Bürger_innen berieten an zwei Wochenenden über diese Frage und kamen zu der Empfehlung, dass zur Stärkung der Demokratie in erster Linie die Arbeit des Bundestags durch mehr Bürgerbeteiligung ergänzt und im nächsten Schritt eine Kombination von Bürgerräten und Abstimmungen eingeführt werden sollte. Die erste Forderung hatte die folgende Ampelregierung aufgegriffen und den ersten offiziellen Bürgerrat des Bundestags zum Thema »Ernährung im Wandel« eingesetzt. Die neue Koalition aus Union und SPD hat den weiteren Einsatz von Bürgerräten in den Koalitionsvertrag geschrieben, was als Erfolg verbucht werden darf.

Doch damit dieser Schritt angesichts der Krise, in der unsere Demokratie heute steckt, nicht wie ein Tropfen auf den heißen Stein wirkt, wäre eine breitere Debatte, ähnlich wie in Frankreich, hilfreich. Denkbar wäre zum Beispiel ein vom Bundestag eingesetzter Bürgerrat zu einem aktuell brennenden Thema, welcher durch zahlreiche kleine Bürgerforen in den Bundesländern und Kommunen begleitet würde. Ein breit angelegtes, gesellschaftliches Gespräch, an dessen

Ende klare Ergebnisse in Form von Empfehlungen an den Bundestag gerichtet sind. Was wäre das für eine gesellschaftliche Leistung?

Von Irland lernen

Als wir 2019 mit einer kleinen Delegation nach Irland fuhren, um uns dort über die Citizens Assembly, den Einsatz dortiger Bürgerräte, zu informieren, trafen wir den ehemaligen konservativen Premierminister Enda Kenny, der Bürgerräte als Erster eingeführt hatte. Er hielt die irische Verfassung in den Händen und erzählte uns, dass die irischen Bürger_innen über jeden Paragrafen und über jede Änderung dieser Verfassung in einem Referendum abstimmen und dass genau das die irische Bevölkerung zusammenhält: die Identifikation mit ihrer Verfassung.

Stellen wir uns vor, in Deutschland würden wir über jede Änderung des Grundgesetzes in einem Referendum abstimmen. Was würde sich ändern? Wir wüssten dann, wann und wie das Grundgesetz geändert wird, und könnten unsere Verfassung selbst schützen. Sicherlich hätte das auch Einfluss auf den gesellschaftlichen Zusammenhalt. Gibt es einen größeren Vertrauensbeweis an seine Mitmenschen in der Demokratie, als ihnen zuzutrauen, die Verfassung zu hüten? Würde das unser demokratisches Selbstbewusstsein stärken?

Staatsreform?

Wir können die Demokratie nicht mehr nur als gegeben hinnehmen und sollten sie mehr ins Zentrum stellen. Sie braucht auch einen gebührenden Platz am Tisch der Macht. Wer die Demokratie wirklich ernstnehmen und sie stärken will, stellt für sie einen Stuhl an den Regierungstisch. Einen Platz für die Demokratie! Ausgestattet mit Stimm- und Rederecht.

Das geht doch nicht? Doch, das gibt es schon. Das ist seit über zehn Jahren gängige Praxis in Baden-Württemberg! Dort sitzt am Kabinettstisch eine ehrenamtliche Staatsrätin für Zivilgesellschaft und

Bürgerbeteiligung mit Stimm- und Rederecht und leitet eine eigene Stabsstelle im Staatsministerium. Diese organisiert – wenn nötig – die Beteiligung der Bürger_innen. Sie kann jederzeit die Hand heben und sagen: »Oh, das ist ein großes und strittiges Vorhaben, hier sollten wir die Menschen miteinbeziehen.« Diese Stimme könnte es auch auf Bundesebene geben. Große Reformen wie das Heizungsgesetz, die Lockerung der Schuldenbremse oder die Wehrpflicht könnten hier mit partizipatorischen Elementen beraten, verbessert und mit größerem Rückhalt umgesetzt werden. Die Sorge, dass dann Prozesse noch mehr verlangsamt werden, ist unbegründet. Im Gegenteil, die Praxis zeigt, oft werden Prozesse sogar schneller, wenn man nicht nur die Zeit für die Entscheidung betrachtet, sondern auch die Mühen in der Umsetzung. Bei guten Partizipationsprozessen dauert zwar die Entscheidungsfindung länger, weil möglichst viele Perspektiven hineinfließen, aber die Implementierung geht schneller, da alle wichtigen Akteure vorab mit eingebunden sind. Die gesamten Transaktionskosten bleiben also gleich. Und die Zufriedenheit steigt, oft auch die Qualität der Regelsetzung selbst.

Parallel dazu bräuchte die Demokratiepolitik auch ihren eigenen Ort im Bundestag. Es gibt alle möglichen Demokratiethemen, die in verschiedenen Ausschüssen oder gar stiefmütterlich im Unterausschuss »Bürgerbeteiligung und Engagement« Platz finden. Ein eigener Hauptausschuss »Demokratie« wäre angemessen und willkommen – eine wirkliche Erneuerung.

Die innere Kehrtwende

Wir können in einer der besten Demokratien leben und doch machen demokratische Strukturen alleine eine Gesellschaft nicht demokratischer. Wie sehr die Menschen untereinander zusammenhalten, einander respektieren oder ihre Unterschiedlichkeiten akzeptieren und sich gegenseitig einräumen, zum Gemeinwohl beizutragen, hängt nicht davon ab, wie oft man an die Wahlurne geht, sich an Abstimmungen beteiligt oder in Bürgerversammlungen sitzt. Um eine tragende Säule einer demokratischen Gesellschaft zu werden, müssen auch innere Kompetenzen und kulturelle Werte gefördert und entwickelt werden.

Gerade wurde ich in einem Interview gefragt, was ich mir wünschen würde, wenn ich einen Zauberstab bekäme, der mir einen Wunsch erfüllen würde. In der Frage liegt bereits das ganze Dilemma, in dem wir heute stecken: Wir leben in der Ansicht, dass da draußen, außerhalb von uns, etwas geschehen müsste, sich etwas erfüllen müsste, damit sich alles zum Guten wendet. Die anderen Menschen müssten nur ein bisschen mehr so sein, wie wir es uns wünschen, die Welt müsste nur ein bisschen mehr so sein, wie wir es gern hätten, dann wäre alles viel besser. Genau diese Haltung – da draußen muss sich dieses oder jenes ändern – ist die Entwicklungsbremse schlechthin, es macht die Krise erst zur Krise. Denn in dieser Haltung drückt sich unsere ganze Passivität aus. Wir nehmen uns selbst aus den gegebenen Schwierigkeiten heraus und stellen uns ihnen wartend und damit in Abhängigkeit gegenüber. Wir machen uns regelrecht zu Opfern unserer Verhältnisse. Wir können nicht anders, weil die Umstände uns dazu zwingen. Wir hadern tagtäglich mit der Gegenwart in der Hoffnung, dass morgen und in Zukunft alles besser wird, in der Erwartung, dass die anderen es besser machen. Die Politik, die Wirtschaft, die Wähler_innen usw. Aber es wird nichts besser, solange wir das nur von anderen erhoffen und erwarten. Wir müssen selbst beginnen, die Menschen zu werden, die in dieser besseren Zukunft leben. Wir selbst müssen Teil dieser Zukunft werden, dann beginnt die Zukunft sofort und das ewige, enttäuschte Warten auf die anderen hört auf.

Um uns von dem ohnmächtig hoffenden Gefühl zu befreien, müssen wir akzeptieren – und das ist der schwierige Punkt –, dass die anderen und die Verhältnisse nicht so sind, wie wir uns das wünschen. Können wir das akzeptieren und richten dann alle Erwartungen statt auf die anderen auf uns selbst, können wir sofort tätig werden und Einfluss auf uns selbst nehmen. Die Frage ist dann nicht mehr: »Was müssen die anderen tun?«, sondern: »Was mache ich?«.

Das Ende der inneren Abhängigkeit von äußeren Umständen und dem Handeln anderer führt uns erst zu Freiheit und damit zu den eigentlichen Möglichkeiten unseres Handelns. Wir können die anderen nicht ändern, nur uns selbst. Und wenn ich so werde, wie ich mir wünsche, dass die anderen sein sollten, ist viel gewonnen. Wir werden die Menschen jener Zukunft, die wir uns herbeisehnen.

Meine Antwort auf die Zauberstabfrage nach dem Wunsch ist: Ich muss mir nichts von einem Zauberstab wünschen, solange ich selbst der Zauberstab bin.

WAHLEN

WAHLEN IN DEUTSCHLAND

Von LUKAS RIETZSCHEL

Neuerdings wird durch Wahlen die Demokratie verteidigt. Es treten Antidemokraten gegen Demokraten an. Die Stimmenabgabe entscheidet nicht mehr nur über die Zusammensetzung des Parlaments, sondern auch über »Zusammenhalt«, »Mitmenschlichkeit« und sogar: »Liebe«. Nach meinen letzten Wahlen für die Demokratie (Görlitzer Bürgermeister- und Stadtratswahl 2019, Wahl zum Europaparlament 2019, Bundestagswahl 2021, Görlitzer Landratswahlen 2022 und zuletzt die Kommunal- und Europawahlen 2024) kann ich versichern, dass die Demokratie seither nicht wirklich besser geworden ist. Wie auch, wenn das politische Berlin samt Hauptstadtpresse auf die Frage nach dem Erstarken rechter Parteien seit über zehn Jahren die falschen Antworten findet?

Alle Parteien des politischen Spektrums ziehen aus dem Erstarken rechter Wählergruppen europaweit den gleichen psychologisierenden Schluss: Die Wähler_innen sind enttäuscht. In Deutschland wird dann gern noch über den Osten und die entmündigenden Nachwendeerfahrungen gemunkelt, in der These unterstützt durch ostdeutsche Intellektuelle. Grundtenor: Alles richtig schlimm. Stimmt ja bisweilen auch. Ist aber sehr unterkomplex gedacht.

Wahrscheinlich ließen sich mittlerweile ganze Bibliotheksregale mit Büchern über die sogenannte ostdeutsche Erfahrung nach der Wiedervereinigung füllen und ja, wahrscheinlich würden auch meine Bücher da zu finden sein. Ich sage das in diesem Fall nicht mit Stolz. Es ist ja auch so schön bildlich: Industrie bricht weg, Staat bricht weg, ergo ist die Enttäuschung darüber groß. Vielleicht ist es an der Zeit, diese Enttäuschung aus ihren sozioökonomischen Deutungsansätzen zu lösen, um endlich ein wenig voranzukommen. Denn faktisch sind die Einkommen, Renten und Vermögen gewachsen. Zwar steigt auch die Ungleichverteilung von Vermögen, allerdings scheint das nur wenig Auswirkung auf das Wahlverhalten zu haben. So ist in den letzten Jahrzehnten die Ungleichheit nur in drei westeuropäischen Ländern nicht oder nur sehr wenig gestiegen. Das sind Frankreich, Österreich und die Niederlande. Also genau jene Staaten, in denen rechtspopulistische Parteien zuerst erfolgreich waren und bis heute sehr erfolgreich sind. Und dass sich in der Türkei, in Indien und Polen, also ausgerechnet in jenen Ländern, die besonders stark von der Globalisierung profitierten, autoritäre Kräfte durchgesetzt haben, können sozioökonomische wie kulturelle Ansätze ebenso wenig erklären. Zeit für einen dritten Ansatz: den demokratischen.

Im Bundesarchiv lassen sich zahlreiche Berichte der Stasi finden, die über die Stimmung an »der Basis« Auskunft geben, worin sich zeigt, dass die Unzufriedenheit mit Staatspartei und Machtelite ab Mitte der 80er Jahre dramatisch steigt. Die SED bekommt ihre renitenten Genossen nicht mehr in den Griff, die Zahl der Austritte und Disziplinarverfahren erreicht Ende der 80er ihren Höhepunkt. Hauptkritikpunkte sind das Missmanagement der Partei in puncto Industrie-, Waren- und Wirtschaftspolitik, aber auch, vor allem unter den jüngeren Mitgliedern, die fehlende Bereitschaft zu Reformen für mehr Mitbestimmung und Teilhabe. Richtig, irgendwann tauchten auf den Montagsdemonstrationen auch Plakate auf, auf denen stand, dass man sich die D-Mark wünschen würde und ja, da ist auch allerhand nationalistischer Stuss dabei, im Kern handelte es sich jedoch um Protest, der die demokratische Reformation eines verkrusteten Einparteienstaates einforderte. Daraus wurde nichts Geringeres als die erste friedliche Revolution auf deutschem Boden.

Worauf ich hinaus möchte: Was, wenn die Enttäuschung in Teilen der ostdeutschen Gesellschaft nichts mit einem kolportierten Schmerz über den Verlust einer alten Welt zu tun hat, sondern mit dem Ausbleiben der erhofften demokratischen Partizipation? Nun kann man mir berechtigt entgegenhalten, dass wir heute in einer Demokratie leben würden und dass gesellschaftliche Mitbestimmung möglich sei. Ja, vollkommen richtig. Allerdings ist die Zustimmung für die Demokratie als Staatsform seit Jahrzehnten unverändert hoch, während zum Beispiel die SPD – Achtung Transparenzhinweis! –, deren Mitglied ich bin, es seit über dreißig Jahren nicht schafft, mehr Mitglieder in ganz Sachsen zu gewinnen (Stand jetzt um die 5000), als eine mittelgroße Stadt in Nordrhein-Westfalen bereits Mitglieder hat. Gleiches gilt für Neumitglieder in Gewerkschaften bei ebenfalls weiterhin steigenden Kirchenaustritten. Kurzum: Unsere Institutionen zur gesellschaftlichen und politischen Teilnahme lösen sich schleichend auf und werden bisher durch keine neuen ersetzt.

Parteien als bürogewordene Transmissionsriemen der Macht sind in unserem politischen System unerlässlich und daher besonders zu betrachten. Sie organisieren Mehrheiten, indem sie eine Art interessengeleitete Arbeitsstruktur bilden. Dass große Teile der deutschen Bevölkerung (auch im Westen sinken die Mitgliederzahlen) sie mit Nichtbeachtung strafen und offenbar nicht daran glauben, dass eine Mitgliedschaft sich positiv auf die Veränderung selbsterkannter Problemstellen ausüben kann, ist ein bitterer Befund und er ist, hier wird es spannend, nur verständlich.

Verständlich ist er aus mehreren Gründen. Erstens bildet der Bundestag unsere Gesellschaft in ihrer Vielfalt nicht ab. Nichtakademiker_innen sind chronisch unterrepräsentiert, faktisch handelt es sich beim Bundestag um ein Studiertenparlament von Berufspolitiker_innen. Gleiches gilt für Menschen mit Migrationshintergrund und in einigen Fraktionen sogar für Frauen. Parlamente waren nie getreue Abbilder von Gesellschaft. Allerdings führt die numerische Unterrepräsentation bestimmter Gruppen auch zu einer Unterrepräsentation bestimmter politischer Meinungen und im Ergebnis zu einer Unwucht politischer Entscheidungen für bestimmte Gruppen. So zeigt sich, dass der Bundestag Politikänderungen eher umsetzt, wenn diese von Berufsgruppen mit höherem sozialem Status (Selbstständige, Beamte) und höheren Bildungs- und Einkommensgruppen mehrheitlich befürwortet werden.

Zweitens war die Zahl sogenannter NMIs, also nichtmajoritärer Institutionen wie Verfassungsgerichte, Zentralbanken, Expert_innenräte oder Lobbygruppen, die Einfluss auf politische Entscheidungen nehmen, noch nie so hoch wie heute. Ab Ende der 70er Jahre haben so gut wie alle Parlamente westlicher Industrienationen Kompetenzen auf diese NMIs übertragen. Im Zweifelsfall berufen sich Regierungen lieber auf diese epistemischen und moralischen Instanzen, um das vermeintlich Richtige zu tun, als langwierige Mehrheitsentscheidungsprozesse zu initiieren. Hinzu kommt, dass mit den Institutionen der Europäischen Union eine weitere politische Ebene Einzug gehalten hat, die nationale Parlamente in ihrer Entscheidungsgewalt zunehmend aushöhlt.

Man könnte also polemisch fragen: Wozu noch engagieren? Bringt doch eh nichts.

Rechtspopulisten haben aus dieser Frage ein Geschäftsmodell gemacht. Sie summieren die aufgezählten Befunde zu einer »Elite« zusammen, die gegen das Volk regieren würde. Anstatt sich strukturell mit dieser tatsächlichen Entfremdung politischer Entscheidungsprozesse auseinanderzusetzen, fordern sie, Europa zurückzudrängen, Gerichte zu beschneiden und dem vermeintlichen Volkswillen qua Volksabstimmungen mehr Gehör zu verschaffen. In unseren europäischen Nachbarstaaten wird das in Ansätzen praktiziert, die Muster nach der Machtübernahme rechter Parteien sind erstaunlich oft die gleichen. Den Demokratien hat das, wenig überraschend, aber vor allem weiter geschadet. Rechtspopulisten geht es nie um die Demokratie oder um das Volk. Einmal in der Regierung, ist ihr einziges Ziel, die Spielregeln der Demokratie und den Rechtsstaat so zu verändern, dass Opposition und unabhängige Kontrolle unmöglich werden. So sichern sie sich dauerhaft ihre Macht und vermeiden die Organisation von Gegenmacht.

Es liegt also an uns, die benannte Schieflage an Repräsentation und Responsivität anzuerkennen und in Reformen für die Demokratie umzusetzen, anstatt über das dritte, vierte finanzielle Entlastungspaket zu debattieren und zu glauben, »gute Politik« könne Wähler_innen zurückgewinnen. Diese Krise der Demokratie lässt sich nicht durch schöne Worte wegmoderieren.

Drei Vorschläge zur Losung »Mehr Demokratie wagen« möchte ich unterbreiten und damit unserer gegenwärtigen demokratischen Entfremdung entgegenwirken. Sie haben (Liberale bitte nicht mehr weiterlesen) mit Zwängen und Pflichten zu tun.

Ein möglicher, erster Vorschlag könnte lauten, die AfD zu verbieten. Die in Folge der Correctiv-Recherche größten gesamtdeutschen Demonstrationen seit der Wiedervereinigung hatten genau dies als Forderung. Nun bedeutet nicht jede Demonstration ein politisches Mandat. Das würde unser politisches System unabsehbar überlasten. Dass aus den Demonstrationen jedoch gar nichts folgte, nichts, ist Gift für die Erfahrung demokratischer Selbstwirksamkeit, um die es in diesem Text geht.

Ein Verbotsverfahren hat nicht durch Politiker_innen oder Parteien bewertet zu werden, sondern durch Gerichte, idealerweise gefordert durch ein breites zivilgesellschaftliches Bündnis. Entscheiden diese Gerichte, dass die AfD nicht verboten gehört, ist dies keine Niederlage für die Demokratie, sondern ein Sieg. Nur in einer Demokratie, in der die Gewaltenteilung funktioniert, können solche Urteile gefällt werden. Paradoxerweise wäre ein gescheitertes Verbotsverfahren der AfD demnach sogar gut für die Demokratie. Es wäre in erster Linie ein Beleg für die Funktionalität unseres Rechtsstaates und nicht etwa für die vermeintliche Verfassungstreue der AfD. Ein bisschen mehr Mut zum eigenen Narrativ darf man sich hier durchaus zutrauen.

Fest steht jedoch, dass die hier skizzierten Entfremdungsprozesse von den demokratischen Mehrheitsinstitutionen nicht durch die AfD befördert wurden. Die AfD ist eine Nutznießerin dieser Entwicklung, wie eben auch andere rechte Parteien dieser Welt die ausgehöhlten demokratischen Entscheidungsprozesse für sich zu polemisieren wissen. Die AfD zu verbieten, würde dieses Problem nicht lösen. Eine Reform muss tiefgreifender ansetzen.

Ich schlage daher vor, die Stadt- und Kreistage zu Parlamenten umzustrukturieren, deren Mandate per Losverfahren verteilt werden. Nach über dreißig Jahren gescheiterter Versuche, Parteistrukturen im Osten Deutschlands aufzubauen, und der in Sachsen mit Abstand niedrigsten Ehrenamtsquote im Bundesvergleich ist es an der Zeit, demokratische Mitbestimmung, Teilhabe und Teilnahme zu, Entschuldigung, verordnen. Einmal im Leben für vier Jahre Teil eines parlamentarischen Gremiums zu sein und über die unmittelbaren örtlichen Problemlagen zu verhandeln, ist für die demokratische Selbstermächtigung und die Repräsentation unterschiedlicher gesellschaftlicher Gruppen nur gewinnbringend. Wer danach auf Landes- oder Bundesebene kandidieren möchte, ist frei, dies zu tun. Diese politischen Ebenen lassen sich per Los nicht besetzen. Hier ist die Wahl von politischen Repräsentant_innen die effektivste Methode, sofern sie, drittens, ihre Entscheidungsfindung durch NMIs transparenter machen.

Per Los Parlamente zu besetzen, ist eine Idee der Antike. In der attischen Demokratie glaubte man nicht an das Prinzip der Repräsentanz; seine Stimme an eine andere Person zu übertragen, galt als undemokratisch. Die attische Demokratie hatte ein anderes Verständnis davon, wer Bürger war und längst nicht eine so in etliche Milieus ausdifferenzierte Gesellschaft wie die unsere. Auch das ist ja eine Erkenntnis der letzten Wahlen: eine vielstimmige Gesellschaft tendiert zu einer vielstimmigen Wahlentscheidung. Die attische Demokratie konnte viele spätmoderne Entwicklungen nicht voraussehen – wie auch? –, aber hat mit dem Losverfahren eine Methode entwickelt, ihnen Rechnung zu tragen. Stadt- und Kreisräte würden automatisch repräsentativer besetzt und politische Entscheidungsprozesse nachvollziehbarer, weil erfahrbarer. Die Probleme auf den anderen föderalen Ebenen wären damit freilich noch nicht gelöst.

Beinahe alle westlichen Industrienationen ringen um Erklärungen für das Erstarken rechter Gruppierungen und verlieren sich in sozioökonomischen und kulturkämpferischen Debatten. In Deutschland wird spätestens seit der Gründung der AfD 2013 von den »Gekränkten« und »Enttäuschten« gesprochen. Erklärungsansätze a là »diktatursozialisiert« oder »demokratieungebildet«, vor allem in Bezug auf den Osten Deutschlands, greifen seither ebenso treffsicher ins Leere, weil sie die politischen Prozessebenen außer Acht lassen. Die westlichen Demokratien benötigen dringend Reformen, die die Art und Weise ihrer politischen Teilhabe betreffen. Fehlende oder mangelhafte demokratische Selbstwirksamkeit ist die Folie, durch die wir die einschneidenden politischen Entscheidungen der letzten Jahre betrachten sollten. Die Wahl Donald Trumps erfolgte aus dem Wunsch, wieder selbstwirksam gegen eine vermeintliche Elite zu werden. Der Brexit erfolgte aus dem Wunsch, wieder selbstwirksam gegen eine vermeintlich überbordende europäische Integration zu werden. Und auch der Erfolg der AfD lässt sich als der Wunsch nach Selbstwirksamkeit in einem vermeintlich links-grünen Politikumfeld lesen, der im Kern um den Erhalt des Status quo kreist.

Unsere demokratischen Entscheidungsprozesse sind messbar weniger repräsentativ und weniger responsiv. Das gilt es grundlegend zu reparieren. Kurzfristig lässt sich die Demokratie durch Wahlen verteidigen, das stimmt. Langfristig stabilisieren wird es sie dadurch aber nicht mehr.

KLASSENBEWUSSTSEIN UND WAHLENTSCHEIDUNG*

Von LINUS WESTHEUSER & THOMAS LUX

Klasse als politischer Kompass?

Welche Partei ist der »natürliche« Anlaufpunkt für Arbeiter_innen? Wem wird zugetraut, die Interessen von Lohnabhängigen politisch zu vertreten? Und wer spricht für jene »Kämpferinnen und Kämpfer« (Rehbein et al. 2015) am unteren Ende sozialer Hierarchien? Diese Fragen gehören zum klassischen Kanon der politischen Soziologie, sind aber auch für die Selbstverständigung sozialdemokratischer Parteien zentral. In unseren Tagen erlangen sie eine neue politische Virulenz. Denn was wir in jüngsten Wahlen und Umfragen beobachten, ist eine Legitimationskrise des Parteiensystems, die ihr soziales Epizentrum in der Arbeiterklasse hat. Noch deutlich mehr als im Rest der Gesellschaft erodiert hier der Rückhalt der etablierten Parteien, inklusive der Parteien links der Mitte. Es ist vor allem die AfD, die in diese Lücke stößt. Bei Wahlbefragungen zur Europawahl 2024 in Deutschland kam die AfD unter Befragten, die als Berufsbezeichnung »Arbeiter« angaben, auf 33 Prozent. Alle vier Parteien, die man links der Mitte verorten könnte (SPD, Grüne, BSW und Linke), konnten in dieser Klasse dagegen zusammen nur 27 Prozent der Stimmen auf sich vereinen. Auch die klassischen Volksparteien CDU und SPD errangen zusammen nur knapp mehr Arbeiterstimmen als die AfD al-

---

* Der Beitrag basiert auf der Studie »Klassenbewusstsein und Wahlentscheidung. Klasse als politischer Kompass?« (Westheuser/Lux 2024).

lein – die Regierungsparteien der Ampel lagen mit 21 Prozent weit abgeschlagen dahinter.

Damit setzt sich ein Trend fort, der schon seit Jahrzehnten beobachtet wird. Als Teil einer Demobilisierung demokratischer Klassenkonflikte brach unter Arbeiter_innen spätestens seit den 1990er Jahren die Bindung an Parteien noch viel stärker ein als im Rest der Bevölkerung (Dörre 2020; Beck/Westheuser 2022). Jüngere Generationen von Arbeiter_innen verloren den Bezug zu jenen linken Parteien, die aus dem historischen Prozess der demokratischen Mobilisierung der Arbeiterklasse entstanden waren (siehe Evans/Tilley 2017). An die Stelle dieser angestammten politischen Bindung traten Privatismus, Rückzug, politisches Misstrauen und steigende Wahlenthaltung (Rennwald 2020: Kap. 4). Zunehmend gelingt es aber auch rechtsradikalen Parteien, eine nennenswerte und wachsende Minderheit der Arbeiterklasse für sich zu gewinnen. Bei Europawahlen hat sich der Wähleranteil der AfD in der Arbeiterklasse seit 2014 mehr als verdreifacht, jener der SPD halbierte sich im selben Zeitraum von 26 auf 12 Prozent. Zudem zeigte sich ein Rechtsdrift nicht nur unter denen, die aufgrund ihrer beruflichen Stellung als Arbeiter_in klassifiziert wurden, sondern auch unter jenen, die – laut ihrer eigenen subjektiven Einschätzung – »einen niedrigen Lebensstandard« genießen (siehe auch Braband 2024). Was damit deutlich wird: Nicht nur die objektive Zugehörigkeit zur Arbeiterklasse scheint mit rechten Tendenzen zu korrelieren, sondern auch die subjektiv empfundene Deprivation. Das Gefühl, materiell oder im Sinne der sozialen Anerkennung am unteren Rand der Gesellschaft zu stehen, scheint sich zunehmend mit einem politischen Drall zur radikalen Rechten zu verbinden.

Heterogene politische Tendenzen in der Arbeiterschaft sind dabei keineswegs neu. Obwohl es in der Geschichte vorwiegend sozialdemokratische und sozialistische Parteien waren, die die Arbeiterklasse mobilisierten, zerfiel diese Klasse immer schon in vielfältige ideologische Fraktionen und »sozialmoralische Milieus« (Lepsius 1993; Bartolini 2000). Auch konservative und christdemokratische Parteien arbeiteten an einer spezifisch konservativen Arbeiter-identität, die beispielsweise über eine religiös gerahmte Würde der Arbeit, die Rolle des arbeitenden Mannes als Familienversorger oder einen paternalistischen Pakt mit Arbeitgeber_innen definiert war (Stjernø 2005: Kap. 6; Arndt/Rennwald 2017). Ebenso gab es immer auch autoritäre und rechtsextreme Neigungen, wie sie sich etwa im Rückhalt des Faschismus unter Teilen der Arbeiterschaft zeigten (siehe z. B. Jünger 1932; Lipset 1959; Vester et al. 2001). Blieben diese Strömungen historisch meist minoritär, wird heute beispielsweise in Österreich oder der Schweiz ersichtlich, wie eine Krise linker politischer Repräsentation in der Arbeiterklasse zu einer gefestigten Hegemonie der radikalen Rechten in dieser Klasse führen kann. In den genannten Ländern sind es teils bereits absolute Mehrheiten der wählenden Arbeiter_innen, die rechtspopulistisch stimmen. Das ist ein Niveau, auf dem sich im alltäglichen Bewusstsein eine gefühlte Assoziation von Klassenzugehörigkeit und Politik verfestigt. Es gilt dann zunehmend als »normal«, »natürlich« oder gar »selbstverständlich«, dass rechts wählt, wer sich selbst als Arbeiter_in versteht oder sich am unteren Pol gesellschaftlicher Hierarchien verortet; oder dass es Rechtspopulisten sind, die die Interessen der (einheimischen) Arbeiter_innen vertreten. Es kommt zu einem nicht einmaligen, aber historisch doch eher seltenen Phänomen: Das Klassenbewusstsein von Arbeiter_innen wird von rechts außen gekapert.

Wie weit ist dieser Prozess in Deutschland vorangeschritten? Wie stark bleibt in der postindustriellen Gesellschaft die Assoziation von Klassenbewusstsein und linken politischen Orientierungen? Immunisiert ein waches Klassenbewusstsein gegen Rechtsextremismus? Und inwiefern gelingt es auch Parteien der rechten Mitte, eine Form des Arbeiterbewusstseins zu mobilisieren? Diesen Fragen sind wir in unserer Studie »Klassenbewusstsein und Wahlentscheidung. Klasse als politischer Kompass?« (Westheuser/Lux 2024) anhand von Umfragedaten empirisch nachgegangen. Wir haben ausgelotet, inwiefern die Identifikation mit der Arbeiterklasse und ihren Interessen als politischer Kompass fungiert, also mit spezifischen Wahlpräferenzen einhergeht. Genauer unterscheiden wir dabei drei Dimensionen des

Klassenbewusstseins: Klasseninteresse, Klassenidentität und eine Form der subjektiven Positionierung in sozialen Statushierarchien, die wir »Unten-Bewusstsein« nennen. Für alle drei zeichneten wir nach, wie sie mit objektiven Klassenpositionen und unterschiedlichen politischen Neigungen zusammenhängen. Dabei folgten wir neueren Forschungen, die den politischen Raum nicht bloß durch die einfache Links-rechts-Unterscheidung strukturiert sehen, sondern durch die Konstellation dreier politischer Pole (Oesch/Rennwald 2018): ein Mitte-links-Lager aus SPD, Grünen und Linken, ein Mitte-rechts-Lager aus CDU und FDP und dem radikal rechten Lager, das durch die AfD vertreten wird. Wir zeichneten den Zusammenhang von Klassenbewusstsein und Wahlabsicht zunächst für die Gesamtbevölkerung nach und schauten dann genauer auf die Klasse der Arbeiter_innen.

Rechte Identität, linkes Interesse?

Unsere Studie liefert neue Befunde zu einem traditionsreichen, aber zuletzt eher vernachlässigten Thema der politischen Soziologie: dem Zusammenhang von Klassenbewusstsein und politischen Orientierungen. Wir unterschieden Identität, Interesse und soziale Selbstverortung als drei Dimensionen von Klassenbewusstsein. Alle drei sind je spezifische Weisen, geteilte objektive Lagen in subjektive Selbstverständnisse umzumünzen. Für jede dieser Bewusstseinsformen untersuchten wir, wie stark sie in verschiedenen Klassen verbreitet und inwiefern sie mit je eigenen Mustern des Wahlverhaltens verknüpft sind. Auf Basis neuer Umfragedaten zeigte unsere Analyse zunächst grundlegend, dass das Klassenbewusstsein auch in der postindustriellen deutschen Gesellschaft weitverbreitet ist und eine klare Verankerung in der realen Klassenstruktur hat. Menschen, die in niedrig- bis mittelqualifizierten Arbeiterberufen beschäftigt sind, weisen auch eine deutlich erhöhte Identifikation mit der Arbeiterklasse und ihren Interessen auf. Obwohl der Begriff der Arbeiterklasse heute in der Öffentlichkeit eher wenig Verwendung findet, wird seine soziale Bedeutung also weiterhin präzise verstanden und angewandt, und zwar sowohl in der »alten«, eher männlichen Arbeiterklasse der Produktionsarbeitenden als auch im »neuen«, eher weiblichen Dienstleistungsproletariat.

Der Hauptfokus unserer Analyse lag dann auf der wahlpolitischen Bedeutung der Identifikation mit der Arbeiterklasse und ihren Interessen sowie der gesellschaftlichen Selbstverortung. In Anlehnung an jüngere Forschung zeichneten wir die Effekte des Klassenbewusstseins auf die Wahl dreier politischer Lager nach: Mitte-links (SPD, Grüne, Linke), Mitte-rechts (CDU, FDP) und radikal rechts (AfD). Wir zeigten zunächst, dass die sozialen Hochburgen der drei Lager in je anderen Klassen liegen: der Kulturmittelklasse (Mitte-links), Wirtschaftsmittelklasse (Mitte-rechts) und Arbeiterklasse (rechts außen). Weiterhin lieferten unsere Analysen starke Hinweise auf eine fortdauernde Relevanz des Klassenbewusstseins für das Wahlverhalten. Alle Arten von Klassenbewusstsein gehen mit einer deutlich reduzierten Neigung einher, Mitte-rechts-Parteien zu wählen. Konservativen und rechtsliberalen Kräften scheint es in Deutschland derzeit nicht zu gelingen, ihr politisches Projekt mit Formen des Klassenbewusstseins zu verbinden. Im Gegenteil scheint es gerade die Abwesenheit von Klassenbewusstsein zu sein, die die Wahl für die rechte Mitte begünstigt. Darüber hinaus weisen unsere Befunde in zwei Richtungen: Arbeiterklassenidentität und -selbstverortung sind mit einer teils deutlich erhöhten Tendenz zur AfD-Wahl verknüpft. Ein Bewusstsein für antagonistische Klasseninteressen geht dagegen mit einer klaren Präferenz für Mitte-links-Parteien einher. Dasselbe Muster zeigt sich auch unter Menschen in Arbeiterberufen: Arbeiter_innen, die sich in Verteilungskonflikten zwischen Gewerkschaften und Arbeitgeber_innen solidarisch mit der Beschäftigtenseite positionieren, wählen deutlich häufiger linke Parteien.

Entgegen der oben zitierten Hoffnung einiger Beobachter_innen lässt sich also sagen, dass eine Klassenidentität an sich noch nicht gegen Rechtsextremismus immunisiert. Im Gegenteil scheint auch die AfD zumindest in Teilen jenen eine politische Heimat zu bieten, die sich selbst zur Arbeiterklasse zählen und sich gesellschaftlich eher unten verorten. Wir interpretieren dies als Hinweis darauf, dass die Arbeiteridentität unter verschiedenen politischen Vorzeichen politisiert werden kann: als inklusiv-solidarische vertikale Abgrenzung gegenüber den Reichen, Chef_innen und Eigentümer_innen; oder aber als exkludierende Abgrenzung gegenüber anderen Lohnabhängigengruppen (etwa Migrant_innen, Transferempfänger_innen oder gesellschaftlichen Außenseiter_innen). In Form der von rechts propagierten Unterscheidung zwischen hart arbeitenden (und einheimischen) »makers« und parasitär auf Kosten anderer lebenden »takers« (Rathgeb 2024) kann der Begriff der Arbeiterklasse also auch von rechts gefüllt werden.

Dass dies im Falle der noch relativ jungen AfD bereits in dem hier beschriebenen hohen Ausmaß zu gelingen scheint, sollte für linke Kräfte ein Alarmsignal sein. Denn die Fähigkeit der radikalen Rechten, ihre Deutung des Arbeiter-Seins hegemonial zu machen, hängt in allererster Linie von der Stärke oder Schwäche linker Alternativdeutungen ab. Für das Selbstverständnis linker Parteien war es lange Zeit zentral, die Identität, Interessen und Beschwerden von Arbeiter_innen zu vertreten und diese in eine solidarische Politik für die Gesamtgesellschaft zu kanalisieren. In unseren Befunden zeigen sich die Symptome einer Vernachlässigung dieser politischen Verankerung. Eine linke Ansprache des Klassenbewusstseins – sowohl in der Arbeiterklasse als auch in der Bevölkerung als Ganzer – scheint derzeit vor allem auf Basis gemeinsamer Arbeitnehmerinteressen zu gelingen. Dieser Zugang erweist sich auch insofern als strategisch vielversprechend, als sich für diese Bewusstseinsform eine Klassenallianz von interessenbewussten Arbeiter_innen und gerechtigkeitsorientierten Mittelklasseangehörigen zeigt. Eine Vielzahl öffentlicher Kommentare wies in den letzten Jahren auf eine zunehmende kulturelle und politische Entfremdung zwischen Arbeiter- und Mittelklasse hin, die für hitzige politische Konflikte in der Migrations-, Anerkennungs- und Klimapolitik verantwortlich gemacht wurde. Unsere Ergebnisse legen nahe, dass diese Entfremdung durch eine Politik revidiert werden kann, die die gemeinsamen Interessen von Beschäftigten und ihren Gegensatz zu den Interessen von Arbeitgeber_innen und Konzernen in den Vordergrund stellt. Hier kommen Gruppen mit teils sehr unterschiedlichen Lebensstilen politisch auf einen gemeinsamen Nenner.

Auch zum generellen Stand der Klassenformierung enthalten unsere Daten eine Reihe interessanter Befunde. Der grundlegendste ist der, dass das Phänomen des Klassenbewusstseins auch in einer postindustriellen Klassenstruktur mit stark angewachsenem Dienstleistungssektor und erhöhtem Qualifikationsniveau politische Signifikanz behält. Obwohl Klassenfragen in der Bundesrepublik schon seit Jahrzehnten marginalisiert wurden und die Klassenidentität – gerade im Gegensatz etwa zu nationalen Identitätsangeboten – politisch unbearbeitet blieb, lebt ein sozialer Sinn für die Position in der Klassenstruktur mit erstaunlicher Deutlichkeit fort. Wie dieser Sinn sich politisch niederschlägt, ist allerdings alles andere als geradlinig. Sichtbar wird dies auch im überraschenden Befund, dass Klassenidentität und Klasseninteresse heute mit je ganz unterschiedlichen politischen Dynamiken einhergehen. Waren beide traditionell eng mit der politischen Linken verbunden – in der Hinsicht, dass eine Identifikation mit der Arbeiterklasse auch eine Identifikation mit ihren Interessen und ihrer politischen Vertretung bedeutete –, ergeben sich heute ganz disparate Logiken. Die Arbeiteridentität wird von vielen Menschen anders bestimmt als über die Interessen der Arbeitnehmer_innen in gesellschaftlichen Oben-Unten-Konflikten.[1] Ebenso zeigt sich, dass linke Kräfte das Deutungsmonopol über Fragen der Klassenidentität verloren haben. Stattdessen reüssiert hier die radikale Rechte, die Verteilungskonflikte als Nullsummenspiel zwischen Etablierten- und Außenseitergruppen inszeniert.

Damit befinden wir uns in einer neuen, politisch hochgefährlichen Phase des gesellschaftlichen Deutungskampfes um die Bedeutung von Arbeit, Klasse und das Selbstverständnis einfacher Lohnabhängi-

---

[1] Immerhin ein Viertel derer, die in unseren Daten angeben, sich der Arbeiterklasse zugehörig zu fühlen, weist nur ein geringes Interessenbewusstsein auf. Umgekehrt werden die Interessen von Arbeitskämpfenden und Gewerkschaften auch von einem Drittel derer stark unterstützt, die sich selbst nicht zur Arbeiterklasse zählen.

ger. Wie Philipp Rathgeb (2024) zeigt, ist diese Phase davon geprägt, dass die radikale Rechte – in Deutschland wie im Rest Europas und in den USA – ein durchaus kohärentes politisches Projekt entwickelt, mit dem sie Arbeiter_innen adressiert: Einem inländischen, etablierten und durch Leistungswillen besonders »verdienten« Teil jener Arbeiterschaft, die vom Übergang in die postindustrielle Wissensökonomie verunsichert ist, wird Aufwertung und Schutz versprochen, während Migrant_innen, vermeintliche Nichtstuer_innen und Außenseiter_innen abgewertet und entrechtet werden. Dieses Projekt operiert mit rhetorischen Versatzstücken des Arbeiterstolzes, greift Anerkennungsdefizite auf und schließt immer wieder auch an ältere sozialdemokratische Diskurse an. Weil die Spaltung und Disziplinierung der Lohnabhängigen im Endeffekt aber zu einer Erosion sozialer Solidarität führen, wird das Projekt vielerorts auch von Kapitaleliten unterstützt. Rechte können so ein doppeltes Spiel spielen, in dem sie sich als Repräsentant_innen der einfachen Leute geben, während sie zugleich Politik im Sinne der ökonomischen Eliten machen und Organisationsmacht, Absicherung und Sozialeigentum der Arbeitenden schwächen.

Wollen linke Kräfte diesem doppelten Spiel etwas entgegensetzen, reicht es nicht, die radikale Rechte als »Populisten« zu verschreien und sich selbst als moderate, staatstragende Stimme der Vernunft zu präsentieren. Dies überlässt den Rechten den Nimbus des Populären, die wertvolle Ressource der politischen Emotionen und die Repräsentation von Anti-Establishment-Haltungen, wie sie gerade unter Arbeiter_innen allgegenwärtig sind (Beck/Westheuser 2022). Ebenso kann man den politischen Gegner nicht schlagen, indem man seine Problemdefinition übernimmt. Wenn etwa Sozialdemokrat_innen aus Angst vor schlechter Presse in die Rufe nach Härte gegenüber vermeintlich leistungsunwilligen Transferempfänger_innen einstimmen, Migration zum gesellschaftlichen Übel erklären, gesellschaftliche Probleme ethnisieren und Anspruchskonkurrenzen zwischen Gruppen von Lohnabhängigen schüren, dann propagieren sie ein Politikverständnis, das sie selbst überflüssig macht. Um selbst nicht schwach zu erscheinen, stärken sie den politischen Gegner. Wie eine Vielzahl von Studien erwiesen hat, ist diese Art der Politik außerordentlich kontraproduktiv; sie zahlt nicht bei Kräften links der Mitte ein, sondern ausschließlich auf dem rechten Spektrum (siehe z. B. Abou-Chadi et al., i. E.).

Will die linke Mitte gewinnen, muss sie stattdessen dafür sorgen, dass der Interessengegensatz von oben und unten und die legitimen Forderungen der weniger betuchten Mehrheit im Zentrum der gesellschaftlichen Debatte stehen. Hier liegt die spezifische Stärke linker Programmatik, ihre Verankerung im Alltagsbewusstsein sowie, wie wir zeigen konnten, ein einendes Moment für ihre soziale Konstellation aus Arbeiterschaft und kultureller Mittelklasse. Dieses Potenzial zu bergen, erfordert allerdings, Konflikte in Kauf zu nehmen und noch viel klarer als bislang zu benennen, in wessen Namen und für wessen Interessen man kämpft und auch gegen welche konkurrierenden Interessen das eigene Programm durchgesetzt werden soll. »Wer es allen recht machen will, wird von niemandem gewählt«, brachte der spanische Ministerpräsident Pedro Sánchez es einmal auf den Punkt.

Eine klare Gegnerbestimmung ist dabei wichtig, weil menschengemachte Probleme viel eher als von Menschen lösbar wahrgenommen werden als scheinbar automatische Prozesse ohne Akteur_innen wie die »Zunahme der Armut« oder das »Aufklappen der Schere zwischen Arm und Reich«. Derlei Abstrakta bleiben farblos im Gegensatz zur durchaus packenden rechten Erzählung einer von außen überrannten und innen von gierigen Politiker_innen heruntergewirtschafteten Nation. Das Oben als Gegner zu benennen, muss dabei nicht heißen, alle Reichen über einen Kamm zu scheren. Die übergroße Mehrheit der Wohlhabenden und Unternehmen sind ehrlich, zahlen Steuern und tragen ihren Teil bei, ließe sich stattdessen etwa argumentieren, doch eine kleine Gruppe an Reichen vermeidet Steuern und hortet ihren Reichtum, statt sich um das Wohl der Gesellschaft zu kümmern. Eine kleine Zahl von Aktionär_innen fährt Rekordgewinne ein, während die Arbeitenden, die diese Gewinne tagtäglich mit ihren Händen erschaffen, ihre mickrigen Löhne mit Bürgergeld aufstocken müssen. Das darf nicht sein. Die hohen Zustimmungsraten zur Frage der Konzernmacht und Arbeitnehmerinteressen, die unsere Studie verzeichnet, deuten an, dass eine solche politische Ansprache gerade unter Mitte-links-Wähler_innen populär wäre.

Auf der anderen Seite braucht es gerade für Arbeiter_innen und Angehörige der unteren Mittelschicht einen inklusiven und positiven Bezug auf die eigene Gruppe, der überzeugender ist als das exkludierende Identitätsangebot von rechts. Auch hier hilft es nicht, ins Allgemeine zu flüchten und Gruppenbezüge zu vermeiden, um alle mitzunehmen. Wie erwähnt, zeigen Studien etwa, dass Arbeiter_innen deutlich wahrscheinlicher für Parteien mobilisierbar sind, die sie explizit als Arbeiter_innen adressieren (Robinson et al. 2021; Ares 2021). Will Mitte-links-Politik die Arbeiterklasse mit der progressiven Mittelklasse zusammenbringen, bietet es sich an, wieder klarzumachen, dass die öffentliche Infrastruktur des Gemeinwohls, die Regulierung des Profitstrebens zum Wohle der Beschäftigten wie auch wohlfahrtsstaatliche Errungenschaften von Rente bis zum Wohngeld Ergebnis einer historischen Mobilisierung einfacher Leute sind und dass dieser Kampf um sozialen Fortschritt ein unabgeschlossener ist.

Anders gesagt, gilt es also, das Vokabular einer demokratischen Klassenpolitik wiederzugewinnen, die das Herz der sozialdemokratischen und linken Tradition ausmacht. Gerade für die Sozialdemokratie bedeutet dies eine schwierige, aber notwendige Neuorientierung. Ihr in der Vergangenheit erfolgreiches Politikmodell, Verteilungskonflikte durch hohe Wachstumsraten zu umgehen, liegt heute in Scherben, zusammen mit der Erzählung, wir befänden uns bereits in einer Gesellschaft »jenseits von Klasse und Stand«. Verteilungs- und Anerkennungskämpfe zwischen sozialen Gruppen werden in der Zukunft eher zu- als abnehmen – und sich in hitzigen politischen Konflikten niederschlagen. Um zu verhindern, dass von dieser Situation weiterhin vor allem Rechte profitieren, müssen linke Parteien das weithin bestehende, aber politisch demobilisierte Bewusstsein über gesellschaftliche Ungleichheit und widerstreitende Interessen aufgreifen, schärfen und zum Kompass ihrer Politik machen.

Literatur

Abou Chadi, Tarik u.a. (i. E.), Trade-offs of Social Democratic Party Strategies in a Pluralized Issue Space: A Conjoint Analysis, in: *World Politics* 77 (3).

Ares, Macarena (2021), Issue Politicization and Social Class: How the Electoral Supply Activates Class Divides in Political Preferences, in: *European Journal of Political Research* 61 (2), 503–523, https://doi.org/10.1111/1475-6765.12469 (26.8.2024).

Arndt, Christoph und Rennwald, Line (2017), Workplace Characteristics and Working Class Vote for the Old and New Right, in: *British Journal of Industrial Relations* 55 (1), 137–164.

Bartolini, Stefano (2000), *The Political Mobilization of the European Left, 1860–1980: The Class Cleavage*, Cambridge.

Beck, Linda und Westheuser, Linus (2022), Verletzte Ansprüche: Zur Grammatik des politischen Bewusstseins von ArbeiterInnen, in: *Berliner Journal für Soziologie* 32, 279–316.

Braband, Carsten (2024), Auf der Suche nach den Linken-WählerInnen, *Luxemburg Gesellschaftsanalyse und linke Praxis Online*, https://zeitschrift-luxemburg.de/artikel/linke-waehler-innen-potenzial/.

Dörre, Klaus (2020), *In der Warteschlange: Arbeiter*innen und die radikale Rechte*, Münster.

Evans, Geoffrey und Tilley, James (2017), *The New Politics of Class: The Political Exclusion of the British Working Class*, Oxford.

Jünger, Ernst (1932), *Der Arbeiter: Herrschaft und Gestalt*, Hamburg.

Lepsius, M. Rainer (1993), *Demokratie in Deutschland: Soziologisch-historische Konstellationsanalysen*, Göttingen.

Lipset, Seymour M. (1959), Democracy and Working-Class Authoritarianism, in: *American Sociological Review* 24 (4), 482–501.

Oesch, Daniel und Rennwald, Line (2018), Electoral Competition in Europe's New Tripolar Political Space: Class Voting for the Left, Centre-Right and Radical Right, in: *European Journal of Political Research* 57 (4), 783–807.

Rathgeb, Philipp (2024), *How the Radical Right Has Changed Capitalism and Welfare in Europe and the USA*, Oxford.

Rehbein, Boike u.a. (2015), *Reproduktion sozialer Ungleichheit in Deutschland*, Konstanz.

Rennwald, Line (2020), *Social Democratic Parties and the Working Class – New Voting Patterns*, London.

Robison, Joshua u.a. (2021), Does Class-Based Campaigning Work? How Working Class Appeals Attract and Polarize Voters, in: *Comparative Political Studies* 54 (5), 723–752, https://doi.org/10.1177/0010414020957684 (26.8.2024).

Stjernø, Steinar (2005), *Solidarity in Europe: The History of an Idea*, Cambridge.

Vester, Michael u.a. (2001), *Soziale Milieus im gesellschaftlichen Strukturwandel. Zwischen Integration und Ausgrenzung*, Frankfurt am Main.

Westheuser, Linus und Lux, Thomas (2024), *Klassenbewusstsein und Wahlentscheidung. Klasse als politischer Kompass?*, Friedrich-Ebert-Stiftung. Berlin, https://library.fes.de/pdf-files/a-p-b/21455.pdf.

DEMOKRATIE IM KI-ZEITALTER: ZWISCHEN INKLUSION UND MANIPULATION

Von KATJA MUÑOZ & EMMA LAUMANN

Künstliche Intelligenz (KI) entwickelt sich zunehmend als transformative Kraft in politischen Systemen. Zwar zeigte die Bundestagswahl 2025, dass KI vor allem experimentell eingesetzt wurde, um Reichweite und Effizienz von politischen Botschaften zu steigern, anstatt ganz neue Methodiken der Kommunikation zu erstellen (vgl. Bawidamann & Gilbert 2025). Fest steht jedoch, dass der digitale Wandel auch einen Wandel der Demokratie befördern kann.

Die AI-Democracy-Initiative hat den Einfluss von KI auf die Wahlen 2024 in sechs Demokratien analysiert und gezeigt, dass zwar kein einzelnes disruptives KI-generiertes Desinformationsereignis eine Wahl entscheidend beeinflusst hat, KI jedoch die Dynamiken und Möglichkeiten im digitalen Raum grundlegend verändert. Eine Datenanalyse der einzelnen KI-Vorfälle in Mexiko und Südafrika zeigte, dass KI entgegen großer anfänglicher Sorge in beiden Wahlen eine untergeordnete Rolle spielte. In Frankreich und Deutschland, insbesondere im Kontext der EU-Wahl 2024, nutzten Parteien KI vor allem strategisch im Wahlkampf, um ihre Narrative zu fördern. Die entscheidende Bedeutung von datengesteuerten Kampagnen und KI-generierten Inhalten wurde bei der Analyse der Wahlen in Indien sichtbar. Zuletzt zeigte die Analyse der USA, dass dort im globalen Vergleich KI mit Abstand am häufigsten eingesetzt wurde. Die Technologie fiel dabei besonders durch weitverbreitete Desinformation von geringer Qualität sowie gezielte Manipulation mittels Cheapfakes, Propaganda, hyperlokaler Kampagnen und plattformverstärkter negativer Inhalte auf – was strukturelle Schwächen in der digitalen politischen Landschaft Amerikas offenlegte (vgl. Muñoz 2024).

Die Ergebnisse der Studie zeigen, dass KI eine Dualität vereint. Während sie einerseits die politische Teilhabe durch personalisierte Informationszugänge, kostengünstige Kommunikation und dialogorientierte Plattformen revolutionieren kann, bedroht sie andererseits die demokratische Willensbildung durch maßgeschneiderte Propaganda, Erosion des Informationsvertrauens und algorithmische Reichweitenmanipulation. KI kann zeitgleich als Treiber demokratischer Innovation und als Werkzeug systematischer Manipulation agieren.

Grundlage dieser Dualität ist die technologische Neutralität von beispielsweise Algorithmen. Diese können einerseits genutzt werden, um die Bürgerbeteiligung zu fördern und Schnittstellen gemeinsamer Werte im digitalen Raum zu fördern. Gleichzeitig können Algorithmen dazu beitragen, Manipulation zu begünstigen. KI-Systeme können Auswirkungen daher erheblich amplifizieren – sowohl im positiven als auch im negativen Sinne.

Diese Dualität stellt politische Akteure vor ein Dilemma: Sollen sie KI nutzen, um mit der immer stärker personalisierten und schnelleren Kommunikation mit Bürger_innen Schritt zu halten, oder birgt der Einsatz langfristig die Gefahr, das Vertrauen in Informationen, Medien und Politik – und damit in sie selbst – zu untergraben? Im Kern geht es darum, ob diese Technologie als Innovationsmotor gefördert oder ihre potenziellen Risiken durch Regulierung eingedämmt werden sollen. Die zentrale Herausforderung liegt darin, ein ausbalanciertes KI-Ökosystem zu schaffen, das demokratische Resilienz mit digitaler Innovation verbindet.

Künstliche Intelligenz als Chance

In einer Zeit rasanter technologischer Entwicklungen eröffnet KI Möglichkeiten zur Stärkung des demokratischen Systems. Die Potenziale von KI im politischen Kontext lassen sich in zwei Hauptkategorien unterteilen: Chancen für politische Akteure einerseits und Möglichkeiten, die Partizipation von Bürger_innen zu stärken, andererseits.

In der Politik und speziell in Wahlkämpfen ist ein zunehmender Trend der »Personalisierung der Politik« zu erkennen (vgl. Bennett 2012). Die zeichnet sich dadurch aus, dass der Fokus von Bürger_innen stetig weniger auf den ideologischen Positionen von Parteien liegt und mehr auf den Standpunkten von Politiker_innen, um eine fundierte Wahlentscheidung zu treffen. Um Wahlthemen zu identifizieren, Wähler_innen anzusprechen und politische Kampagnen zu gestalten, kann KI hierbei gewinnbringend und vielfältig eingesetzt werden. Chancen für politische Akteure lassen sich in drei wesentliche Punkte einteilen. Hierbei haben alle Punkte gemein, dass Wahlkämpfe zwar immer personalisierter werden, sich die »Natur« von Wahlkämpfen jedoch nicht fundamental verändert. Vielmehr können KI-Tools genutzt werden, um einzelne Prozesse zu optimieren.

Ressourcenoptimierte Inhaltsproduktion

Politiker_innen können KI-Systeme nutzen, um alltägliche Aufgaben und politische Kampagnen effizienter zu gestalten. Beispielsweise für die Zusammenfassung von Dokumenten und Recherchen, das Verfassen von Reden und Pressetexten, Erstellung von Social-Media-Posts, Korrekturlesen, Stilbearbeitung sowie Brainstorming (vgl. Kruschninski et al. 2025, EPTA-Report, 2024). Darüber hinaus bieten sich kreative Ansätze, wie beispielsweise der Einsatz von KI als virtuellem »Sparringspartner«, um politische Positionen zu testen und abzuwägen. Inhalte können allgemein in großer Menge und mitunter hoher Qualität produziert werden. Zudem hat eine Studie gezeigt, dass die transparente Kennzeichnung von KI in der Kommunikation nicht zu einem Vertrauensverlust bei Wähler_innen geführt hat (vgl. Kreps & Jakesch, 2023).

Da KI die kostengünstige Erstellung von Inhalten vereinfacht, können Ressourcen in diesem Prozess gespart werden. Dies ist vor allem von Vorteil für kleinere Parteien, um ohne viel Ressourcen ein kohärentes Branding zu erstellen (vgl. Jungherr, 2025). Was wiederum einen hohen Wiedererkennungswert bei Wähler_innen befördern und die Visibilität stärken kann (vgl. Muñoz & Laumann 2024). Ein Beispiel ist die Anwendung eines KI-Bots durch die CDU in Nordrhein-Westfalen, welcher zur Unterstützung ihrer Mitarbeiter_innen bei der Erstellung von Content und Pressemitteilungen zum Einsatz kommt. Angesichts der zunehmend beschleunigten Kommunikation müssen sich Parteien dieser Geschwindigkeit anpassen. Ein solcher Bot ermöglicht es ihnen, genau in diesem Tempo mitzuhalten (vgl. Houben 2024).

Aber auch eine weitere wichtige Aufgabe des politischen Geschäfts kann durch KI vereinfacht werden, Fundraising und Spenderengagement. Durch den Einsatz von KI können politische Kampagnen ihre Fundraising-Strategien optimieren, die Spendenbereitschaft besser vorhersagen und eine effizientere Einbindung von Unterstützer_innen erreichen (vgl. Sahota 2024).

Personalisierung der Kommunikation

KI ermöglicht nicht nur eine ressourcenschonende Erstellung von Inhalten, sondern auch die Generierung einer Vielzahl maßgeschneiderter Botschaften für spezifische Wählergruppen. Ein Beispiel für solche KI-Anwendungen sind personalisierte Chatbots, die bereits jetzt flächendeckend von politischen Akteuren genutzt werden (vgl. Kruschninski et al. 2025). Diese Chatbots zeichnen sich dadurch aus, dass Wähler_innen in einen digitalen Dialog mit Politiker_innen treten können (vgl. Baumeister 2025). KI-gestützte Bots können nicht nur die Inhalte einzelner politischer Akteure interaktiver gestalten, sondern auch für den Vergleich verschiedener Parteiprogramme eingesetzt werden. Dies kann Wähler_innen helfen, ohne großen Zeitaufwand eine fundierte Wahlentscheidung zu treffen (vgl. Lohmann 2025). Ein solches Tool existierte für die Bundestagswahl 2025 in Form von Wahl.Chat. Diese Anwendung erlaubt gezielte Fragestellungen zu den Wahlprogrammen der Parteien, zeigt Nutzer_innen das Abstimmungsverhalten bezüglich explizit gefragter Themen und ordnet die Positionen der Parteien mithilfe von KI ein.

Analyse der öffentlichen Meinung durch Big Data

KI-Tools können genutzt werden, um die öffentliche Meinung in Echtzeit zu monitoren (vgl. Sahota 2024). Im digitalen Zeitalter teilen viele Menschen ihre politischen Meinungen in sozialen Netzwerken. Innerarity (2024) prägt hierfür den Begriff der »Plattformisierung der Demokratie«. Dieser beschreibt, wie politische Diskurse nicht nur zunehmend auf digitalen Plattformen stattfinden, sondern auch in ihrer Form und ihrem Inhalt von den Eigenschaften dieser Kommunikationskanäle geprägt werden. Digital entstehen somit massenweise Daten von User_innen, die aufgrund der großen Menge auch »Big Data« genannt werden. Durch die verfügbaren Daten können Verhaltensprofile von User_innen erstellt werden, um relevante Wählergruppen zu bestimmen und diese beispielsweise durch Wahlwerbung gezielt zu erreichen (vgl. Jungherr 2025). Dieses sogenannte Microtargeting wäre in diesem Umfang ohne KI nicht möglich (vgl. Muñoz 2024).

Zudem kann Datenanalyse wertvolle Einblicke in die Stimmung der Bevölkerung bieten. Beim sogenannten Social Listening (vgl. Jackson & Martin 2024) werden KI-Tools eingesetzt, um Themenprioritäten zu identifizieren. Hierdurch können politische Kampagnen dynamisch auf das Feedback oder die Priorisierung der Bevölkerung reagieren und somit ihre politischen Botschaften anpassen. In einem Zeitalter, in welchem die Geschwindigkeit von Kommunikation rasant zugenommen hat, kann dies von großer Bedeutung sein. Daher ist »Data Driven Campaigning« zu einem Schlagwort für moderne politische Wahlkämpfe geworden (vgl. Darius & Römmele 2023). Um dies zu ermöglichen, arbeiten politische Akteure in Deutschland vorwiegend mit Agenturen zusammen. Besonders bei unentschlossenen Wähler_innen verspricht diese KI-gestützte Strategie Erfolg (vgl. Darius & Römmele 2023).

Ein anschauliches Beispiel für den KI-Einsatz in Wahlkämpfen lieferten die indischen Wahlen 2024. Dort wurden KI-generierte Videos und Sprachnachrichten eingesetzt, um personalisierte Kampagnenbotschaften für einzelne Wähler_innen zu erstellen (vgl. Gupta & Mathews 2024, Muñoz 2024). Potenzielle Wähler_innen wurden hierbei gezielt mit ihrem eigenen Namen angesprochen, was dazu beitragen kann, dass sie sich persönlich wertgeschätzt fühlen und eine stärkere Bindung zur Kampagne entwickeln (vgl. Nagda 2024).

Stärkung politischer Partizipation

Eine gesunde Demokratie braucht gut informierte Bürger_innen und basiert darauf, dass verschiedene Sichtweisen miteinander in Austausch treten, um eine gemeinsame Grundlage zu schaffen (vgl. Innerarity 2024). Hierbei bietet KI die Chance, komplexe demokratische Prozesse verständlich und zugänglich zu machen und somit die Partizipation zu fördern. Zwei Chancen können hierbei von Bedeutung sein.

Barrierefreiheit durch KI: Echtzeit-Übersetzungstools

Bei den Wahlen 2024 haben sich KI-gestützte Echtzeit-Übersetzungstools als besonders effektiv erwiesen, um Sprachbarrieren zu überwinden und die Wahlbeteiligung zu erhöhen. Solche Anwendungen fanden besonders im Wahlkampf 2024 in Indien Anwendung (vgl. Dhanuraj et al. 2024), ein Land mit hoher sprachlicher Vielfalt. Aber auch in der EU kann KI dazu beitragen, dass die Kommunikationsbarrieren der 24 Amtssprachen der EU überwunden werden. KI-Übersetzungssysteme erlauben eine einheitliche Debatte über verschiedene Sprachkulturen hinweg. Durch diese Technologien könnte es erstmals gelingen, die nationalen Öffentlichkeiten miteinander zu verbinden und einen gemeinsamen demokratischen Raum in Europa zu schaffen. Vor allem überzeugen Übersetzungstools, da sie die

»Einheit bei gleichzeitiger Bewahrung der Vielfalt ermöglichen« (vgl. Pfeffer 2025).

Bürgerplattformen und digitale Bürgerbeteiligung

Social-Media-Plattformen zeichnen sich dadurch aus, dass Inhalte personalisiert auf die jeweiligen Nutzer_innen anhand undurchsichtiger Algorithmen angezeigt werden. Die Folge kann ein einseitiger Informationszugang sein, welcher die Werte und Sichtweisen der Nutzer_innen fördert (vgl. von Lindern 2022). Eine Gegenmaßnahme hierzu wäre es, Bürgerbeteiligungsplattformen zu errichten, um die Perspektiven mehrerer Interessengruppen zusammenzuführen (vgl. DiPietro 2023). KI kann hierbei speziell genutzt werden, um Schnittstellen gemeinsamer Ansichten und Werte zwischen Bürger_innen aufzuzeigen und konfrontative Narrative in einen konstruktiven Dialog umzuwandeln (vgl. Schneier et al. 2023).

Zudem würden solche Plattformen direktere Einblicke sowie eine bessere Einbindung der Bevölkerung in staatliche Prozesse ermöglichen, indem sie beispielsweise Bürgerversammlungen oder parlamentarische Debatten zusammenfasst. Bürger_innen könnten dann direkt auf diese reagieren und ihre Meinung kundgeben. Wobei die Inhalte auf der Plattform durch KI ausgewertet werden können, was es Politiker_innen erlauben würde, in Echtzeit ein klares Bild darüber zu gewinnen, welche Themen für Wähler_innen von Bedeutung sind.

Essenziell ist es, einen digitalen Raum für eine direktere Kommunikation zwischen Regierung und Bevölkerung zu schaffen, um der zunehmenden Polarisierung von Debatten durch direktere Einbindung und konstruktiven Dialog entgegenzuwirken. Als ein ergänzendes Instrument kann KI viele Prozesse einfacher, effizienter und inklusiver gestalten und somit direkte(re) Demokratie mit weniger Zeitaufwand fördern (vgl. Delahaye & Weber 2025).

Künstliche Intelligenz als Risiko

Hyperpersonalisierter und automatisierter Content

Im Gegensatz zu klassischen Desinformationskampagnen ermöglicht KI die schnelle und einfache Erstellung personalisierter Inhalte, die gezielt auf individuelle Ängste und Hoffnungen verschiedener Wählergruppen zugeschnitten sind. Besonders problematisch ist dabei die emotionale Wirkung dieser Inhalte, die selbst dann bestehen bleibt, wenn Nutzer_innen den KI-Ursprung rational erkennen.

Die Forschung zeigt, dass KI-generierte Inhalte eine besondere Gefahr darstellen, wenn sie emotionalisierende Elemente enthalten (vgl. Breuer 2024). Ein markantes Beispiel war das KI-generierte Wahlvideo der AfD Brandenburg, das durch dystopische Zukunftsszenarien gezielt Ängste schürte. Obwohl als KI-generiert erkennbar, entfaltete es durch suggestives Framing eine beträchtliche Wirkung auf Zuschauer_innen.

Die Kennzeichnung von KI-Inhalten stößt als Schutzmaßnahme an fundamentale Grenzen. Die emotionale Wirkung wird kaum abgeschwächt; unser Gehirn verarbeitet emotionale Reize unmittelbarer als rationale Hinweise. Zudem werden Kennzeichnungen oft übersehen, besonders beim schnellen Scrollen durch Social-Media-Feeds. Die Kennzeichnungspflicht wird durch Ausnahmen für »kreative oder satirische Werke« ausgehöhlt, die erhebliche Umgehungsmöglichkeiten bieten. Eine NGO-Untersuchung belegte, dass selbst eindeutig kennzeichnungspflichtige KI-Inhalte in politischer Werbung von Plattformbetreibern oft nicht entsprechend markiert werden (vgl. Eko 2024).

Zudem schwindet der Uncanny-Valley-Effekt – jenes Phänomen, bei dem fast-menschliche künstliche Darstellungen Unbehagen hervorrufen. Dieser Effekt diente bislang als intuitive Warnlampe, die uns signalisierte, wenn etwas »nicht ganz echt« erschien. Mit fortschreitender KI-Entwicklung werden synthetische Inhalte jedoch immer realistischer, was diesen Schutzmechanismus zunehmend außer Kraft setzt.

Besonders wirksam verbreiten sich KI-generierte Inhalte als Memes – kulturelle Informationseinheiten, die sich viral im Internet verbreiten, meist als humorvolle Bilder oder kurze Videos mit überlagerten Texten. Diese leicht konsumierbaren Inhalte lösen starke emotionale Reaktionen aus und prägen subtil politische Einstellungen, ohne dass die Nutzer_innen den manipulativen Charakter bewusst wahrnehmen. Die Kombination aus maschineller Skalierbarkeit und emotionaler Ansprache schafft eine neue Qualität der politischen Manipulation, die komplexe Sachverhalte auf einfache Botschaften reduziert.

Die Erosion des Informationsvertrauens/Zynismus

Ein tieferliegendes und noch bedrohlicheres Problem ist die systematische Erosion des Vertrauens in unseren Informationsraum, die durch KI-generierte Inhalte weiter verschärft wird. Der Vertrauensverlust selbst ist allerdings Teil eines längerfristigen Trends, der bereits vor dem Aufkommen generativer KI einsetzte. Das Edelman Trust Barometer belegt diesen kontinuierlichen Rückgang: Das Vertrauen der deutschen Bevölkerung in die Medien sank von 47 Prozent (2023) auf 46 Prozent (2024), während das Vertrauen in die Regierung in den letzten vier Jahren um 20 Prozent sank.

In diesem bereits fragilen Vertrauensumfeld wirkt die zunehmende Verbreitung von KI-generierten Inhalten und Deepfakes wie ein Katalysator, der das Misstrauen in die Authentizität jeglicher Inhalte weiter beschleunigt. Besonders problematisch ist die entstehende »Zwei-Klassen-Informationsgesellschaft«: Konsumierende traditioneller Medien einerseits und Nutzer_innen, die sich fast ausschließlich über soziale Medien informieren, andererseits (vgl. Muñoz 2024). Während 2024 insgesamt 67 Prozent der deutschen Bevölkerung Nachrichten primär über das Internet bezogen, konsumierten 34 Prozent Nachrichten exklusiv über Social Media.

Ein weiteres, oft übersehenes Risiko ist die sogenannte »Liar's Dividend« (vgl. Goldstein & Lohn 2024): Je realistischer Deepfakes werden, desto leichter können auch authentische Aussagen als KI-generiert abgetan werden. Dies ermöglicht es Politiker_innen, unliebsame, tatsächlich getätigte Äußerungen einfach als Fälschung zu bezeichnen – eine gefährliche Entwicklung für die politische Verantwortlichkeit.

Die Gefahr besteht somit nicht nur in einzelnen Falschinformationen, sondern in einem generellen Vertrauensverlust in jegliche politische Kommunikation. Dies führt zu einem wachsenden Zynismus, der die Grundlagen demokratischer Willensbildung untergräbt: Ohne geteilte Fakten wird der rationale Diskurs unmöglich, Emotionen überwiegen und populistische Narrative gedeihen. Die Kombination aus Vertrauensverlust und Hyperpersonalisierung von Informationen droht, die Gesellschaft in isolierte Informationsblasen zu fragmentieren, in denen ein gemeinsames demokratisches Gespräch kaum noch möglich ist.

Künstliche Reichweite und digitale Guerilla-Taktiken

Deepfakes und KI-generierte Inhalte, die generiert werden, um zu täuschen, sind nur ein Teil des Problems. Eine oft übersehene Gefahr ist die Fähigkeit verschiedener Akteure, durch algorithmische Manipulation künstliche Sichtbarkeit und Reichweite auf Social-Media-Plattformen zu erzeugen. Diese »algorithmische Kompetenz« – das strategische Verständnis von Plattformmechanismen – ermöglicht es, politische Botschaften sehr wirksam zu verbreiten.

Im Zentrum steht dabei das Ziel der kollektiven Online-Mobilisierung. Politische Akteure, insbesondere solche mit hoher Plattformkompetenz, nutzen ein ausgeklügeltes und vielseitiges Netzwerk aus u.a. offiziellen Kanälen, Influencer_innen und Unterstützer_innen, um Inhalte strategisch zu platzieren und zu verstärken. Besonders besorgniserregend ist der sogenannte Ripple-in-the-pond-Effekt (vgl. Muñoz 2024): Initial erzeugte künstliche Sichtbarkeit wird von Plattformalgorithmen als vielversprechendes Engagement interpretiert und verstärkt. Was als koordinierte Aktion beginnt, erscheint dadurch als organischer Trend – ein Mechanismus, der auf fast allen Social-Media-Plattformen hocheffektiv funktioniert.

Parallel verlagert sich ein erheblicher Teil dieser Koordinationsaktivitäten in geschlossene Gruppen auf Messenger-Diensten wie WhatsApp oder Telegram. Diese »Dark-Social-Kommunikation« entzieht sich weitgehend der öffentlichen Kontrolle und wissenschaftlichen Analyse, bietet aber ideale Bedingungen zur Verbreitung von Desinformation. Besonders WhatsApp – das meistgenutzte soziale Medium in Deutschland mit 65 Prozent Verbreitung – birgt ein enormes Potenzial für die politische Mobilisierung und Manipulation im Wahlkampf (vgl. Reuters Institute 2024).

Diese digitalen Guerilla-Taktiken sind kein deutsches Phänomen. International zeigen sich ähnliche Muster: In Moldau finanzierten russische Akteure Beeinflussungsoperationen zur Störung des EU-Referendums, während in Indien und Mexiko Messenger-Dienste zunehmend zur Verbreitung politischer Narrative missbraucht werden (vgl. Olaizola Rosenblat et al. 2024). Was einst am Rande genutzte Taktiken waren, dringt immer mehr in die Mitte der Gesellschaft und des politischen Diskurses vor.

Die besondere Gefahr liegt in der Kombination aus emotionalisierenden KI-Inhalten und der strategischen Manipulation von Plattformalgorithmen: Erst diese Verbindung entfaltet das volle disruptive Potenzial für demokratische Willensbildungsprozesse. Sie schafft eine neue Qualität der politischen Kommunikation, die traditionelle Schutzmechanismen der Demokratie zu umgehen vermag.

Dark Patterns der politischen Manipulation

Die Kombination aus KI-Technologie und algorithmischer Expertise hat zur Entwicklung besonders problematischer Manipulationsmuster geführt, die als »Dark Patterns« der politischen Kommunikation bezeichnet werden können. Diese Muster sind bewusst darauf ausgerichtet, die Wahrnehmung und Entscheidungsfindung von Wähler_innen subtil zu beeinflussen, ohne als Manipulation erkannt zu werden – Information wird nicht neutral dargestellt.

Eine zentrale Strategie ist die emotional optimierte Gestaltung politischer Inhalte. KI-generierte Bilder werden gezielt mit algorithmisch optimierten Texten kombiniert, um spezifische Ängste oder Vorurteile anzusprechen. Diese Inhalte werden nicht primär zur Täuschung über ihren künstlichen Ursprung eingesetzt, sondern um emotionale Reaktionen hervorzurufen, die rationale Überlegungen überlagern.

Besonders effektiv ist die Vereinfachung komplexer politischer Zusammenhänge durch polarisierende Narrative. KI ermöglicht die automatisierte Erstellung zahlreicher Varianten politischer Botschaften, die auf spezifische Zielgruppen zugeschnitten sind. Die Indische Volkspartei BJP demonstrierte dies mit nicht gekennzeichneten, KI-generierten Videobotschaften verschiedener Politiker_innen, die auf unterschiedliche demografische Gruppen ausgerichtet waren (vgl. Muñoz 2024). Die Koordination dieser Aktivitäten verlagert sich zunehmend in geschlossene Gruppen auf Messenger-Diensten wie WhatsApp oder Telegram, sogenannte »Dark-Social-Kommunikation«, und entzieht sich der öffentlichen Kontrolle.

Besonders bedrohlich ist hierbei auch die Entwicklung von sogenannten »Influence-for-hire-Schemata«, die weltweit zu beobachten sind. Es handelt sich hierbei um transaktionale Einflussnahmen, bei denen Influencer_innen bezahlt werden, um bestimmte politische Narrative zu verbreiten, ohne dies zu benennen (vgl. van Damme et al. 2024).

Diese Dark Patterns der politischen Manipulation stellen eine besondere Herausforderung dar, weil sie an der Grenze zwischen legitimer politischer Kommunikation und manipulativer Beeinflussung operieren. Sie nutzen die Mechanismen von sozialen Medien und KI-Technologien auf eine Weise, die schwer zu regulieren ist, ohne gleichzeitig legitime politische Kommunikation zu beeinträchtigen – ein Dilemma, das fundamentale Fragen für den Schutz demokratischer Prozesse im digitalen Zeitalter aufwirft.

Demokratische Resilienz als Antwort: Handlungsempfehlungen für ein ausbalanciertes KI-Demokratie-System

Die Grenzen rein legislativer Ansätze zur Regulierung von KI in der politischen Kommunikation machen deutlich: Wir brauchen eine umfassendere Strategie demokratischer Resilienz. Angesichts der inhärenten Dualität von KI-Technologien – zugleich Treiber demokratischer Innovation und Werkzeug systematischer Manipulation – kann der Schutz demokratischer Prozesse nicht allein durch Gesetzgebung gewährleistet werden. Ein ausbalanciertes KI-Demokratie-System erfordert vielmehr das koordinierte Zusammenspiel verschiedener Akteure.

Erstens sollten staatliche Institutionen und Parteien gemeinsam eine digitale Infrastruktur für Bürgerbeteiligung aufbauen. Zentral wäre die Entwicklung KI-gestützter Dialogplattformen, die verschiedene Perspektiven zusammenführen und einen konstruktiven Austausch zwischen Politik und Bürger_innen ermöglichen. Erfolgreiche Beispiele wie der »Wahl.Chat« zur Bundestagswahl zeigen, wie KI-Tools die politische Partizipation und Informiertheit der Wählerschaft stärken können.

Zweitens sind breit angelegte Aufklärungskampagnen notwendig, die nicht nur vor Manipulationsmechanismen warnen, sondern auch die Potenziale von KI für eine informierte politische Teilhabe aufzeigen. Das Verständnis für beide Aspekte ist entscheidend für die digitale Souveränität der Wählerschaft.

Drittens ist die Zusammenarbeit von Technologieunternehmen, Wissenschaft und Zivilgesellschaft unerlässlich. Plattformbetreiber müssen mehr Transparenz über ihre Algorithmen gewähren und Mechanismen entwickeln, die sowohl Manipulation eindämmen als auch konstruktiven politischen Dialog fördern. Die Politik ist gefordert, einen Rahmen zu schaffen, der Innovation ermöglicht und gleichzeitig demokratische Prozesse schützt.

Nur durch das koordinierte Engagement aller Akteure kann KI ihr Potenzial für eine lebendige Demokratie entfalten, während gleichzeitig ihre Risiken effektiv begrenzt werden.

Literatur

Baumeister, Artisan (2025), KI im Bundestagswahlkampf 2025: Wie künstliche Intelligenz die Politik verändert,

Bawidamann, Katharina und Gilbert, Max (2025), Wahlkampf-Helfer: Wie die Parteien KI für sich nutzen,

Bennett, Lance W. (2012), The Personalization of Politics: Political Identity, Social Media, and Changing Patterns of Participation, in: *The Annals of the American Academy of Political and Social Sciences*, 644(1), 20–39.

Breuer, Johannes (2024), Angriff auf die Demokratie: Künstliche Intelligenz bedroht Wahlen, indem sie mit personalisierter Propaganda und manipulierter Reichweite die Willensbildung untergräbt.

Darius, Philipp und Römmele, Andrea (2023), KI und datengesteuerte Kampagnen: Eine Diskussion der Rolle generativer KI im politischen Wahlkampf, in: *Informationsflüsse, Wahlen und Demokratie*, 199–212.

Delahaye, Sarah und Weber, Charlotte (2025), Künstliche Intelligenz und Demokratie: Die Zukunft der Bürgerbeteiligung gestalten,

Dhanuraj, D.; Harilal, Sreelakshmi; Solomon, Nissy (2024), Generative AI and its influence on India's 2024 elections, Berlin.

DiPietro, Louis (2023), Regret being hostile online? AI tool guides users away from vitriol,

Edelman (2024), 2024 Edelman Trust Barometer, Global Report,

Eko (2024), German language Meta ads research,

Europäische Kommission (2024), KI-Verordnung tritt in Kraft,

Goldstein, Joshua und Lohn, Andrew (2024), Deepfakes, Elections, and Shrinking the Liar's Dividend,

Guhl, Jakob (2024), Digital Infrastructure Report: Analysis of Far-Right Online Mobilization in Germany,

Gupta, Nishtha und Mathews, Netheena (2024), India's Experiments with AI in the 2024 Elections: The Good, The Bad & The In-between,

Houben, Lisa (2024), Bundestagswahl: Wie die Parteien KI und ChatGPT nutzen, ZDF heute.

Innerarity, Daniel (2024), Artificial Intelligence and Democracy, UNESCO.

Jackson, Dean und Martin, Zelly (2024), Forget Deepfakes: Social Listening might be the most consequential use of generative AI in Politics,

Jungherr, Andreas (2025), Wahlkampf digital: Öffentlichkeit, Koordination und künstliche Intelligenz,

Kreps, Sarah und Jakesch, Maurice (2023), Can AI communication tools increase legislative responsiveness and trust in democratic institutions?, in: *Government Information Quarterly*, 40(3).

Kruschinski, Simon u.a. (2025), Künstliche Intelligenz in politischen Kampagnen: Akzeptanz, Wahrnehmung und Wirkung, OBS-Arbeitspapier 75.

Laude, Ulrich und Daum, Moritz (2024), KI-Gesetzgebung: Herausforderungen für die politische Kommunikation,

Lohmann, Andrea (2025), Wahlprogramme zur Bundestagswahl 2025: KI als Alternative zu Wahl-O-Mat und Co – Chancen und Risiken,

Muñoz, Katja (2024), Influencers and Their Ability to Engineer Collective Online Behavior: A Boon and a Challenge for Politics, DGAP Policy Brief.

Muñoz, Katja (2024), Systematische Manipulation sozialer Medien im Zeitalter der KI: Eine wachsende Bedrohung für die demokratische Meinungsbildung, Soziale Medien und KI,

Muñoz, Katja und Laumann, Emma (2024), Angriff auf die Demokratie: Künstliche Demokratie bedroht Wahlen, indem sie mit personalisierter Propaganda und manipulierter Reichweite die Willensbildung untergräbt,

Nagda, Ashutosh (2024), Wie KI bei den indischen Parlamentswahlen 2024 genutzt wird,

Olaizola Rosenblat, Mariana u.a. (2024), The Role of Messaging Apps in Political Manipulation: A Comparative Study of India and Mexico.

Pfeffer, Daniel (2025), Mehr Informationen wagen: Wie eine europäische Medienplattform die Demokratie schützen könnte,

Reuters Institute (2024), Digital News Report 2024.

Rottach, Joachim (2024), KI-generierte Wahlplakate: Technologische Innovation im politischen Raum,

Sahota, Neil (2024), The AI Factor in Political Campaigns: Revolutionizing Modern Politics,

Scharfenberg, Nadine (2024), Die EU-KI-Verordnung und ihre Auswirkungen auf politische Kommunikation, in: *Informatik Spektrum*, 47(2), 112–125.

Scholl, Sebastian (2024), Künstliche Intelligenz im Wahlkampf: Eine Analyse der Landtagswahlen 2024, ZDF heute.

Schneier, Bruce; Farrell, Henry; Sanders, Nathan E. (2023), How Artificial Intelligence Can Aid Democracy,

United Nations Regional Information Centre (2024), Can artificial intelligence (AI) influence elections?, UNRIC.

Von Lindern, Jakob (2022), Hintergrund: Wie wirkt sich die Nutzung digitaler Plattformen auf Meinungsbildungsprozesse aus?

HERAUSFORDERUNGEN

DEFEKTE DEBATTEN: WARUM WIR ALS GESELLSCHAFT BESSER STREITEN MÜSSEN

Von JULIA REUSCHENBACH & KORBINIAN FRENZEL

Selten war der Erwartungsdruck größer an die Politik, *jetzt* alles richtig zu machen. Doch was ist das »Richtige«? Konstruktive gesellschaftliche Debatten sind wichtiger denn je, um genau das auszuhandeln und als Gesellschaft nicht weiter auseinanderzudriften.

In deutschen Diskursen ist der Vergleich mit »Weimar« ein untrügliches Zeichen, dass es ernst sein muss. »Einmal 33 reicht für Deutschland«, sagte Friedrich Merz im Bundestagswahlkampf und verwies auf die enorme Verantwortung einer künftigen Regierung (Merz 2025). Markus Söder sprach am Tag nach der Bundestagswahl 2025 von der »letzten Patrone der Demokratie« (Söder 2025). Es muss etwas geschehen, das ist nicht nur der Tenor der beiden Unionspolitiker, sondern auch die Mahnung in vielen Kommentaren und Analysen, die man dieser Tage lesen kann. Sonst werde es, so Merz, bereits 2029 »keinen normalen Regierungswechsel« mehr geben (Merz ebd.). Die Lage, so scheint es, gibt den beiden Recht. Die Wirtschaft stagniert das dritte Jahr in Folge, die AfD wird nun durch den Verfassungsschutz bundesweit als gesichert rechtsextrem eingestuft und sitzt dank starker Stimmzuwächse nun mit 151 Abgeordneten im Deutschen Bundestag. Die verbliebenen Parteien der Mitte – CDU/CSU, SPD, Grüne – erreichen gemeinsam im Bundestag keine Zweidrittelmehrheit für verfassungsändernde Mehrheiten mehr. Und auch international scheint der Weimar-Vergleich einen Rahmen zu finden: Erstmals seit 1978 sind wieder mehr Staaten autoritär statt demokratisch regiert (vgl. Economist 2024; V-Dem Report 2024). Die USA unter Donald Trump – so muss man befürchten – zeigen inzwischen Teile eines autoritären Staatswesens und die transatlantischen Beziehungen haben sich gravierend verschlechtert.

Doch so verständlich und begründet die Sorgen, die in diesen und ähnlichen Aussagen nicht nur in der Politik ihren Ausdruck finden, sein mögen: Tun wir uns einen Gefallen damit, eine Art Deadline für die Rettung der Demokratie selbst so zu setzen, dass die Wahrscheinlichkeit, sie zu reißen, durchaus gegeben ist? Geben wir nicht gerade jenen, die auf ein Scheitern demokratisch gefundener Lösungsansätze hoffen, damit eine Messlatte, die sie nur allzu gerne anwenden und damit ausnutzen könnten? Wenn bis 2029 nicht »geliefert« wird, hätten »die Etablierten« versagt. Und sich selbst attestiert, nicht verdient zu haben, wiedergewählt zu werden.

Demokratie ist nie fertig, hat ihre »Ziele« nie vollständig erreicht, liefert immer nur Zwischenergebnisse und nie die per se idealen Endergebnisse, die wir uns alle so wünschen. Aus einem einfachen Grund: weil die Verständigung darauf, was die Ziele sind, welche Ergebnisse die Politik hervorbringen soll und auf welchen Wegen sie sie erreicht, immer in Bewegung bleiben. Wir verhandeln ständig neu darüber, debattieren, streiten und korrigieren dabei eingeschlagene Wege. Gerade die letzten Jahre – geprägt vom Begriff der »Polykrise« (Tooze 2022) – haben mit der Corona-Pandemie und dem Krieg Russlands gegen die Ukraine vor dem Hintergrund der gleichzeitig weiter köchelnden Klimakrise deutlich gemacht, dass sich die Rahmenbedingungen von Politik und auch für Gesellschaft innerhalb kürzester Zeit radikal ändern können. Welche Versprechen kann vor diesem Hintergrund eine Regierung im Jahr 2025 ernsthaft machen, die eine verbindliche Haltbarkeit bis zum Jahr 2029 haben? Man stellte sich – um nur ein Szenario aufzuführen, das nicht jenseits aller Wahrscheinlichkeit ist – vor, China greife Taiwan an. Deutschland mit seinen ökonomischen Interdependenzen in diesen Märkten stünde vor einem Schock, der dem Schock des Ukraine-Krieges vermutlich in nichts nachstünde.

Wenn es also darum geht, »jetzt alles richtig« zu machen und damit den Versuch zu unternehmen, die Akzeptanz für die Demokratie wieder zu stärken, wird es vor allem darauf ankommen, auf eine bessere Art Politik (Prozesse, »politics«) zu machen, um bessere Politik (Inhalte, »policies«) zu machen. Das heißt, dass politische Prozesse so aufgesetzt werden, dass die Gefahr der Enttäuschungen minimiert wird. Entscheidend ist dabei, dass die Glaubwürdigkeit politischer Versprechen nicht nur davon abhängt, ob Versprechen in einem Maximum eingelöst werden, sondern die Kompromissfindung als Wert an sich wertgeschätzt wird. Es geht damit zu einem enormen Anteil um die Frage, wie Politiker_innen über Parteigrenzen hinweg miteinander umgehen, wie sie Aushandlungsprozesse und politischen Streit gestalten und wie sie damit auf die Gesellschaft wirken (vgl. Bartels 2023).

Man würde sich den Rückblick auf einen in dieser Hinsicht mehr als enttäuschenden Bundestagswahlkampf an dieser Stelle am liebsten ersparen, nur liegen in den Fehlern, die in den Wintermonaten 2024/2025 gemacht wurden, viele Erkenntnisse, die eine neue Regierung, aber nicht nur sie, in ihrem künftigen Handeln leiten sollten. Vor allem eine Beobachtung hätte Parteien wie aber auch professionellen Beobachter_innen zu denken geben sollen: dass die Meinungsumfragen zwischen dem Ende der Ampel Anfang November 2024 und dem Wahltag am 23. Februar 2025 im Wettbewerb der politischen Mitte kaum nennenswerte Veränderungen hervorgebracht haben. Trotz eines zum Teil hitzig geführten Wahlkampfes. Der Verdacht, dass viele dieser Debatten an den eigentlichen Themen und Sorgen der Menschen vorbei geführt wurden, drängt sich auf.

Der Wahlkampf bot ein Sammelsurium an defekten Debatten. Die erkennbaren Defekte sind zugleich nicht wahlkampfspezifisch, sondern lassen sich schon seit Längerem in zahlreichen öffentlichen Debatten diagnostizieren (vgl. Reuschenbach/Frenzel 2024).

Wir beobachten eine eigenartige Abkopplung von dem, was laut und mit Verve in Politik und Medien diskutiert wird, und dem, was sich als die eigentlichen Problemstellungen herausgestellt haben. Geradezu exemplarisch steht hierfür das Thema Migration. Natürlich hatte es durch eine Reihe schrecklicher Taten von Magdeburg bis Aschaffenburg eine öffentliche Relevanz erhalten, die die Parteien und Kandidat_innen herausforderte, Antworten zu bieten. Auch das ist eine der Zumutungen für Lösungsfindungen in der Demokratie: Ereignisse, zumal schreckliche, können kurzfristig die Agenda bestimmen und Themen ins Scheinwerferlicht rücken, von denen wir wissen, dass sie im Scheinwerferlicht möglicherweise weniger gut zu bearbeiten sind als mit Ruhe und Abstand. Gerade vor diesem Hintergrund liegt noch mehr Verantwortung in der Politik, die Debatten nicht weiter anzuheizen und die Akzeptanz politischer Entscheidungen durch noch stärker polarisierte Debatten weiter zu schwächen. Im Wahlkampf ist das den Parteien der Ampel wie allen voran der Union nicht gelungen. Vielmehr hat gerade Friedrich Merz versucht, durch eine Rhetorik der Entschlossenheit die AfD zu übertönen und ihr damit das Wasser abzugraben. Dabei zeigen Analysen, dass über einen längeren Zeitraum die Angst vor einem Erstarken der AfD sowie vor einer Zunahme von Fremdenfeindlichkeit und Rechtsextremismus im Vergleich zur Zuwanderung als deutlich größere Bedrohungen wahrgenommen werden (Hirndorf 2024). Also thematisieren: ja; Lösungsvorschläge unterbreiten und Probleme nicht kleinreden: auch ja. Sich rechtspopulistischer Sprache oder Programmatik anzudienen, stärkt hingegen zumeist – so die klare Mehrheit der Forschung – das »Original« (vgl. statt vieler Abou-Chadi 2025).

Die Debatte wurde durch die Konzentration auf Einzelfragen wie die der Zurückweisung oder auch der Grenzkontrollen zu einer Scheindebatte. Als würde sich allein damit eine komplexe politische Herausforderung der Migration beantworten lassen. Die Komplexität der Debatte stand – wie so oft und im Wahlkampf wie unter einem Brennglas beobachtbar – in keinem guten Verhältnis zur Komplexität der Dinge. Eine Folge: Diejenigen, die teils konträr zu früheren Positionierungen auftraten, namentlich die Union in der Brandmauer-Frage, aber auch zum Beispiel eine SPD-Innenministerin, die auf einmal für eine Grenzpolitik stand, die ein Horst Seehofer gegen Angela Merkel nie durchsetzen konnte, verloren oder gewannen am Wahltag nur wenig hinzu. Gleiches gilt für die Grünen, deren an sich migrationsfreundliche Haltung nach der Präsentation von Robert Habecks »10-Punkte-Plan« (Habeck 2025) kaum noch kenntlich war.

Es geht dabei um mehr als nur Glaubwürdigkeit: Es geht um die Frage, ob Debatten erkennbar geführt werden mit dem Ziel, zu Ergebnissen zu kommen oder aber kurzfristige politische Geländegewinne zu erzielen. Man könnte es als gutes Zeichen einer mündigen Demokratie betrachten: Eine kluge Wählerschaft erkennt das Spiel und ist verstimmt. Die schlechte Nachricht: Zu unserer erwachsen gewordenen bundesdeutschen Demokratie gehört auch, dass sich so viele Wähler_innen wie nie zuvor dann einer Alternative zuwenden, die gar nicht erst den Versuch unternimmt, konstruktiv Politikangebote zu machen und im demokratischen Wettbewerb um das beste Ergebnis zu ringen. Die Tatsache, dass den meisten Wähler_innen extrem rechter Parteien dies durchaus bewusst ist, ist das eigentliche Drama (vgl. Infratest Dimap 2023). Es dokumentiert den Vertrauensverlust in die Kraft und die Problemlösungsfähigkeit demokratischer Politik, der inzwischen weit in die Wählerschaften der demokratischen Parteien hineinragt (vgl. Forsa 2025; Best et al. 2023).

Der politische Leerverkauf, mit dem Friedrich Merz und die Union vor allem Stärke in der Migrationspolitik demonstrieren wollten, ging einher mit einem anderen großen Manko des Wahlkampfes: dass zentrale Fragen, die nur wenige Tage nach der Wahl in ihrer Offensichtlichkeit nicht mehr zu ignorieren waren, wenig bis gar nicht diskutiert wurden. Dazu zählt die zentrale Frage, wie handlungsfähig der Staat ist und welche finanziellen Ressourcen dafür mobilisiert werden müssen. Eng damit verbunden war spätestens seit dem erneuten Wahlsieg Donald Trumps (und somit exakt seit dem ersten Tag des Wahlkampfes mit dem Bruch der Ampel am 6. November 2024) die Frage, was es bedeutet, wenn – wie Altkanzlerin Angela Merkel schon

2017 diagnostizierte – »die Zeiten, in denen wir uns auf andere völlig verlassen konnten, ein Stück weit vorbei« sind (Merkel 2017).

Der Wahlkampf versprach also einerseits etwas, was so nicht zu halten sein wird: eine kompromisslose Entschlossenheit, die seit Jahren hochkomplexe Migrationsfrage an Tag eins aus dem Kanzleramt heraus mit unmittelbar sichtbaren Erfolgen zu lösen. Andererseits fehlte die Auseinandersetzung mit der zentralen Frage der Staatsfinanzierung. Das Land fand sich kurz nach der Wahl in einer absurden Situation: Sollte man gerade die Union für ihre schnelle Lernkurve loben, sich dem Drängenden und Notwendigen zu beugen und einer massiven Lockerung der Schuldenpolitik zuzustimmen? Oder wog schwerer, dass die führende Partei der künftigen Regierung Politik entgegen ihren Wahlversprechen machte? Nicht nur im Wahlkampf müssen politische Debatten stärker die zeitliche Verzögerung zwischen Debatten, daraus folgenden politischen Entscheidungen und ihren Wirkungen thematisieren. Es geht darum, dass Vertrauen darauf aufgebaut werden muss, dass Entscheidungen perspektivisch wirken – sei es in der Summe einzelner Entscheidungen, sei es, weil Maßnahmen in Umsetzung und Wirkung Zeit benötigen. Mit der selbst gelegten Messlatte sofortiger Erfolge ist hingegen auch hier die Gefahr groß, in den Debattenlagen des Landes den Falschen in die Hände zu spielen. Denn wie würde die Debatte aussehen, wenn die Erfolge nicht sofort, aber innerhalb weniger Monate sichtbar würden? Man kann daran zweifeln, ob die Akteure dann noch die Diskurshoheit hätten, die so wichtig dafür ist, ob sie von Erfolgen auch politisch profitieren können. In vielen Themenfeldern, allen voran beim Klimaschutz, ist zu beobachten, dass Angstszenarien im Sinne von Verzicht, Verlust und Befürchtungen eine größere Vorstellungskraft im Jetzt entwickeln als Positivszenarien Geduld für weit in der Zukunft liegende Lösungen (etwa das Ziel Klimaneutralität 2045). Das zu ändern und dafür zu werben, ist eine vordringliche Aufgabe aktueller Politik.

Man kann es nicht schöner reden, als es ist: Die deutsche Demokratie ist alles andere als gut in die zweite Hälfte der 20er Jahre gestartet. Der Vertrauensverlust ist atmosphärisch zu spüren und demoskopisch messbar. Das liegt begründet im unrühmlichen Ende der Ampel-Koalition ebenso wie am Wahlkampf und den ersten Schritten auf dem Weg hin zu einer neuen Regierung. Gerade bei der Ampel wird dies auf den nicht enden wollenden und am Ende Nerven zerrenden Streit zurückgeführt. Dabei ist den Bürger_innen sehr wohl bewusst, dass drei so unterschiedliche Partner kaum konfliktfrei miteinander arbeiten können. Das Problem war daher wohl meistens nicht der Dissens in der Sache, sondern die Art der Aushandlung: Streit, der vor allem der eigenen Profilierung diente und nicht zu Lösungen führte oder aber gefundene Lösungen, die kurze Zeit später bereits wieder von jenen, die diese Kompromisse gefunden hatten, in Frage gestellt wurden (vgl. Reuschenbach 2025). Die schlimmste Spielart solcher defekten Debatten: Streit zum Selbstzweck. Getrieben von der Befürchtung, nicht ausreichend unterscheidbar zu sein, geplagt von der Ratlosigkeit, warum trotz aller Mühe Populismus und Extremismus nicht eindämmbar zu sein scheinen, bisweilen gefordert, weil die zynischen Medienlogiken unserer Gegenwart allzu oft mit der Aussage »Einigkeit ist keine Neuigkeit« (Sturm 2024) beschrieben werden können.

Wenn wir jetzt – vor der Drohkulisse eines weiteren Aufstiegs des Populismus und demokratiefeindlicher Kräfte – »alles richtig« machen wollen, wird es angesichts all dessen vor allem darauf ankommen, einen guten Modus zu finden, wie wir gesellschaftliche Konflikte miteinander aushandeln. Dieser Anspruch richtet sich an die Politik, aber er richtet sich auch an jene, die Politik begleiten, beraten oder über sie berichten und schlussendlich an uns alle. Was das konkret bedeutet, wollen wir in den folgenden fünf Thesen umreißen:

Erstens: Weniger wichtig als Entschlossenheit ist Verlässlichkeit. Gerade auch im jüngsten Bundestagswahlkampf hat sich gezeigt, dass Politik auf die Unsicherheiten unserer Zeit mit Signalen der Stärke, der Klarheit und der Entschlossenheit reagiert hat. Es mag sein, dass der Wahlsieg eines Donald Trump, aber auch die Milei'sche Kettensäge-Rhetorik, das Versprechen also, schnell und im Zweifel per Dekret die Dinge zu regeln, manche deutschen Protagonist_innen verleitet hat, ähnliche Angebote zu machen. Dem steht allerdings nicht nur die deutsche Verfassung entgegen, die eine solche Machtfülle nicht vorsieht. Es widerspricht auch der politischen Kultur dieses Landes, durchzuregieren. Entschlossenheit wirkt dann, wenn sie durch reale Handlungsoptionen hinterlegt ist. Sie schadet, wenn sie ein leeres Versprechen bleibt – und zwar unabhängig davon, ob bewusst irreführend oder aus politischer Naivität heraus. Die bessere Antwort auf die Krisenhaftigkeit unserer Zeit und die damit einhergehenden Unsicherheiten ist Verlässlichkeit. Anders gesagt: Politisch Handelnde werden Vertrauen in die Demokratie eher stärken, wenn sie sich nicht ständig selbst korrigieren (müssen), weil Antworten und Versprechungen aus der Stimmung heraus nicht haltbar sind, sondern wenn sie an einer reflektierten Fehlerkultur arbeiten (vgl. Reuschenbach/Frenzel 2024: 46 ff., 227 ff.)

Zweitens: Gesellschaftlicher Zusammenhalt ist loser – darauf darf man nicht appellativ mit noch mehr Wunsch und Aufforderung zur Einigkeit reagieren, sondern muss um wechselseitigen Perspektivwechsel werben. Was uns als Gesellschaft verbindet, wird kleiner. Diverse Gesellschaften haben naturgemäß weniger Gemeinsamkeiten. Paradoxerweise ist dieses »Problem« Ergebnis der Erfolgsgeschichte der inneren Demokratisierung unserer Gesellschaft. Denn unsere Gesellschaft ist nicht nur diverser geworden (etwa durch Zuwanderung), die Sichtbarkeit einer schon immer vorhandenen Vielfalt ist auch größer geworden. Emanzipationsprozesse haben vielen eine Stimme gegeben, die vorher keine hatten. Enttabuisierungen haben dabei progressiven Charakter, sie haben aber in Deutschland spätestens mit Phänomen wie Pegida und dem flächendeckenden Erfolg der AfD auch anderes dauerhaft sichtbar gemacht, was vorher oft im Verborgenen blieb.

Es gibt in der Reaktion auf diese neue Unübersichtlichkeit das starke Bedürfnis, Bekenntnisse auf Gemeinsames einzufordern, die als unabdingbar erklärt werden, als Grundlage unserer Gesellschaft. Im konservativen Raum führt dies regelmäßig zu Forderungen nach einer »Leitkultur«. In der politischen Linken denkt man eher an Abgrenzungen »gegen rechts«. So wichtig es ist, Grenzen zu ziehen und damit einen demokratischen Grundkonsens zu sichern, so problematisch wird es, wenn Grenzen zu eng gezogen werden oder auch für nicht verhandelbar erklärt werden. Wenn wir Spaltungen und Gräben nicht vertiefen wollen, müssen wir akzeptieren, dass der Konsens manchmal bis zu einer Schmerzgrenze kleiner ist, als wir es uns aus eigener Perspektive wünschen würden. Zugleich werden durch diese Mischung aus Aushalten, Hineinversetzen und Anerkennen Grenzen genau da gezogen, wo sie getragen durch unsere Verfassungsordnung und deren Werte unbedingt gebraucht werden.

Neue Formate könnten hier helfen. Wir sollten dem Trend entgegenwirken, dass junge Menschen sich nach der Schule nicht gut fürs Debattieren und Argumentieren gerüstet sehen (vgl. Vodafone Stiftung 2024). Mehr Debattenformate und -kompetenz – nicht nur in den Schulen – könnten weiterhelfen. Außerdem braucht es mehr Mut zum Perspektivwechsel. Zwei Wochen auch mal jene Medien lesen, die diejenigen konsumieren, die einem selbst politisch eher fernstehen. Mehr Programme, die Alt oder Jung, fernab von Praktika und Co. Möglichkeiten bieten, Einblicke in andere Lebenswelten zu erhalten. Angelehnt an Formate wie »Social Days« oder den Bildungsurlaub könnten »Perspektivtage« oder gar »-wochen« entstehen, die auf das Jahr verteilt Möglichkeiten zur Perspektiverweiterung bieten.

Drittens: Kompromisse sind das A und O. Diese Selbstverständlichkeit bekommt ein neues Gewicht. Denn sowohl gesellschaftlich als auch sehr konkret parlamentarisch gilt, dass wir meist nur noch starke Minderheiten-Positionen, aber nur noch sehr selten klare Mehrheits-Positionen haben. Es sollte in der Politik Teil einer neuen demokratischen Demut sein, sich dessen bewusst zu sein. Kompromisse sind vor diesem Hintergrund nicht »faul« und eine verwässerte Fassung der wahren Lösung, sondern ein Gewinn. Im Unterschied zum Konsens bleiben die unterschiedlichen Positionen bestehen. Diese sichtbar zu machen und zugleich kompromissfähig zu sein, ist heute mehr denn je eine Aufgabe von Politik. Viel zu oft wurde auch in der Politik, gerade in Koalitionen, eine falsche Harmonie vorgegaukelt. Es wäre mitunter ehrlicher, wenn beispielsweise eine Partei in einer Koalition offen benennt, dass sie einer Lösung auch mal aus höheren Stabilitätserwägungen zustimmt. Es ist ohne Frage ein Drahtseilakt: In einer Demokratie müssen unterschiedliche Programmatiken erkennbar sein, gleichzeitig muss deutlich werden, dass Unterschiede nicht unüberbrückbar sind. Und es ist ein mindestens ebenso wichtiger Gedanke, ob Medien und Gesellschaft mit einer solchen neuen Kompromiss-Kultur einen kritisch-konstruktiven Umgang fänden. Helfen würde vermutlich auch, wenn aus den Parteizentralen und Medienhäusern weniger dauerhafte Pulsmessung in Form von situativen Umfragen betrieben würde, die bisweilen dazu führen, dass reflexartig Positionen verändert oder Kompromisse aufgekündigt werden, wo der Blick auf längerfristige Erhebungen die Aufregung minimieren könnte.

Viertens: Medien müssen Politik anders begleiten, wenn wir defekte Debatten reparieren wollen. Auch wenn sie die zentrale Gatekeeper-Rolle erheblich eingebüßt haben, spielen klassische Medien eine zentrale Rolle, wenn wir aus ungesunden Debattenmustern ausbrechen wollen. Denn den Verlockungen, Themen größer zu machen, als sie de facto sind, komplexe Fragen gefährlich vereinfachend zuzuspitzen, verfallen sie immer wieder. Es würde insbesondere dem Hauptstadt-Journalismus guttun, sich mehr in Fachfragen einarbeiten zu müssen und Politik nicht vor allem als Machtpoker und Intrigenstadel zu inszenieren. Ohne Frage, oft ist Politik so und politischer Journalismus lebt auch von der Spannung des Wettbewerbes. Aber zu häufig kriegen »K-Fragen« oder Beobachtungen darüber, wer mit wem kann und wer nicht, mehr, unverhältnismäßig viel Aufmerksamkeit, zulasten der Auseinandersetzung in der Sache. Wirklich drängende Alltagsfragen, um die ja täglich in der Politik gerungen wird: Von Krankenhausreform bis Rentenreform oder Mindestlohn sollte die Berichterstattung nicht allein entlang der Frage laufen, ob darüber wahlweise eine Regierung platzt oder gar nicht erst zustande kommt. Sondern sie muss immer auch im Blick haben, was die Pläne konkret für jede_n Einzelne_n bedeuten. Angesichts einer zunehmend messbaren News Avoidance, also einer bewussten Vermeidung von Nachrichtenkonsum, muss sich auch der Journalismus fragen: Was können wir tun, um Debatten konstruktiver abzubilden – und damit zu führen (vgl. Reuters Institute 2023)?

Fünftens: Wir brauchen Raum für Zweifel. Die Bescheidenheit, davon auszugehen, dass man selbst falsch liegen könnte. »What if we were wrong?«, fragte (sich) der frühere US-Präsident Barack Obama nach dem ersten Wahlsieg Donald Trumps (vgl. Baker 2018).

Wir könnten viele Debatten unserer Zeit entschärfen, indem wir diesen Gedanken verinnerlichen. Wer dem anderen mit der Haltung begegnet, auch er könnte Recht haben, trägt zu einer Abrüstung bei. Gerade die Corona-Zeit hat gezeigt, dass sich viele der Kritiker_innen sehr häufig vor allem an der Sicherheit gestört haben, mit der Entscheidungen begründet wurden. War genug Raum für Zweifel? Für die, die gezweifelt haben? Durch mehr »Absurditätstoleranz« (Fröhlich 2024) – verstanden als Kombination, Nachvollziehbares zu bestätigen und zugleich Unverständlichem zu widersprechen – könnte es uns gelingen, klare Grenzen zu ziehen gegenüber jenen, die durch Miss- und Desinformation wissentlich verunsichern wollen, und zugleich Raum zu geben für Irrationalitäten, Zweifel und Skepsis. Allesamt Dinge, die uns individuell wohlvertraut sind.

Keine Frage: Wohlklingende Appelle allein werden die Debattenkultur und damit die Akzeptanz für die Demokratie nicht reparieren. Und gleichwohl steht am Ende die Einsicht, dass alle Forderungen an bessere Debatten in der Politik, an bessere Berichterstattung über politische Debatten, immer auch ein Appell an uns selbst sind, im Privaten wie im Beruflichen immer wieder daran zu denken, bestmöglich besser zu streiten.

Literatur

Abou-Chadi, Tarik (2025), Aus dem Abseits in die Mitte der Demokratie: Die Normalisierung der radikalen Rechten im Bundestag und ihre Konsequenzen, in: *Verfassungsblog*, https://verfassungsblog.de/aus-dem-abseits-in-die-mitte-der-demokratie/, DOI: 10.59704/443bf09fa9ac2c31.

Baker, Peter (2018), How Trump's Election shook Obama: »What if we were wrong?«, in: *New York Times*, 30.5.2018, https://www.nytimes.com/2018/05/30/us/politics/obama-reaction-trump-election-benjamin-rhodes.html.

Bartels, Larry M. (2023), *Democracy erodes from the top*, Princeton.

Best, Volker; Decker, Frank; Fischer, Sandra; Küppers, Anne (2023), Demokratievertrauen in Krisenzeiten. Wie blicken die Menschen in Deutschland auf Politik, Institutionen und Gesellschaft?, Friedrich-Ebert-Stiftung, Bonn, https://library.fes.de/pdf-files/pbud/20287-20230505.pdf.

Economist Intelligence Unit (2024), EIU Report Democracy-Index, https://www.eiu.com/n/campaigns/democracy-index-2024/.

Forsa (2025), Trendbarometer, April 2025, https://de.statista.com/statistik/daten/studie/13080/umfrage/beurteilung-der-problemloesungskompetenz-der-parteien/.

Fröhlich, Paulina (2024), Post bei X, 5.5.2024, https://x.com/PaulinaFrohlich/status/1787044810353729787.

Habeck, Robert (2025), 10-Punkte-Plan für mehr Sicherheit, zitiert nach ZDF.de, 3.2.2025, https://www.zdf.de/nachrichten/politik/deutschland/habeck-gruene-wahlkampf-sicherheit-100.html.

Hirndorf, Dominik (2024), Wovor sich die Deutschen fürchten, Monitor Wahl- und Sozialforschung der Konrad-Adenauer-Stiftung, https://www.kas.de/documents/d/guest/wovor-sich-die-deutschen-furchten-.

Infratest Dimap (2023), ARD-Deutschlandtrend Sonderausgabe »Wie rechts denkt Deutschland?«, 29.9.2023, https://www.tagesschau.de/inland/deutschlandtrend/deutschlandtrend-extra-afd-100.html.

Merkel, Angela (2017), Rede bei der 17. Jahreskonferenz des Rates für Nachhaltige Entwicklung, 29.5.2017, in: *Bulletin* 60-2, https://www.bundesregierung.de/breg-de/service/newsletter-und-abos/bulletin/rede-von-bundeskanzlerin-dr-angela-merkel-797972.

Merz, Friedrich (2025), Interview mit den ARD-Tagesthemen, 10.1.2025, https://www.tagesschau.de/inland/bundestagswahl/parteien/interview-merz-tagesthemen-100.html.

Reuschenbach, Julia (2025), Wahlkampf in Dauerschleife, in: *Aus Politik und Zeitgeschichte*, (6–7/2025), 43–46.

Reuschenbach, Julia und Frenzel, Korbinian (2024), *Defekte Debatten. Warum wir als Gesellschaft besser streiten müssen*, Berlin.

Reuters Institute (2023), Reuters Digital News Report, https://doi.org/10.21241/ssoar.86851.

Söder, Markus (2025), Pressekonferenz im Anschluss an die CSU-Vorstandssitzung, zitiert nach *Zeit Online* und DPA, 24.2.2025, https://www.zeit.de/news/2025-02/24/soeder-ueber-kuenftige-regierung-letzte-patrone-der-demokratie.

Sturm, Daniel Friedrich (2024), Äußerung im Hertie Stiftung Digital Talk, 18.12.2024, nicht öffentlich verfügbar, Infos unter: https://www.fellows-ghst.de/forum/veranstaltung-digital-talk-trump-triumphiert-scholz-scheitert-was-bede/.

Tooze, Adam (2022), Zeitenwende oder Polykrise? Das Modell Deutschland auf dem Prüfstand, Willy Brandt Lecture, Schriften, H. 36, 13–32, https://willy-brandt.de/wp-content/uploads/bsbs-h36-online.pdf.

V-Dem Institute (2024), V-Dem Report 2024, https://www.v-dem.net/documents/61/v-dem-dr__2025_lowres_v2.pdf.

Vodafone Stiftung (2024), Junge Stimmen, starke Wirkung? Wie Jugendliche Freiheit in unserer Gesellschaft erleben, Düsseldorf, https://www.vodafone-stiftung.de/wp-contenct/uploads/2024/05/VodafoneStiftung-Junge-Stimmen-starke-Wirkung.pdf.

WARUM POLITIK SO OFT VERSAGT: DIE FÜNF FALLEN DER MODERNEN WELT UND WIE MAN IHNEN ENTGEHT*

Von BEN ANSELL

Um zu verstehen, warum Politik scheitert, möchte ich mit einer Geschichte beginnen. Sie steht am Anfang des Abschnitts über Demokratie in meinem Buch »Warum Politik so oft versagt«. Im März 2019 ging ich nach Westminster, gerade als Theresa May zum allerletzten Mal versuchte, ein Brexit-Gesetz zu verabschieden – eines, bei dem das Unterhaus entscheiden würde, auf welchem Wege Großbritannien die Europäische Union verlässt und, ja, ob es die Europäische Union überhaupt verlässt. Denn ein vom Parlament gebilligtes Gesetz brauchte es schon, um den Brexit in Gang zu setzen.

Das war also im März 2019. Die Brexit-Abstimmung selbst lag drei Jahre zurück, das war 2016. Dazwischen hatte es eine Parlamentswahl gegeben, jene, bei der Theresa May im Jahr 2017 zur Premierministerin gewählt wurde. Großbritannien war sich immer noch nicht im Klaren darüber, auf welche Weise es die Europäische Union verlassen wollte. Tatsächlich hatte sich die Lage sogar noch verschlimmert durch jene Wahl, bei der Theresa May ihre Mehrheit verlor. Ohne Mehrheit dazustehen, ist in der britischen Politik eher unüblich. Die Konservative Partei war zwar nur wenige Sitze von einer Mehrheit

---

* Der Beitrag basiert auf einem Vortrag im Rahmen der Ringvorlesung »Freiheit. Gleichheit. Vertrauen. Was unsere Demokratie jetzt braucht« der Friedrich-Ebert-Stiftung an der Universität Bonn am 28. Januar 2025.

entfernt, musste sich aber auf die Democratic Unionist Party (DUP) aus Nordirland stützen, die ihr die Stimmen zum Machterhalt lieferte.

Für das Brexit-Gesetz von Theresa May war das ein großes Problem, denn wenn es ihr nicht gelingen sollte, die DUP zur Zustimmung zu bewegen, würde es kein Gesetz geben. Noch schlimmer für May war, dass die Konservative Partei uneins darüber war, wie der Brexit eigentlich aussehen sollte. Die Tories hatten sich unbändig über das Ergebnis gefreut, das die Abstimmung über den Austritt aus der Europäischen Union gebracht hatte, zeigten aber deutlich weniger Begeisterung, als es darum ging, eine konkrete Austrittsvorstellung zu entwickeln, auf die man sich einigen konnte. May hatte jedoch einen Plan, und der hieß Austritt aus der Zollunion, also aus jenem Handelsabkommen, dem alle Mitglieder der Europäischen Union angehören. Ihre Form des Brexits bedeutete, den Binnenmarkt zu verlassen und die »vier Freiheiten« – freier Warenverkehr, freier Dienstleistungsverkehr, freier Kapitalverkehr und, politisch am wichtigsten, freier Personenverkehr – zu verlieren. Das hieß also, irgendeine Form der vertieften und engagierten Beziehung mit Europa zu finden, die diese Freiheiten nicht einschloss. Es würde ein harter Brexit werden, aber kein superharter. Denn um zwischen Nordirland und Irland die Grenze offenzuhalten, musste May einen Deal aushandeln, bei dem beide, sowohl Nordirland als auch das Vereinigte Königreich, noch für eine lange Zeit Teil der europäischen Zollunion bleiben, zumindest so lange, bis eine bessere Idee gefunden wird.

Das ist der Entwurf, den sie vorgelegt hat. Offiziell würde man Zollunion und Binnenmarkt verlassen. Es sollte ein »Backstop« für Nordirland installiert werden, der die Klärung der Frage, welchen Status Nordirland haben wird, in die Zukunft verschiebt. Doch das Gesetz wurde nicht verabschiedet. Es wurde nicht im ersten Anlauf verabschiedet. Es wurde auch im zweiten Anlauf nicht angenommen. An diesem Punkt stellte der Sprecher des House of Commons klar, dass es nur noch einen weiteren Versuch geben würde. Die Regierung versuchte es zum dritten Mal – und scheiterte wieder. Es gab also ein

Problem. Das Parlament war nicht in der Lage zu entscheiden, wie es mit dem Brexit weitergehen sollte.

Zu diesem Zeitpunkt wurde ich gebeten, mit meinem Kollegen Iain McLean ins Parlament zu kommen. Iain hat ein Buch mit dem Titel »What's Wrong with the British Constitution?« geschrieben. Er weiß alles über britische Politik. Und er weiß auch alles über die Gestaltung von Wahlen.

Und von Wahlen und verschiedenen Wahlsystemen mussten wir unbedingt etwas verstehen. Da die Abgeordneten im normalen parlamentarischen Verfahren offensichtlich nicht über den Austritt aus der Europäischen Union entscheiden konnten – oder besser gesagt, jede Gesetzesvorlage abgelehnt haben –, gab es vielleicht einen anderen Weg, wie sie sich von uns zur Zustimmung bewegen ließen. Es waren zwei Abgeordnete, einer von Labour und ein Konservativer, die uns eingeladen hatten. Sie baten uns in einen Raum. Wir sollten versuchen, einige Regeln aufzustellen, die den Abgeordneten helfen würden, eine Entscheidung zu treffen. Sie konnten keine Entscheidung treffen, wenn sie mit ja oder nein stimmten, und sie sagten immer wieder nein. Also fragten diese Abgeordneten ihre Kollegen: »Was wollt ihr?«

Es gibt viele Möglichkeiten, die Europäische Union zu verlassen. Großbritannien hätte einen Brexit nach norwegischem Vorbild haben können, bei dem es die Zollunion verlassen hätte, aber Teil des Binnenmarktes geblieben wäre. Großbritannien hätte einen Brexit nach türkischem Vorbild haben können, bei dem es Teil der Zollunion geblieben wäre, aber den Binnenmarkt verlassen hätte. Großbritannien hätte versuchen können, einen Brexit nach Schweizer Vorbild zu vollziehen, mit Verhandlungen alle drei Jahre. Großbritannien hätte sogar einen Brexit nach russischem Vorbild haben können, bei dem es auf dem geografischen Kontinent Europa geblieben wäre, aber das war's dann auch schon.

Die Abgeordneten wollten Theresa Mays Deal nicht. Aber es gab viele andere Optionen – und es existieren viele Möglichkeiten, die Haltungen der Menschen zu diesen Optionen in eine Ordnung zu bringen. Wir könnten sie zum Beispiel bitten, ihre Ansichten zu den verschiedenen Brexit-Arten in eine Rangfolge zu bringen. Wollen Sie lieber einen Brexit nur dem Namen nach, bei dem Sie weiterhin Teil des Binnenmarktes und der Zollunion sind? Oder wollen Sie den Binnenmarkt verlassen? Wollen Sie die Zollunion verlassen? Wollen Sie den Deal von Theresa May? Wollen Sie einen No-Deal-Brexit? Bitte ordnen Sie diese Optionen für uns, dann können wir Abstimmungssysteme anwenden, um sie zusammenzufassen.

Ein solches Abstimmungssystem wäre das *alternative Abstimmungssystem*. Nachdem wir die Menschen gebeten haben, ihre Optionen in eine Rangfolge zu bringen, streichen wir zunächst diejenige, die von den wenigsten als erste genannt wurde, heraus. Dann verteilen wir die Stimmen neu und streichen die nächste am wenigsten beliebte Option, bis wir am Ende noch zwei Optionen übrighaben.

Wir könnten auch das sogenannte *Coombs-System* anwenden. Anstatt die am wenigsten beliebte Option herauszunehmen, streicht man zuerst die unbeliebteste. Man nimmt also zuerst diejenige heraus, die von den meisten Menschen als letzte genannt wird, jene, die die Menschen wirklich hassen, und so weiter, bis nur noch eine übrigbleibt, auf die sich die Leute einigen können.

Dabei sind ein paar Dinge zu beachten. Das erste System – die Alternativabstimmung – nimmt Optionen heraus, die niemand liebt. Das zweite System – das Coombs-System – nimmt Optionen heraus, die jeder hasst. Das sind zwei grundverschiedene Wege. Nimmt man die Optionen heraus, die niemand mag, fallen Dinge wie zum Beispiel Mays Gesetzesentwurf heraus, also Kompromisse, und man landet bei extremen Positionen. Folgt man dagegen der Coombs-Regel, nimmt man zuerst die extremen Positionen heraus, die die Menschen am meisten hassen. Dies hat unterschiedliche Effekte auf die Art und Weise, wie die Abstimmung verläuft, und auch auf das wahrscheinliche Wahlergebnis.

Ein anderes Abstimmungssystem – und es war dasjenige, das schließlich angenommen wurde –, kam ohne Rangfolge aus. Beim sogenannten *Zustimmungswahlsystem* ist für jede Option ein Kästchen vorgesehen, und die Abgeordneten werden aufgefordert, die Optionen anzukreuzen, mit denen sie leben können.

Iain und ich haben den Abgeordneten diese verschiedenen Optionen vorgelegt. Unser Problem, das auch die Abgeordneten sehr schnell erkannten, war, dass jede der Wahlmöglichkeiten klar zu einem anderen wahrscheinlichen Ergebnis führen würde. Bei der Alternativwahl werden zuerst die Dinge beseitigt, die niemand liebt, während beim Coombs-System die Dinge beseitigt werden, die jeder hasst. Manchmal hat man ein Wahlsystem, das Kompromisse ermöglicht, andere begünstigen Extreme.

Die Abgeordneten sind schlau. Sie werden sich diese verschiedenen Regeln ansehen und fragen, ob sie zwischen den Regeln wählen können. Nun hatten wir ein neues Problem. Ursprünglich war es so, dass sich die Abgeordneten nicht auf ein Ergebnis, das sie wollten, einigen konnten. Jetzt konnten sie sich nicht auf die Art und Weise einigen, die Ergebnisse zu ermitteln, weil jede Möglichkeit vorhersehbar zu anderen Ergebnissen führt.

Und noch ein Problem zeigte sich bei den Abgeordneten. Sie lügen. Sie könnten sogar innerhalb eines bestimmten Wahlsystems darüber lügen, was sie eigentlich wollen. Die Abgeordneten können ihre eigenen Prioritäten ändern, um das System zu überlisten. Das sähe dann so aus, dass einer sagt: »Ich könnte ja leben mit diesem Kompromissergebnis, aber ich will eigentlich ein anderes, und ich glaube, dass es wahrscheinlicher ist, dass mein Ergebnis kommt, wenn ich jetzt lüge und den Kompromiss ablehne.« Und leider ist es genau das, was die Abgeordneten getan haben.

Als letzte Entscheidungsregel wurde die Zustimmungswahl befürwortet, bei der die Abgeordneten lediglich gebeten wurden, durch Ankreuzen zu bestätigen, mit welchen Optionen sie leben könnten: ein neues Referendum, Verbleib in der Zollunion, Verbleib im Binnenmarkt und in der Zollunion, vollständiger Widerruf des Brexits, Austritt aus der EU ohne Abkommen, Beitritt zur EFTA. Aber egal, wie wir es machten – immer war die Zahl derer, die den Brexit ablehnten, größer als die Zahl derjenigen, die ihn befürworteten. Die Abgeordneten konnten sich auf keine der Optionen einigen.

Noch schlimmer war, dass die Abgeordneten so taten, als würden sie Optionen, die sie in Wirklichkeit befürworten, ablehnen. Die Schottische Nationalpartei und die Liberaldemokratische Partei zum Beispiel wollten ein neues Referendum, enthielten sich aber der Stimme, als es im Parlament um den Verbleib in der Zollunion ging. Dabei hätten sie den Verbleib in der Zollunion ganz sicher Boris Johnsons hartem Brexit, der dann ja kam, vorgezogen. Aber während der Abstimmung in Westminster taten alle so, als ob sie die Zollunion nicht wirklich wollten. Hätten sie anders gestimmt und sich der Stimme nicht enthalten, wäre die Abstimmung anders ausgegangen und Großbritannien wahrscheinlich in der Zollunion geblieben.

Aber die Abgeordneten haben versucht, zu schlau zu sein. Selbst in einem wirklich simplen System stellten sie ihre Präferenzen falsch dar. Sie taten das, was sie individuell zwar für rational hielten, was aber insgesamt zu einem suboptimalen Ergebnis für Großbritannien führte: Es wurde nämlich überhaupt keine Option gewählt. Das Parlament hatte neue Befugnisse erhalten, die es zuvor nie besaß, um allein, ohne die Regierung, eine Entscheidung zu treffen – und es entschied sich für nichts. Es entschied sich für Chaos.

Ich verwende dieses Beispiel in »Warum Politik so oft versagt«, um zu zeigen, dass Menschen wirklich schlau sind. Genau das ist das Problem. Menschen versuchen, Systeme zu ihrem eigenen Vorteil zu manipulieren, nicht weil sie bösartig sind, sondern weil sie ein Eigeninteresse haben, wie die meisten von uns. Es ist schwer, Politiker davon zu überzeugen, bei Wahlen nicht strategisch vorzugehen. Das stellt ein grundsätzliches Problem der politischen Arbeit dar. Es ist extrem schwer, nicht eigennützig zu handeln. Tatsächlich haben wir sogar häufig das Nachsehen, wenn wir nicht eigennützig handeln, alle anderen es aber tun. Doch letzten Endes führen die Verhaltensweisen der Einzelnen zu Entscheidungen, die der Allgemeinheit schaden.

Bei der Brexit-Abstimmung haben alle rational gehandelt – oder zumindest dachten alle, sie würden es tun. Doch das kollektive Ergebnis war für niemanden zufriedenstellend. Dieses Verhalten hat nichts mit fehlender Moral zu tun, sondern schlicht mit Eigennutz. Und der ist universell. Die Herausforderung für die Politik besteht darin, Eigeninteressen so zu lenken, dass sie der Allgemeinheit dienen. Das ist besonders für linke Parteien herausfordernd, denn der Anspruch, eine Politik zu betreiben, die von gesamtgesellschaftlichem Nutzen ist, ist bei ihnen viel stärker ausgeprägt als bei rechten Parteien.

Probleme des kollektiven Handelns, wie Sozialwissenschaftler dies nennen, sind allgegenwärtig und bestehen im Wesentlichen darin, dass individuelle Eigeninteressen kollektive Ziele untergraben. Wir haben bei den britischen Abgeordneten gesehen, dass sie falsche Angaben zu ihren Überzeugungen machten. Aber sowas passiert uns allen, vor allem dann, wenn wir uns unbeobachtet fühlen. Wenn wir nicht beobachtet oder bestraft werden können, unterliegen wir alle einem Anreiz, uns auf irgendeine Weise falsch zu verhalten. Bei den Steuern machen die Leute falsche Angaben darüber, wie viel sie verdient haben; in manchen Ländern zahlen sie gar keine Steuern. Bei der Arbeit sind wir nachlässig. Das sind ganz normale menschliche Verhaltensweisen – wir können sie als unmoralisch geißeln, müssen aber akzeptieren, dass es sie gibt, und versuchen, Institutionen zu schaffen, die sie einhegen.

In der Politik sind die Probleme kollektiven Handelns am größten. Individuelle Anreize zu täuschen, zu betrügen und nachlässig zu sein, gibt es auch im Wirtschaftsleben und im Rechtswesen. Aber in der Welt der Wirtschaft und des Rechts gibt es Verträge, die durchgesetzt werden können. Man entwirft einen Vertrag, um zu verhindern, dass jemand betrügt oder falsche Angaben macht. Und wer gegen den Vertrag verstößt, kann vor Gericht belangt werden.

Die meisten politischen Entscheidungen können aber vor Gericht nicht durchgesetzt werden. Wenn Friedrich Merz im nächsten Bundestagswahlkampf verspricht, dass jeder in Deutschland kostenloses Breitband-Internet bekommt, und das dann nicht einhält, können Sie als Wähler Friedrich Merz deshalb nicht verklagen. Sie könnten das örtliche Telekommunikationsunternehmen verklagen, wenn Sie für Breitband bezahlt haben und nicht geliefert bekommen. Aber ein politisches Versprechen ist nur ein Versprechen. Mehr nicht.

Ein anderes Beispiel ist, sich vorzustellen, was passierte, wenn Russland beschließen sollte, in Lettland, Litauen oder Estland einzumarschieren und die Vereinigten Staaten unter Präsident Trump beschließen, sich an Artikel 5 des NATO-Vertrags nicht zu halten. Sie weigern sich einfach, die baltischen Länder zu verteidigen. Und dann? Können Litauen, Lettland und Estland die Vereinigten Staaten verklagen? Können sie Beistand vor Gericht erwirken? Nicht wirklich. Es gibt kein NATO-Gericht, das die Vereinigten Staaten zwingen könnte, sich an den Vertrag, den sie unterzeichnet haben, zu halten. Entweder sie tun es oder sie tun es nicht. Wir haben eine Institution namens NATO mit vielen Regeln und Gesetzen geschaffen, aber letztlich kann niemand die Vereinigten Staaten zwingen, die Bündnisländer zu verteidigen. Für mich ist es das Kernproblem des politischen Lebens, dass man politische Verträge nicht durchsetzen kann.

Ein weiteres aktuelles Beispiel ist die Ampel-Koalition in Deutschland und was zwischen FDP und SPD passiert ist. Sie können niemanden zwingen, in einer Koalition zu bleiben. Man kann die andere Seite nicht auf Einhaltung des Koalitionsvertrags verklagen, wenn sie die Koalition sprengen will oder gesprengt hat. Das unterscheidet die Politik von anderen Gesellschaftsbereichen, denn es gibt keinen Richter, keine Geschworenen und keinen Henker, der uns zwingt, etwas zu tun. Politik operiert in diesem Schatten der Ungewissheit.

In »Warum Politik so oft versagt« vertrete ich die Auffassung, dass es in der Politik darum geht, einander zu versprechen, gemeinsam etwas zu tun, das über unseren Eigennutz hinausgeht. Wir erkennen an, dass wir eigene Interessen haben. Aber wenn wir kollektive Ziele erreichen wollen, müssen wir uns damit in gewisser Weise zurückhalten. Aus diesem Grund geben wir Versprechen ab. Aber sie sind sehr unbeständig, zerbrechlich, flüchtig. Sie sind wie Spinnennetze. Es scheint, als würden sie die Dinge zusammenhalten, aber sie lassen sich sehr leicht zerreißen.

Menschen sind immer unterschiedlicher Meinung, und wir werden immer versuchen, das zu erreichen, was für uns individuell am besten ist, auch wenn wir das nie zugeben würden. Jetzt geht es darum, einen Weg zu finden, wie wir in einer Welt, in der wir oft uneins sind und Anreize haben, ein Versprechen zu brechen, dennoch gegenseitig gegebene Versprechen durchsetzen können, ohne ein Gericht zu haben, das uns dabei behilflich ist. Wir müssen die Durchsetzung selbst in die Hand nehmen.

Das ist genau das, was politische Institutionen tun. Sie sind in Stein gemeißelte Versprechen, vergangene Versprechen, die wir vor langer Zeit gegeben haben, im Zusammenhang mit Regeln oder Gebäuden wie dem »Europäischen Gerichtshof«. Wir haben Regeln aufgestellt, die zu befolgen sind. Aber oftmals halten Länder sich nicht daran. Man kann den Europäischen Gerichtshof verlassen, was Großbritannien selbst getan hat. Institutionen dieser Art sind meist nicht in der Lage, Regelverstöße vollständig zu unterbinden, aber sie können dafür sorgen, dass es schwerer wird, die Regeln nicht zu befolgen.

Wir könnten auch versuchen, soziale Verhaltensnormen zu etablieren, die zwar nicht schwarz auf weiß niedergeschrieben sind, aber Verhaltensmuster darstellen, für deren Nichteinhaltung wir uns gegenseitig bestrafen. Das geht vom Händedruck über eine bestimmte Form der Etikette bis hin zum Verzicht auf rassistische Ausdrücke und dahin, Menschen auf der Straße nicht anzuspucken. Manchmal halten uns Gesetze zurück, manchmal schlichte Normen. Verhaltensmuster und Überzeugungen sind schwächer und unverbindlicher als Institutionen, aber sie spielen in der Politik eine Rolle.

In »Warum Politik so oft versagt« habe ich die Stadt Bogotá als Beispiel herangezogen. Der ehemalige Bürgermeister Antanas Mockus brachte die Menschen mit Hilfe von normverstärkenden Maßnahmen dazu, ihr Verhalten zu ändern. Als in Bogotá das Wasser knapp wurde, forderte Mockus die Bewohner auf, nur kurz zu duschen und auf das Baden zu verzichten. Doch die Art und Weise, wie er dies tat, war unkonventionell. In Fernsehspots zog er sich bis auf die Unterwäsche aus und duschte, um zu demonstrieren, dass man dafür nur 30 Sekunden oder eine Minute benötigt. Die Stadt veröffentlichte außerdem, wie viel Wasser in Bogotá täglich für das Duschen verbraucht wurde, um die Menschen zum Mitmachen zu ermutigen.

Es geht aber noch extremer. Der Straßenverkehr in Bogotá war gefährlich und von aggressivem Verhalten geprägt. Mockus' Lösung bestand darin, Pantomimendarsteller einzusetzen, die so taten, als würden sie sterben, sobald ein Auto zu schnell fuhr. Eine Person also, die mitten auf der Straße verrücktspielt, um den Verkehr zu kontrollieren. So wurde jedoch eine Verhaltensnorm etabliert: »Mach keine Dummheiten in deinem Auto, wenn der Mime spielt, er würde sterben.« Das war etwas völlig anderes, als einen Polizisten auf die Straße zu stellen. Es gab keinen Zwang, sondern nur Verhaltensnormen.

»Warum Politik so oft versagt« hat fünf Kapitel, und im Zentrum jedes Kapitels steht eine Art Falle. Die Herausforderung für die Demokratie, die wir bereits im Zusammenhang mit dem britischen Parlament gesehen haben, heißt: »So etwas wie den Willen des Volkes gibt es nicht.« Die Idee des Volkswillens geht auf Jean-Jacques Rousseau zurück, der einen *volonté générale* propagierte, einen allgemeinen Willen, der irgendwo da draußen existiert. Ich denke, dass Meinungsverschiedenheiten stark verbreitet sind und dass der Wirtschaftswissenschaftler Kenneth Arrow Recht hatte: Es ist tatsächlich unmöglich, eine gesellschaftliche Einigung zu erzielen, wenn die Menschen in grundsätzlichen Fragen nicht übereinstimmen.

Wenn wir uns uneinig sind, was meiner Ansicht nach oft der Fall ist, ist es ziemlich sinnlos, von einem Volkswillen zu sprechen. Stellen wir uns aber einmal vor, was passieren würde, wenn man versuchte, den Willen des Volkes vollständig durchzusetzen. In »Warum Politik so oft versagt« gibt es dazu ein interessantes Beispiel: das polnisch-litauische Parlament im 17. und 18. Jahrhundert, den Sejm. Polen-Litauen existiert heute nicht mehr als Republik, weil Polen Ende des 18. Jahrhunderts von Preußen und Russland geteilt wurde. Wie kam es dazu? Einer der Gründe war das sogenannte Liberum Veto, lateinisch für »freies Veto«, ein faszinierendes Einspruchsrecht des Parlaments. Das Liberum Veto erlaubte es den Abgeordneten, die Hand zu heben, ihr Liberum Veto einzulegen und jede parlamentarische Debatte zu beenden – eine Option mit verheerenden Folgen für die polnische Gesetzgebung im 17. Jahrhundert. Dies ähnelt in gewisser Weise dem Filibuster im US-Senat, wo Senatoren und Senatorinnen das Recht haben, so lange zu reden, wie sie wollen — und egal zu welchem Thema –, um Entscheidungsprozesse zu verzögern oder zu verhindern. Aber beim Filibuster musste man oft die ganze Nacht über reden und stehen, was Kraft kostete. Das Liberum Veto war viel leichter anzuwenden und machte es praktisch unmöglich, etwas zu erreichen, wenn dafür alle zustimmen mussten. Ende des 18. Jahrhunderts wurden Parlamentarier sogar manchmal von den Preußen und den Russen dafür bezahlt, ihr Liberum Veto auszuüben, wodurch es für Polen enorm schwierig wurde, sich gegen preußische oder russische Interessen zu verteidigen. Das war eine Schwachstelle, ein Fehler im System und ein eindrucksvolles Beispiel, um zu zeigen, was geschieht, wenn man jedem ein Vetorecht einräumt.

Im zweiten Teil meines Buchs geht es um *Gleichheit*. Der Gedanke, den ich hier entwickle, lautet, dass sich gleiche Rechte und gleiche Resultate am Ende gegenseitig ausstechen. Das kann man sich am einfachsten so vorstellen: Es ist außerordentlich schwierig, dass alle genau gleich viel Geld verdienen, ohne die Menschen in irgendeiner Weise dazu zu zwingen. Das wäre zum Beispiel durch eine Kollektivierung stalinistischer Art möglich, die aber eindeutig keine Weltsicht ist, der es um gleiche Rechte geht. Es gibt Wege, beide Arten von Gleichheit zu erreichen. Der politische Theoretiker Gerry Cohen formulierte die Idee des egalitären Ethos: Wenn es uns gelingen würde, alle Menschen unabhängig von ihrer Leistung oder Produktivität vom Egalitarismus zu überzeugen, könnten wir sie tun lassen, was sie wollen – sie hätten die gleichen Rechte und würden die gleichen Resultate erzielen. Aber das ist kaum erreichbar! Wenn wir allen die gleichen wirtschaftlichen Freiheiten geben, können wir natürlich nicht auf gleiche Ergebnisse hoffen. Sozialdemokrat_innen und liberale Demokrat_innen versuchen oft, Kompromisse entlang genau dieser Grenze zu verhandeln.

Die schlechte Nachricht ist, dass auch ungleiche Rechte mit ungleichen Ergebnissen zusammengehen. Leider sieht ein Großteil der Welt genau so aus. Aber beides zur gleichen Zeit vorzufinden, ist sehr schwierig. In dem Buch, von dem ich sprach, geht es um einige der Herausforderungen, denen sich Schweden mit seinen berühmten Pensionsfonds gegenübersah: Die Arbeitnehmer_innen erhielten Stimmrechte in den Aufsichtsräten und Beteiligungen an den Unternehmen. Das führte zu großem Widerstand. Hunderttausende protestierten in Stockholm gegen den Sozialismus.

Im dritten Teil meines Buchs geht es um *Solidarität*. Hier steht die Frage im Mittelpunkt, wie wir Sozialversicherungssysteme schaffen können, mit denen alle einverstanden sind. Wie können wir solidarische Wege finden, um füreinander zu sorgen, wenn wir eigentlich nur eine Versicherung wollen, die da ist, wenn wir sie brauchen? Alle waren schon einmal in der Situation: Das Fahrrad wurde gestohlen und wir wünschten uns, vorher eine Hausratversicherung abgeschlossen zu haben; wir haben unser Auto zu Schrott gefahren und wünschten, wir hätten nicht diese billige Versicherung abgeschlossen; unsere Koffer gehen verloren und wir wünschten, eine Reisegepäckversicherung zu haben. Das Gleiche gilt für die Sozialversicherung. Ein Beispiel ist der *Affordable Care Act* von 2010, besser bekannt als *Obamacare*. Es gibt zahlreiche Gründe dafür, warum Obamacare dort so schwer durchzusetzen war. Doch die zentrale Herausforderung bestand in der Idee des Mandats.

Dieses Mandat war ein Grundsatz, der vorsah, dass jeder, der keine Krankenversicherung besaß, über seine Steuern eine Strafe zahlen sollte. Mit anderen Worten: Man musste eine Krankenversicherung abschließen und durfte sich nicht auf andere Leute verlassen oder darauf hoffen, im Notfall behandelt zu werden. Diese Regelung war umstritten, weil junge, gesunde Menschen nicht bereit waren, für eine Versicherung zu zahlen, die sie ihrer Meinung nach nicht benötigten. Tatsächlich erklärte der Oberste Gerichtshof der USA diesen Teil von Obamacare für verfassungswidrig, und heute gibt es ihn nicht mehr.

Im vierten Teil des Buches geht es um *Sicherheit*, womit ich den Ausgleich oder Mittelweg zwischen Anarchie – ohne jede Kontrolle über das, was jeder von uns tut – und Tyrannei – mit zu viel Kontrolle – meine. Hier haben wir es mit dem »Wer-bewacht-die-Wächter?«-Problem zu tun. Ein klassisches Beispiel dafür war die COVID-Pandemie, bei der die westlichen Staaten herausfinden mussten, wie sie die Bürger_innen in ihren Häusern einschließen konnten, zumindest am Anfang, für 23 Stunden am Tag. Wir alle haben erlebt, wie die Polizei herumfuhr und Leute verhaftete, die mit einem Freund spazieren gingen oder am See einen Kaffee tranken. Das war ziemlich tyrannisch. Aber schnell haben wir uns alle daran gewöhnt.

In China, dem Ursprungsland von COVID, waren die Spannungen noch größer. Menschen wurden in verplombten Wohnungen eingeschlossen. Als die Bevölkerung in China schließlich wieder nach draußen durfte, mussten die Behörden ein neues System einführen, um jegliche Anarchie zu verhindern. Sie gingen von Ausgangssperren zu Strichcodes über – die Menschen hatten kleine Strichcodes auf ihren Handys, die sie der Polizei zeigen mussten. Grün bedeutete, dass es einem gut ging. Gelb bedeutete, dass man kürzlich in der Nähe einer Person mit COVID gewesen war. Rot bedeutete, dass man wahrscheinlich das Haus nicht hätte verlassen sollen. Andere Länder oder Orte haben sich hingegen für die Anarchie entschieden, so wie South Dakota, wo mitten in der Pandemie die *Sturgis Motorcycle Rally* mit einer Million Menschen stattfand, was sehr hohe Sterberaten zur Folge hatte.

Und schließlich gibt es noch den *Wohlstand*. Die Idee von Wohlstand besteht darin, dass wir, um morgen reicher zu werden, heute Kosten in Kauf nehmen müssen. Wenn ich studiere, nehme ich die monetären sowie die Opportunitätskosten auf mich, um jahrelang an einer Universität zu sitzen und hoffentlich in Zukunft mehr Geld zu verdienen. Darin liegt der Sinn einer Investition. Insgesamt kann das aber ziemlich herausfordernd sein, wie sich beim Klimawandel feststellen lässt: Wir müssen jetzt die Emissionen senken, um in Zukunft – und möglicherweise nicht einmal in unserer eigenen, sondern in der Zukunft unserer Kinder und Enkel – eine Welt zu haben, die nicht viel wärmer ist als unsere heutige. Das ist eine Wohlstandsherausforderung aus der Hölle.

Ein anderes Beispiel kommt aus dem Vereinigten Königreich: Dort wird seit Jahrzehnten ein Hochgeschwindigkeits-Eisenbahnnetz namens High Speed 2 entwickelt. Premierminister Rishi Sunak hatte es jedoch aufgegeben, weil die Kosten immer weiter stiegen und der zu erwartende Nutzen weit in der Zukunft lag. Statt eines Hochgeschwindigkeitszuges von London nach Manchester und Leeds gibt es jetzt eine Hochgeschwindigkeitsstrecke von Old Oak Common, etwa 10 Meilen westlich von Central London, nach Birmingham.

Ein letzter Punkt zum Buch. Es gibt zwei Möglichkeiten, »Warum Politik so oft versagt« zu lesen. Zum einen kann man fragen: Warum ist die Politik so schlecht? Warum scheitert sie? Wir haben es bereits erörtert: weil Eigeninteressen kollektive Ergebnisse untergraben. Es gibt jedoch auch eine anspruchsvollere Antwort auf die Frage, nämlich die, dass wir mit Politik nicht weiterkommen. Noch schlimmer ist, so zu tun, als sei Politik unwichtig oder könne von uns ignoriert werden. Es gibt Publizist_innen und Denker_innen, die die Politik ersetzen wollen. Vielleicht durch einen populistischen Führer, der all den Eliten, die sich gegenseitig bekämpfen, Einhalt gebietet und im Namen der Massen regiert. Andere meinen, das Problem bestehe darin, dass Politiker_innen einfach schlechte, unmoralische Menschen seien: Hätten wir doch nur nette Leute an der Spitze!

Mit beiden Ansichten bin ich grundsätzlich nicht einverstanden. Ich bin überzeugt, dass Menschen immer unterschiedlicher Meinung sein werden. Und das ist auch gut so. Es gibt keine Führungspersönlichkeit, die auf magische Weise für uns alle sprechen kann, weder von links noch von rechts. Auch können wir Politik nicht durch Märkte oder Technologien ersetzen. Die Weltanschauung des Silicon Valley geht davon aus, dass es einen Weg gibt, KI zu nutzen, um die Politik loszuwerden und Entscheidungen für uns alle zu treffen. Aber auch KI-Systeme leiden unter Problemen der Abstimmungslogik, und zwar den gleichen, die wir beim Westminster-Beispiel gesehen haben.

Manchmal gibt es einfach keine Möglichkeit, Entscheidungen so zu bündeln, dass alle zufrieden sind. Realität ist hingegen das Chaos der Uneinigkeit, das mit Lichtgeschwindigkeit durch Glasfaserkabel übertragen wird.

Politische Probleme sind grundlegend. Sie können weder durch Technologien noch durch Märkte beseitigt werden. Politik ist für mich ein wenig wie eine Zahnpastatube: Drückt man die Paste an einer Stelle zusammen, kommt sie an einer anderen wieder hoch. Ähnlich verhält es sich, wenn wir versuchen, Politik aus einem Teil unseres Systems zu entfernen. Sie wird an anderer Stelle unweigerlich wieder auftauchen. Denken Sie an das Beispiel von den Abgeordneten und dem Brexit zurück. Wenn wir die Abstimmung für oder gegen einen Gesetzentwurf zu lösen versuchen, indem wir sagen: »Okay, wir machen das, indem wir euch verschiedene Ergebnisse bewerten lassen«, dann sagen die Politik_innen einfach: »Okay, was ist das Beste für mich, wenn ich die Ergebnisse bewerte?« Und die Politik macht einfach weiter. Boris Johnson hat ein paar Monate später die Wahl gewonnen, um den Brexit zu vollziehen. Aber verschwunden ist der Brexit deshalb nicht und ebenso wenig die politischen Meinungsverschiedenheiten über ihn. Sie wurden nicht gelöst, sondern lediglich in eine neue Zone verlagert, in der wir jetzt über Jugendprogramme und Fischereirechte streiten. Es scheint, als würden uns der Brexit und die Politik dahinter noch ewig beschäftigen.

Literatur

Ansell, Ben (2024), *Warum Politik so oft versagt. Und warum das besser wird, wenn wir unseren Egoismus überwinden*, München.

KULTURKAMPFKUNST: WARUM MAN NICHT ÜBER JEDES STÖCKCHEN SPRINGEN SOLLTE*

Von NATASCHA STROBL

Rechtsextreme und autoritäre Bewegungen sind keine isolierten Phänomene, sondern Symptome einer tieferliegenden gesellschaftlichen Dynamik: Sie entstehen als Reaktion auf bestehende Krisen und strukturelle Probleme.

Sozioökonomische Hintergründe

Eine zentrale, oft unterschätzte Ursache für die gegenwärtigen Entwicklungen ist die Finanz- und Wirtschaftskrise von 2008, deren Auswirkungen bis heute spürbar sind. Diese Krise veränderte die Strukturen westlicher Demokratien in fundamentaler Weise. Sie führte zu einer Destabilisierung der Sozialsysteme und beeinflusste das Verhältnis zwischen Bürger_innen und Staat nachhaltig. Besonders drastisch zeigte sich dies in Ländern wie Griechenland, wo in Bezug auf soziale Indikatoren wie Lebenserwartung, Säuglings- und Müttersterblichkeit oder Suizidraten massive Verschlechterungen zu beobachten waren.

Neben diesen sozialen Auswirkungen führte die Finanzkrise aber auch zu einer wirtschaftlichen Machtverschiebung. Jahrzehntelang

---

* Der Beitrag basiert auf einem Vortrag im Rahmen der Ringvorlesung »Freiheit. Gleichheit. Vertrauen. Was unsere Demokratie jetzt braucht« der Friedrich-Ebert-Stiftung an der Universität Bonn am 21. Januar 2025.

dominierte das Finanzkapital und mit ihm Phänomene wie Deregulierung, Globalisierung und Marktintegration. Doch mit dem Zusammenbruch von 2008 gerieten diese Strukturen ins Wanken. Institutionen wie der Internationale Währungsfonds und die Weltbank erkannten die Notwendigkeit regulatorischer Eingriffe, wodurch die bestehenden Geschäftsmodelle unter Druck gerieten. Parallel zu diesen Entwicklungen erstarkte – getrieben durch technologische Innovationen und digitale Märkte – eine neue wirtschaftliche Kraft: das Tech-Kapital. Dieses hat sich in den vergangenen Jahren zur dominierenden wirtschaftlichen und politischen Kraft entwickelt. Aus politischer Sicht ist das insofern relevant, als sich dadurch insbesondere in den USA auch der Wahlkampf verändert hat: Während in den 1970er und 80er Jahren noch Parteien gesponsert wurden, lässt sich seit 2009/10 eine andere politische Linie beobachten: Es wird in erheblichem Umfang Geld in Kulturkampfprojekte investiert. Dies ist unter anderem bei den prominentesten Vertretern des Tech-Kapitals zu beobachten, nämlich David Sacks, Peter Thiel und Elon Musk. Diese Persönlichkeiten haben ihre aus demokratischer Perspektive problematischen politischen Haltungen in Büchern oder über andere Plattformen deutlich gemacht. So lautet die von Thiel vertretene Grundthese, es gebe einen unauflösbaren Konflikt zwischen Freiheit und Demokratie, was impliziert, dass die Demokratie der Freiheit im Wege stünde. Er favorisiert dabei die Freiheit. Während Thiel und Sacks diese Ansichten bereits in frühen Phasen ihrer Karriere äußerten, war bei Musk eine Entwicklung hin zu einer immer radikaleren Haltung zu beobachten. Somit lässt sich konstatieren, dass der schleichende Übergang von einer finanzkapitalistischen zu einer technologisch geprägten Hegemonie nunmehr abgeschlossen ist.

Es stellt sich die Frage, welche Implikationen sich aus diesem Umstand ergeben. Meine These lautet: Die gegenwärtigen autoritären Tendenzen müssen vor dem Hintergrund der genannten sozioökonomischen Verschiebungen betrachtet werden. Denn sie sind nicht so sehr Ausdruck individueller extremistischer Überzeugungen, sondern vielmehr Resultat struktureller Krisen und wirtschaftlicher

Transformationsprozesse. Es ist essenziell, ein tiefgehendes Verständnis dieser Entwicklungen und der weitreichenden Implikationen zu entwickeln, die sie für politische Entscheidungsprozesse und gesellschaftliche Machtverhältnisse hatten. Nur so lassen sich die aktuellen politischen Entwicklungen einordnen und angemessene Gegenstrategien entwickeln.

Die derzeitige Krise der Demokratie

Die aktuelle Weltlage wird derzeit oft mit dem Wort »Polykrise« beschrieben: Neben Pandemie und Kriegen steht dabei die Klimakrise im Zentrum. Diese ist keine rein ökologische, sondern auch und vor allem eine soziale Krise. Die Liste ist lang. Zu nennen sind beispielsweise der Zugang zum Gesundheitssystem, aber auch Themen wie Energiearmut, Lebensmittelarmut und Inflation. Alle diese Aspekte zusammengenommen machen die Klimakrise bzw. deren Folgen zu einer demokratischen Krise. Denn in einer voll durchschlagenden Klimakrise kann die Demokratie nicht aufrechterhalten werden.

Die demokratische Krise zeigt sich aktuell in einer doppelten Krise der Repräsentation. Der erste Aspekt dieser Krise der Repräsentation besteht in der Tatsache, dass ein signifikanter Anteil der Bevölkerung nicht an den formalpolitischen Prozessen beteiligt sind. Sie sind nicht wahlberechtigt und können auch nicht gewählt werden. Für die Stadt Wien zum Beispiel beläuft sich der Anteil der Wohnbevölkerung, der von dieser Situation betroffen ist, auf knapp 40 Prozent. Diese Tatsache ist zum einen auf die Migrationsbiografie der Betroffenen zurückzuführen, zum anderen jedoch auch eine Klassenfrage. Dies verdeutlicht, dass die Interessen dieser Gruppe bei Wahlen als irrelevant betrachtet werden. Diese Diskrepanz ist in einer Demokratie als problematisch zu betrachten.

Der zweite Aspekt der Krise der Repräsentation besteht darin, dass viele Wähler_innen kein Vertrauen mehr in die Institutionen des Staates haben. Zwar existieren nach wie vor viele staatliche Institutionen, die in der Bevölkerung ein hohes Maß an Vertrauen genießen.

In Deutschland ist das durch verschiedene Einstellungsstudien sehr gut aufgearbeitet und es zeigt sich ein Trend, dass immer dieselben Institutionen nach wie vor ein sehr hohes Vertrauen genießen, nämlich zum einen die Institutionen der unabhängigen Justiz sowie zum anderen die des Rechtsstaats, insbesondere Polizei und Militär. Denjenigen hingegen, die für die Kontrolle dieser Institutionen sowie für deren rechtliche Regelung zuständig sind, nämlich das Parlament, die Regierung, die Parteien und die Opposition, wird kein Vertrauen entgegengebracht. Dies lässt darauf schließen, dass es zwar keine generelle Skepsis gegenüber dem Staat an sich gibt, aber eine signifikante Vertrauenskrise in Bezug auf die Repräsentativität politischer Institutionen.

Der Verlust globaler Hegemonie

Die verschiedenen unter dem Begriff »Polykrise« zusammengefassten Krisen sind nicht isoliert voneinander, sondern interagieren – und zwar in einer Weise, die in eine neue Ära führt, die durch eine Zäsur charakterisiert ist: den Verlust an globaler Hegemonie. Unter dem Begriff »Hegemonie« sind hierbei die gesellschaftlichen Normen und Konventionen zu verstehen, die wir als selbstverständlich erachten bzw. die als gegeben hingenommen werden und die wir aus Gewohnheit ausführen, ohne sie zu hinterfragen oder zu reflektieren. So verstanden kann Hegemonie als konstitutives Element einer Gesellschaft betrachtet werden.

In den vergangenen Jahrzehnten wurde in Deutschland eine Nachkriegshegemonie gelebt, deren politisches System darauf ausgerichtet war, in einem kapitalistischen Wirtschaftssystem, das auf Ungleichheit beruht, Gleichheit herzustellen. Dem deutschen Nachkriegssozialstaat ist es gelungen, in diesem Spannungsverhältnis eine relativ gute Balance zu halten. Das große Versprechen war, dass es möglich ist, Wohlstand zu erlangen – wenn auch nur in bescheidenem Umfang –, sofern man sich an die vorgegebenen Normen und Werte hält, fleißig ist und entsprechend seinen Möglichkeiten Leistung erbringt. Dieses Wohlstandsversprechen konnte für viele Bürger_innen eingelöst werden, jedoch hat die Gesellschaft in den seither vergangenen 70 Jahren keine Anpassungen an ihrem Verständnis von Wohlstand vorgenommen. Als primäre Wohlstandsmarker gelten weiterhin die monetäre Ausstattung, das Automobil, das Eigenheim und die Urlaubsreise. Für jüngere Generationen ist es jedoch zunehmend schwerer, diese Ziele zu erreichen, was unter anderem auf die Vermögenskonzentration, die Stagnation der Reallöhne und die Umverteilung von unten nach oben zurückzuführen ist. In der Folge kommt es zu einer Erosion bestimmter Bevölkerungsschichten. Damit markiert die Gegenwart einen Wendepunkt in der Geschichte: Das große Versprechen von Wohlstand kann nicht länger erfüllt werden und das Vertrauen in die Integrität der verantwortlichen Institutionen bzw. Personen ist nachhaltig gestört. Viele fühlen sich der Gesellschaft nicht länger zugehörig. Eine aktive Beteiligung wird zunehmend ausgeschlossen.

Diese Entwicklung ist symptomatisch für den gesellschaftlichen Zustand der Gegenwart – und sie ist Teil der Erklärung für den Aufschwung der extremen Rechten, sowohl im Parlament als auch im öffentlichen Diskurs und auf der Straße. Eine Folgeerscheinung der oben genannten Krisen ist der Verlust an Zuspruch, den die hegemonialen Nachkriegsparteien erfahren. Historisch betrachtet waren es in Deutschland zwei Parteien – eine sozialdemokratische und eine konservative –, die die Stabilität der Gesellschaft aufrechterhielten. Dies gelang ihnen, indem sie ihre jeweiligen Vorfeldorganisationen und Wahlergebnisse in der Gesellschaft verankern konnten. Sowohl auf europäischer Ebene als auch in den USA ist aber zu beobachten, dass dies nicht länger funktioniert. Die Konsequenzen sind eine Radikalisierung konservativer Parteien und eine Destabilisierung der Gesellschaft.

Als Kehrseite des Niedergangs des Vertrauens in politische Institutionen und der zunehmenden Diskreditierung von etablierten Parteien in der öffentlichen Wahrnehmung ist die Entwicklung neuer politischer Projekte zu beobachten. In diesem Zusammenhang ist die Bedeutung von Social Media zu betonen. Social Media ist dabei kein Ort, den man besucht oder betritt, sondern eher eine zusätzliche, digitale Realitätsschicht, die zur analogen Realität hinzukommt. Auch in dieser Realitätsschicht ist es möglich, sich auf politischer Ebene zu organisieren. Zuweilen wird zwar behauptet, die hier zu beobachtenden politischen Phänomene würden sich signifikant von ihren analogen Pendants unterscheiden: In der Faschismusforschung werden als Indikatoren für Faschismus unter anderem die Erfahrung von Straßengewalt oder die Präsenz uniformierter Schlägertrupps betrachtet, und beides gebe es nicht. Doch diese Argumentation trügt. Denn die verschiedenen Formen von politischer Gewalt haben sich durch Social Media schlicht von der analogen in die digitale Realität verlagert. Zunehmend formen sich »digitale Schlägertrupps«, die im Internet agieren. Sie selektieren gezielt ihre Opfer, attackieren sie online und verbreiten Hasskommentare. Dies ist dabei nur eine Weise, in der politisch motivierte Gewalt sich in den sozialen Netzwerken manifestiert.

Ich vertrete die Auffassung, dass physische Gewalt als das extremste aller möglichen Vergehen zu betrachten ist. Jedoch ist psychische Gewalt nicht minder gravierend. Diesbezüglich wurden bereits einschlägige Fälle dokumentiert, die die gravierenden Konsequenzen einer derartigen Verhaltensweise verdeutlichen. Die Gewalt ist also längst existent. Dieser wesentliche Aspekt ist bei der Analyse gegenwärtiger autoritärer oder faschistischer Phänomene unbedingt zu berücksichtigen.

Kulturkämpfe

Beginnen wir vor diesem Hintergrund mit der Frage, was unter dem Begriff »Kulturkampf« zu verstehen ist. Ein definitorisches Kennzeichen für Kulturkämpfe ist die Emotionalisierung gesellschaftspolitischer Spaltungslinien. Wichtig ist zu beachten, dass es sich hierbei nicht um reale Spaltungslinien handeln muss. Für die Emotionalisierung reicht es aus, dass diese als real wahrgenommen werden. Doch unabhängig von der Frage, ob real oder fiktiv, in beiden Fällen gilt, dass die aus Kulturkämpfen resultierenden »Wahrheiten« emotional geprägt und subjektiv sind. Argumentiert wird nicht mit Fakten, sondern mit Anekdoten. Fragen danach, ob es sich um reale Ereignisse handelt, ob Behauptungen korrekt oder aus dem Kontext gerissen sind, ob es sich um isolierte Meinungen ohne Widerhall handelt oder tatsächlich eine Debatte stattfindet, lassen sich – wenn sie überhaupt gestellt werden – nicht eindeutig klären.

Ein Beispiel für solche Kulturkämpfe fand in der Pandemie statt. Es wurde ein Bild in Umlauf gebracht, das ein Gebäude mit der Aufschrift »Women's Shelter« (also Frauenhaus) und davor eine Schlange von Menschen mit Masken zeigt. Die ersten beiden Personen in der Schlange sind offensichtlich Männer. Die dritte Person in der Reihe ist eine Frau, deren Gesichtsausdruck eine gewisse Unzufriedenheit erkennen lässt. Die Fakten sind klar, die daraus resultierenden Schlussfolgerungen jedoch fragwürdig. Behauptet wurde, dass es sich bei den beiden Männern um Personen handelt, die sich als Frauen ausgeben, um Zugang zum Frauenhaus zu erhalten. Dies wurde als Anlass für Kritik an den Linken genommen: Deren Identitätspolitik sei für diese Situation verantwortlich. Die Suggestion, die sich in diesem Fall auf die LGBTIQ-trans-queere Agenda bezieht, ist, dass diese als provokativ und störend empfunden wird.

Bei genauerer Recherche zeigte sich jedoch, dass diese Schlussfolgerungen falsch waren. Die auf dem Bild zu sehenden Straßenschilder gaben Aufschluss über die Lokalität: Es handelte sich um das kanadische Toronto. Ich habe die dort ansässige Institution daraufhin kontaktiert. Die Reaktion war zunächst zurückhaltend, doch nach einiger Zeit erfolgte eine Reaktion, die in einem Rückzug der betreffenden Person resultierte. Wie sich herausstellte, hatte die Institution in der Pandemie eine weitere wichtige Funktion inne, nämlich Essen an ihre Nachbarschaft und an bedürftige Personen zu verteilen. Das erklärt, weshalb in der Schlange auch Männer standen.

Dieses Beispiel veranschaulicht die Funktionsweise von Kulturkämpfen. Hier bildete eine reale Begebenheit den Ausgangspunkt.

Kulturkämpfe entbrennen oft aber auch um frei erfundene Geschichten. Faktenchecks sind hier nur bedingt wirksam, da die Reaktion darauf häufig lautet: »Na ja, aber es könnte so sein.« Selbst wenn also objektiv nachgewiesen werden kann, dass die Geschichte nicht der Wahrheit entspricht, wird sie weiterhin subjektiv als wahr oder relevant angenommen. Es wird also nicht gegen Fakten, sondern gegen Gefühle argumentiert.

Zu eruieren ist, welche Gefühle durch Kulturkämpfe bedient werden. Meine These ist, dass es sich um ein Unwohlsein oder Unbehagen handelt und dass die Antwort auf die Frage nach den Ursachen dieser Gefühle in den obigen Ausführungen über den Verlust der Hegemonie und die sozioökonomischen Verschiebungen zu finden ist. Kulturkämpfe entstehen dann, wenn diese Gefühle nicht artikuliert werden können. Dann wird das Unwohlsein, das sich als ein diffuses Unbehagen manifestiert, kanalisiert und als Waffe gegen gesellschaftspolitische Minderheiten und gegen Frauen (die keine Minderheit sind) eingesetzt. So erklärt sich, weshalb Kulturkämpfe in der Regel um die Themen Gender, Antirassismus und Klimaschutz geführt werden. Oft geht es aber auch um buchstäblich kulturelle Unterschiede, was sich anschaulich in den sogenannten »Kulturkampf-Aufregevideos« zeigt. In diesen wird oft eine symbolische Handlung wie das Tragen eines bestimmten Kleidungsstücks – beispielsweise einer »Candy Cane« oder einer Schneeflocke anstelle des Sterns von Bethlehem – oder das Vorhandensein eines spezifischen Dekorationselements als Ausdruck einer kulturellen Verachtung oder Verweigerung interpretiert. Obwohl dies auf den ersten Blick trivial erscheinen mag, sind solche symbolischen Handlungen ein wesentlicher Bestandteil der kulturellen Auseinandersetzungen. Sie sind eng verbunden mit soziopsychologischen Prozessen zur Aufmerksamkeitsregulierung. Die gezielte Nutzung dieser psychologischen Mechanismen ist ein etabliertes Geschäftsmodell: Die Produktion von Videos und Büchern, über die Menschen sich aufregen können und über die Kulturkämpfe entbrennen, generiert Einnahmen. Es lässt sich beobachten, dass Personen, die in diesem Bereich aktiv sind, ein beträchtliches Einkommen erzielen.

Viele Kulturkämpfe basieren auf der Vermutung einer Verschwörung: Es gäbe eine bestimmte Partei, die ein Interesse daran hat, anderen Personen zu schaden. Diese Annahme ist allerdings nicht durch Fakten belegt, sondern beruht auf einer vagen Vermutung. Es handelt sich um eine Art »Anraunen« einer Verschwörung, die nicht weiter begründet werden kann. Oft entbrennen Kulturkämpfe also um Themen, bei denen die Beteiligten das Gefühl haben, sie müssten gegen eine Verschwörung verteidigt werden. Anderen Menschen hingegen erscheinen die in diesem Zusammenhang aufgeworfenen Fragen oft als irrelevant, da sie keine Auswirkungen auf ihr eigenes Leben haben. Während es den einen also egal ist, ob Sushi- und Yoga-Kultur verloren gehen oder Wärmepumpen eingesetzt werden, erheben andere diese Fragen zu Kulturkämpfen.

Auch um verschiedene Aspekte des Weihnachtsfests sind Kulturkämpfe entbrannt. Als erstes Beispiel wäre die Formulierung von Weihnachtsgrüßen zu nennen. In den USA hat sich hierfür der Ausdruck »Happy Holidays« etabliert. Dieser ermöglicht es, jegliche religiösen Bezüge zu vermeiden. Er stellt somit eine pragmatische Lösung dafür dar, dass es in den USA nicht nur verschiedene christliche Glaubensrichtungen gibt, die um Weihnachten herum jeweils eigene Feiertage begehen, sondern dass in dieser Zeit auch viele Feste anderer Religionen stattfinden, beispielsweise Chanukka. In Anbetracht dieser Vielfalt wurde in der offiziellen Sprachregelung der Ausdruck »Happy Holidays« festgelegt, der den Zeitraum zwischen dem 16. November und dem orthodoxen Weihnachtsfest am 6. oder 8. Januar abdeckt. Gegen dieses Vorgehen wurde der Vorwurf erhoben, es sei zu stark säkularisiert und gegen das Christentum gerichtet. Über die letzten zehn Jahre hinweg hat sich in gewissen Kreisen daher ein Trend zur demonstrativen Verwendung von »Merry Christmas« entwickelt, wobei die Verwendung dieses Ausdrucks als eine Art Demonstration gegen das Establishment bzw. als Symbol für einen vermeintlichen Freiheitskampf interpretiert wird. So ergriff Donald Trump während seiner ersten Amtszeit und schon während des Wahlkampfs in seinen Reden demonstrativ das Mikrofon und sprach die Worte »Merry Christmas«, was von einer großen Menge an Zuhörer_innen mit Jubel quittiert wurde. Darüber hinaus veröffentlichte er ein Video mit dem Titel »We brought Christmas back«, zu Deutsch »Wir haben Weihnachten gerettet«. Die Absicht dahinter war es, die Linken zu verärgern.

In Europa lässt sich eine ähnliche Entwicklung beobachten. Österreich nimmt in dieser Hinsicht eine Vorreiterrolle ein. So hat die Stadtregierung Wiens mit Verweis auf muslimische Kinder ein Verbot des Nikolaus in Kindergärten erlassen: Es sei nicht zielführend, wenn ein verkleideter fremder Mann in eine Kinderkrippe kommt und den Kindern erklärt, was sie das ganze Jahr über falsch gemacht haben. Diese Vorgehensweise entspreche nicht den aktuellen pädagogischen Erkenntnissen. In städtischen Kindergärten erhalten die Kinder stattdessen einen Nikolaussack in der Garderobe. Diese Regelung wurde von der ÖVP unter Sebastian Kurz zum Anlass genommen, auf den Kulturkampf um den Nikolaus einzusteigen. Diese Aktion wurde von den Kindergartenkindern als Akt der Absolution betrachtet. Die Stadt Wien hat bekanntgegeben, dass sie ab dem 18. November eine Nikolaus-Demonstration durchführen wird, um zu demonstrieren, dass der Nikolaus zu den Kindern kommt und dass die Stadt umfangreich dekoriert ist. Am 6. Dezember werden zahlreiche Innenpolitikredakteur_innen in österreichischen Kindergärten anwesend sein, um zu überprüfen, ob der Nikolaus tatsächlich in den Einrichtungen erscheint.

In diesem Zusammenhang wird auch die Relevanz des »Krampusses« betont, der ebenfalls Teil der christlichen Tradition sei. Aus einer geisteswissenschaftlichen Perspektive erscheint diese Tradition als fragwürdig, da sie mit unkonventionellem Verhalten und Lärm verbunden ist, was mit einer hohen Wahrscheinlichkeit auf eine nichtchristliche Entstehung schließen lässt. Des Weiteren lässt sich konstatieren, dass auch die Ähnlichkeit zu einem Tier darauf schließen lässt, dass es sich nicht um eine christliche Tradition handelt: Die Tradition der »Perchten«, die in den Alpenländern zu finden ist, umfasst maskierte Figuren, die als gruselige Zottelwesen dargestellt werden und bei traditionellen Festen auftreten. Zu ihrer Verteidigung wird oft angeführt, diese alpenländische Folklore sei als humoristische Übertreibung zu verstehen. Im Ergebnis sehen sich Kinder im Alter von unter einem Jahr dadurch aber nicht nur dem Nikolaus, sondern mit dem Krampus zusätzlich einem Zottelwesen mit Rute, Sack und Kette gegenüber, dessen Rolle darin besteht, die Kinder zu züchtigen und ihnen zu zeigen, was falsch an ihrem Verhalten war.

Ähnliche Phänomene sind auch in Deutschland zu beobachten. Aufgrund katholischer Prägung sind für die in der Weihnachtszeit stattfindenden Märkte Namen wie »Weihnachtsmarkt« oder »Christkindelsmarkt« geläufig. Neuere Bezeichnungen wie »Wintermarkt«, »Jahresendmarkt« oder »Schneeflockenmarkt« werden hingegen weniger akzeptiert. Für die Kulturkämpfer_innen in katholischen Ländern erscheint es als inakzeptabel, dass es in ›ihren‹ Ländern auch andere Bezeichnungen für diese Märkte geben sollte. Die deutlich aufgebrachte Stimmung wird dabei durch die Annahme einer dahinterliegenden Verschwörung evoziert. Die Bezeichnung dieser Märkte als »Wintermärkte« ist jedoch nicht notwendigerweise Ausdruck eines Kulturkampfes. Häufig wird diese Bezeichnung auch einfach aus pragmatischen Geschäftsinteressen gewählt: Die Bezeichnung »Wintermarkt« erlaubt es den Betreiber_innen, die Weihnachtsdekoration auch nach dem 25. Dezember zu erhalten und die Öffnungszeiten bis zum 6. Januar zu verlängern, um so auch den Silvester-Zeitraum nutzen zu können.

Auch wenn die Themen, um die sie entbrennen, zuweilen fiktiv sind, sind die Kulturkämpfe selbst durchaus real, wie das Jonglieren mit vielen Bällen, die ins Publikum geworfen werden, um zu sehen, was das Publikum annimmt. Dieser Austausch findet über die sozialen Netzwerke transnational statt. Die Effektivität dieses Vorgehens wurde bei der Drag Queens Story evident. Hierbei lesen Drag Queens in einer öffentlichen Bibliothek Kindern Bücher vor. Man kann dies als Ausdruck einer effektiven Marketing-Strategie und als Musterbeispiel für eine sogenannte Win-win-Situation begreifen: Für die Kinder stellt es ein besonderes Ereignis dar, für die Drag Queens eine gebuchte Performance und für die öffentlichen Bibliotheken eine Bereicherung ihres Angebots. Von Seiten rechter Kulturkämpfer_innen gibt es jedoch Bestrebungen, diese Entwicklung zu diskreditieren. So wurde in den USA der Vorwurf erhoben, die Drag Queens würden die Kinder indoktrinieren. Diese Argumentation war später auch in Europa zu hören, ironischerweise jedoch nur in Ländern, in denen es gar keine Drag Queens gibt. Beispiele wie dieses zeigen, dass Kulturkämpfe oft in Form sich gegenseitig beeinflussender transnationaler Geflechte gefochten werden, sich aber nicht immer auf die spezifische politische Situation eines Landes beziehen.

Ein anderes Beispiel hierfür ist die europäische Verschwörungserzählung vom »Großen Austausch«, die über die sozialen Netzwerke ihren Weg in den anglo-amerikanischen Raum gefunden hat. Der wesentliche Unterschied zwischen dieser Verschwörungserzählung und dem Neo-Nazismus der 80er und 90er Jahre besteht darin, dass dieser nach wie vor dogmatische Elemente aufweist, die nicht zu negieren sind. Der süddeutsche und österreichische Neo-Nazismus wird sich hingegen kontinuierlich auf das Thema Südtirol fokussieren. Es sei jedoch die Frage aufgeworfen, welche Relevanz Südtirol tatsächlich besitzt. In Innsbruck scheint sich jedenfalls niemand sehr für Südtirol zu interessieren. Die Ästhetik der Region ist unbestreitbar, aber ob die Zugehörigkeit zu Italien tatsächlich von Relevanz ist, steht auf einem anderen Blatt. Für den Neo-Nazismus stellt Südtirol mit den sogenannten Beneš-Dekreten also zwar nach wie vor ein zentrales Thema dar, in der breiten Bevölkerung erzielt man damit allerdings keine Zustimmung. Der Rechtsextremismus manifestiert sich hier also lediglich in populären Formen und wird nicht aktiv gefördert. Die Kulturkämpfe stellen demnach einen gemeinsamen Nenner ganz unterschiedlicher rechtsextremer Nischen und Parteien dar. Es handelt sich um ein Phänomen, das über alle Bereiche hinweg wirkt und sie zusammenbringt. Es findet ein gegenseitiges Aufnehmen und ein Aufgehen in diesem Phänomen statt, was bereits als ein Geschäftsmodell beschrieben wurde.

Die Art und Weise, wie diese Kulturkämpfe organisiert werden und wie die Menschen, die auf diese Kulturkämpfe anspringen, beeinflusst werden, lässt sich in den Schriften von Hannah Arendt finden. Laut ihr handelt es sich um eine organisierte Menschenmenge, die eine gewisse innere Dynamik entwickelt, ohne dass eine Person die Anweisung erteilt, etwas Bestimmtes zu tun. Stattdessen werden die Teilnehmer_innen kontinuierlich mit neuen Anreizen versorgt. Es wird kontinuierlich neues Material zugeführt, sodass eine eigenständige Dynamik entsteht, die sich einer Kontrolle entzieht. Von signifikanter Relevanz ist zudem die Tatsache, dass die betreffenden Personen sich in einem inneren Konflikt befinden, der mit dem eines Bürgerkriegs vergleichbar ist. Sie sehen sich zumindest im digitalen Bürgerkrieg. Die Aussage »This is war!« verdeutlicht die Intensität der Auseinandersetzung. Diese Feststellung kann als konsensual betrachtet werden. Es handelt sich um einen Krieg, den es zu gewinnen gilt. Verluste auf der Gegenseite werden als unvermeidlicher Kollateralschaden betrachtet, wie im Fall von Soldaten, die im Krieg ihr Leben verlieren. Diese Perspektive spiegelt die Wahrnehmung der betreffenden Personengruppe wider, die sich selbst in diesem Kontext verortet.

Die Funktionsweise dieses Phänomens ist mit der oben erläuterten vorhandenen Frustration zu erklären. Der Frust in der Gesellschaft erhält das Vokabular des Kulturkampfs als Ausdruck. Ein Beispiel für diese Form der verbalen Manifestation von Frustration ist der folgende Satz: »Dir geht's schlecht, weil Weihnachten, Sushi, Wärmepumpe.«

Das hier beschriebene Unbehagen resultiert aus der Tatsache, dass die Sicherheit, dass der Staat und die Gesellschaft in Zeiten des Bedarfs tatsächlich zur Verfügung stehen, nicht mehr gewährleistet werden kann. Diese Sorge ist eine reale Herausforderung, untermauert durch eine Erhebung der Hans-Böckler-Stiftung aus dem Januar des Vorjahres, in der die Einstellung der deutschen Bevölkerung zu diesem Thema beleuchtet wurde. So bekunden 60 Prozent der deutschen Bevölkerung eine negative oder sogar sehr negative Einstellung gegenüber der Zukunft. Es ist festzustellen, dass eine Vielzahl von Menschen gegenwärtig zwar über die oben genannten Wohlstandsmarker verfügt, jedoch von der Angst vor deren Verlust geplagt wird. Diese Ängste können zu einer Radikalisierung führen. Das Potenzial rechtsextremer Parteien liegt also in dem Frust begründet, der in der Bevölkerung vorhanden ist. Um zu verhindern, dass dieses Potenzial von rechtsextremen Parteien ausgenutzt wird, ist es essenziell, die Ursachen dieses Empfindens zu verstehen. Man muss verstehen, dass Menschen eine Zukunftsperspektive benötigen, um sich zu orientieren und um zu planen. Die individuelle Lebensrealität und die damit einhergehenden Bedürfnisse in der Zukunft müssen gesichert sein. Solange wir uns diese Tatsache nicht bewusst machen, werden lediglich Symptome bekämpft, aber nicht die zugrunde liegenden Probleme. Die gesellschaftspolitische Frage nach materiellen Verhältnissen darf also nicht als sekundär abgetan werden. Vielmehr muss die Interdependenz der beiden Faktoren berücksichtigt werden. Denn es ist nicht möglich, das eine zugunsten des anderen aufzugeben: Die Notwendigkeit der Wahrung individueller Rechte ist ebenso zu betonen wie der Zugang zu Institutionen und der Gesellschaft. Diese Erkenntnis basiert auf den Ergebnissen der Pegida-Studien.

Ein weiterer Faktor sind reale Positionsveränderungen auf gesellschaftspolitischer Ebene. Die Rolle des Mannes hat sich im Vergleich zu vor 40 Jahren, aber auch vor 20 Jahren, gewandelt. Diese Veränderungen sind evident und werden subjektiv als Verlust wahrgenommen. Eine bei manchen Männern zu beobachtende Reaktion auf diese Veränderungen besteht in dem Versuch, den damaligen Status quo wiederherzustellen und die Vergangenheit wieder aufleben zu lassen. Man mag dies zu Recht als falsch erachten, aber es ist nicht zielführend, diese Entwicklung zu ignorieren. Stattdessen muss man sich diesen Veränderungen stellen und sie thematisieren. Der vorliegende Beitrag zielt in diesem Sinne darauf ab, die Faktoren zu bestimmen, die zu einer positiven Form des Männlichkeitsbildes beitragen können. Ein wesentlicher Aspekt hierbei ist die Komplexität und Intensität des Themas. Die Fülle der daraus erwachsenden Anforderungen erweist sich als problematisch. Viele Individuen sind mit dieser Vielfalt überfordert.

Als weiterer Faktor im Zusammenhang mit dem oben genannten Unbehagen ist zu benennen, dass in den vergangenen 40 Jahren zunehmend die Eigenverantwortung des Individuums betont wurde. Dies impliziert, dass die Gesellschaft nicht länger verpflichtet ist, individuelle Probleme zu lösen oder Krisen zu bewältigen. Vielmehr wird erwartet, dass das Individuum in der Lage ist, diese Herausforderungen eigenständig zu meistern, was oft als Überforderung empfunden wird und zu Frustration und Unbehagen führt. Diese Gefühle kommen zu bereits existierenden Formen von Rassismus, Antisemitismus und Misogynie hinzu, die sich in diesem Kontext manifestieren können.

Fazit

Abschließend stellt sich die Frage, welche Maßnahmen zur Bewältigung dieser Kulturkämpfe ergriffen werden können. Zunächst ist diesbezüglich festzuhalten, dass eine aktive Beteiligung an diesen Konflikten zu vermeiden ist. Ein wesentlicher Schlüssel zur Lösung der diskutierten Probleme ist daher eine aktive Verweigerung der Teilnahme an Kulturkämpfen. Dies erfordert ein sensibles Austarieren zwischen dem Schutz der Betroffenen einerseits und der Vermeidung einer übertriebenen Reaktion andererseits. Eine effektive Methode, die sich hierbei als probates Mittel erwiesen hat, ist die Verwendung von Humor. Dieser ermöglicht eine Reflexion über die Absurdität der meisten Kulturkämpfe. Ein Beispiel hierfür ist der spontane Ausspruch von Tim Walz: »They're weird, huh?« Eine gewisse Zeit lang wandten Walz und andere Demokraten in den USA die Methode des humoristischen Umgangs mit Kulturkämpfen erfolgreich an. Da man befürchtete, dies könnte im Kontext des Wahlkampfs als negative Kampagne ausgelegt werden, wurde diese Strategie jedoch nicht weiterverfolgt.

Neben der Methode der aktiven Nichtbeteiligung ist es von entscheidender Bedeutung, sich vor Augen zu führen, dass die extreme Rechte nicht den Nordpol der Politik bildet. Es ist nicht erforderlich, sich auf die Themen zu fokussieren, die für diese Gruppierungen von Relevanz sind. Auch ist es nicht erforderlich, bei jedem Thema die Perspektive der betreffenden Gruppe zu berücksichtigen. Es ist irrelevant, wie die extreme Rechte denkt. Der Fokus sollte stattdessen auf der Frage liegen, welche Themen wirklich relevant sind und wie man bestehende Probleme lösen kann. Wir müssen uns wieder auf die Realität der Sachlage konzentrieren. Die Frage, die sich uns stellt, ist, wie eine funktionierende Gesellschaft aussehen könnte. Anders gesagt: Wir müssen uns die Frage stellen »Wie wollen wir leben?« Wichtiger als Kulturkämpfe sind Fragen nach der Gestaltung des alltäglichen Lebens. Dabei ist zu berücksichtigen, dass es eine Vielzahl individueller Bedürfnisse gibt, die in unterschiedlichen Ausprägungen oft gemeinsam auftreten. Hierzu zählen der Wunsch nach einem beschaulichen Leben ohne Hast und Hektik, nach ausreichender Zeit für sich selbst und die Familie sowie nach körperlicher und seelischer Gesundheit und einem umfassenden Sicherheitsempfinden. Es ist das Bestreben der Menschen, dass es ihnen gut geht. Eine Diskussion dieser grundlegenden Aspekte würde der extremen Rechten die Möglichkeit zur Partizipation nehmen, da diese sich nicht auf diese als wesentlich erachteten Punkte berufen kann. Was wir brauchen, ist eine auf Realitäten basierende Politik, in der eine Vielzahl von Themen erörtert werden kann, auch wenn unterschiedliche politische Ansichten bestehen.

Das heißt nicht, klassisch linke Themen wie die Gleichstellung der Geschlechter auszublenden. Die Rolle der Frau ist ein überaus signifikanter Aspekt, sowohl in positiver als auch in negativer Hinsicht. So wurde in Polen deutlich, dass die Mobilisierung des weiblichen Wahlvolumens für den Erfolg demokratischer Parteien von entscheidender Bedeutung ist. Über lange Zeit hinweg waren Frauen in vielen Ländern ein wichtiger Faktor gegen rechtsextreme Parteien. In jüngster Zeit scheint dieser Umstand jedoch zu erodieren, wie sich auch in Österreich beobachten lässt, wo Parteien wie die FPÖ von Frauen und Männern nahezu gleichermaßen gewählt werden.

Der Rechtsextremismus hat also eine bemerkenswerte Diversifizierung durchlaufen. Ein reales Unbehagen wird instrumentalisiert und der Kulturkampf zum verbindenden Element zwischen disparaten Spektren, Parteien, Bewegungen, Ländern und Ebenen. Der Kulturkampf hat sich zu einem Hauptinstrument im Rahmen eines faschistischen Projekts entwickelt, das über nationale Grenzen hinweg agiert. Das größte Problem für das demokratische Spektrum stellt dabei das Abrutschen des Konservatismus dar.

Es ist bedauerlich, dass ich diese ernüchternde Feststellung treffen muss. Es ist unabdingbar, dieser Entwicklung mit der gebotenen Ernsthaftigkeit ins Auge zu blicken. Das oben beschriebene Unbehagen in der Gesellschaft muss adressiert werden. Es muss festgestellt werden, dass diese Situation nicht optimal ist und dass es durchaus bessere Möglichkeiten gibt. Die Erörterung dieser Alternativen und ihrer Implikationen ist von essenzieller Bedeutung.

ERNEUERUNGEN

DEMOKRATISCHE INNOVATIONEN IN DEUTSCHLAND: KOMBINATIONEN VON BÜRGERRÄTEN UND BÜRGERENTSCHEIDEN

Von FELIX HOFFMANN & BRIGITTE GEISSEL

Einleitung

Demokratische Innovationen ergänzen auf allen politischen Ebenen zunehmend das repräsentative System der Bundesrepublik Deutschland (vgl. Geißel und Hoffmann 2024). Sogenannte deliberative Mini-Publics, also zufallsbasierte dialogische Praktiken wie Bürgerräte, erleben seit 2021 einen regelrechten Boom, vor allem auf kommunaler und zunehmend auch auf Bundesebene. Aber auch andere Formate wie direktdemokratische Verfahren auf kommunaler und Landesebene, Bürgerhaushalte in den Städten und Gemeinden sowie partizipative Gesetzgebungs- und Normsetzungsprozesse auf Landes- und Bundesebene finden vermehrt Anwendung.

Diese Entwicklungen gehen mit dem stark verankerten Wunsch der Bevölkerung nach mehr Beteiligungsmöglichkeiten neben Wahlen einher: Repräsentativen Umfragen zufolge wünschen sich über zwei Drittel der Bürger_innen mehr Mitbestimmung (vgl. Best u.a. 2023). Vor allem direktdemokratische Instrumente wie Bürgerentscheide[1] erfahren regelmäßig hohe Zustimmungswerte, insbesondere

---

[1] Der vorliegende Beitrag verwendet einheitlich den Terminus »Bürgerentscheid« zur Beschreibung von sowohl bottom-up als auch top-down ausgelösten direktdemokratischen Abstimmungen. Um eine bessere Verständlichkeit zu gewährleisten, wird auf eine begriffliche Unterscheidung nach politischer Ebene und Auslösungsmechanismus verzichtet.

in Kombination mit vorgeschalteten dialogischen Verfahren wie zum Beispiel Bürgerräten (vgl. Vetter und Brettschneider 2023).

Diese Verbindung von deliberativen und direktdemokratischen Verfahren wird in jüngster Zeit vermehrt diskutiert (vgl. Hendriks 2023; Hendriks und Wagenaar 2023). Internationale Beispiele, insbesondere in Irland, haben große Hoffnungen und Erwartungen geweckt. Gleichzeitig steckt die empirische Forschung zu diesen Kombinationen noch in den Anfängen.

Ziel dieses Beitrags ist es, Kombinationen von Bürgerräten und Bürgerentscheiden näher zu beleuchten. Wie können Bürgerräte und Bürgerentscheide miteinander verzahnt werden? Welche Funktionen erfüllen deliberative Verfahren in direktdemokratischen Prozessen? Was können wir aus den bisherigen internationalen Erfahrungen mit diesen Kombinationen lernen? Und wie werden diese Kombinationen in der Bundesrepublik angewendet? Diesen Fragen widmet sich der vorliegende Beitrag.

Zunächst geben wir im Folgenden einen kompakten Überblick über die demokratischen Innovationen in der Bundesrepublik, um unseren Untersuchungsgegenstand zu verorten. Anschließend widmen wir uns der Genese kombinatorischer Verfahren, stellen ihre verschiedenen Funktionsweisen dar und illustrieren diese anhand von Fällen auf kommunaler und Landesebene in Deutschland. Abschließend führen wir die Erkenntnisse zusammen und geben einen Ausblick.

Demokratische Innovationen in der Bundesrepublik

Demokratische Innovationen sind Verfahren und Praktiken, die über die klassischen Formen repräsentativer Demokratie hinausgehen und neue Wege der Partizipation, Deliberation und Einflussnahme von Bürger_innen eröffnen (vgl. Elstub/Escobar 2019). Auch in der Bundesrepublik gewinnen diese Formen zunehmend an Bedeutung – sowohl in der politischen Praxis als auch in der wissenschaftlichen Debatte (vgl. zum Beispiel Kersting 2017; Merkel 2017).

Demokratische Innovationen lassen sich entlang dreier Dimensionen systematisieren: (1) dem Grad der Verbindlichkeit (verbindlich vs. konsultativ), (2) dem Auswahlverfahren der Teilnehmenden (Selbstselektion vs. Zufallsauswahl) und (3) der Verfahrenskombination (einzeln vs. kombiniert). Entsprechend lassen sich fünf Typen demokratischer Innovationen differenzieren, die auf den verschiedenen politischen Ebenen mit unterschiedlicher Intensität angewendet werden (vgl. Geißel und Hoffmann 2024).

Tab. 1: Übersicht Typen Demokratischer Innovationen

Typ	Beispiele	Auswahl der Teilnehmenden	Verbindlichkeit	Zusammenfassung
Direktdemokratische Praktiken	Bürgerbegehren, Bürgerentscheide	Selbstselektion	verbindlich	hohe politische Wirkung, oftmals sozial selektiv
Dialogorientierte, zufallsbasierte Verfahren	Deliberative Mini-Publics: z. B. Bürgerräte, Planungszellen	Zufallsauswahl	konsultativ	hohe Inklusivität und deliberative Qualität, meist ohne politische Wirkung
Dialogorientierte, tlw. zufallsbasierte Verfahren	Partizipative Gesetzgebung	gemischt	konsultativ	Häufig Verbindung aus digitalen Plattformen und face-to-face Beteiligung
Dialogorientierte, nicht-zufallsbasierte Verfahren	World Cafés, Quartiertsmanagement	Selbstselektion	konsultativ	primär projektbezogen, lokal
Kombinierte Verfahren	Kombinationen von Bürgerräten & Bürgerentscheiden	Zufallsauswahl + Selbstselektion	verbindlich	Verbindung direktdemokratischer und dialogorientierter Logiken

Quelle: Eigene Darstellung.

Analyse: Inklusion und Einfluss von demokratischen Innovationen

Ein zentrales Analysekriterium demokratischer Innovationen ist ihre Inklusivität und politische Wirkung (vgl. Geißel und Hoffmann 2024). Zufallsbasierte Verfahren wie Bürgerräte erzielen im Vergleich zu Praktiken mit Selbstselektion, also der offenen Teilnahmemöglichkeit, eine deutlich ausgewogenere Teilnehmendenstruktur. Dennoch zeigen sich auch hier teilweise Verzerrungen, insbesondere zugunsten Höhergebildeter und politisch Interessierter. Zudem bleiben diese Verfahren oftmals ohne Einfluss auf politische Entscheidungen. Direktdemokratische Verfahren wiederum weisen häufig sozial selektive Beteiligungsmuster auf, sind jedoch aufgrund ihrer Verbindlichkeit einflussreicher. Insgesamt besteht also bei den bisher praktizierten Praktiken ein Trade-off zwischen Inklusivität und politischer Wirkung.

Durch die Verbindung der Inklusivität von Bürgerräten und der Wirksamkeit direktdemokratischer Verfahren können die Stärken beider Praktiken vereint und deren Schwächen ausgeglichen werden. Empirisch sind diese Kombinationen jedoch bislang wenig erforscht.

Kombinationen von deliberativen Mini-Publics und direktdemokratischen Verfahren

Die Genese von kombinatorischen Verfahren

Deliberative Mini-Publics (z. B. Bürgerräte, Planungszellen, Bürgerforen) und direktdemokratische Praktiken (z. B. Bürgerbegehren und -entscheide) wurden lange isoliert betrachtet. Erst in jüngerer Zeit gewinnen Kombinationen beider Formate zunehmend an Bedeutung – sowohl auf theoretischer als auch auf empirischer Ebene.

Theoretisch haben sich die deliberative und partizipative Demokratietheorie in dieser Hinsicht sukzessive angenähert (vgl. Elstub 2018; Hendriks und Wagenaar 2023). Der »systemische Wandel« der deliberativen Demokratietheorie (vgl. Parkinson und Mansbridge 2012) hat das Zusammenspiel von Mini-Publics mit anderen Institutionen und Praktiken, u.a. mit repräsentativen Institutionen (vgl. Hendriks 2016; Kuyper und Wolkenstein 2019), aber auch mit direktdemokratischen Praktiken (vgl. Hendriks und Wagenaar 2023; Stojanović 2023) in den Fokus gerückt. Gleichzeitig betonen Ansätze partizipativer Demokratietheorie zunehmend das deliberative Potential direktdemokratischer Verfahren (vgl. el-Wakil 2017; LeDuc 2015; el-Wakil 2020) und stellen Überlegungen zu einer Ergänzung durch deliberative Mini-Publics an (vgl. Altman 2018; Chambers 2018; Landemore 2018).

Empirisch wurde in den kanadischen Provinzen British Columbia und Ontario Anfang der 2000er-Jahre Pionierarbeit im Hinblick auf kombinatorische Verfahren geleistet. Im Rahmen beider Fälle haben zufällig ausgeloste Bürger_innen Wahlrechtsreformen erarbeitet, über die anschließend in einem Referendum abgestimmt wurde (vgl. Fournier u.a. 2011). Internationale Aufmerksamkeit erlangte die Kombination aus Bürgerrat und Bürgerentscheid jedoch vor allem durch die irischen Anwendungsfälle. In deren Rahmen wurden Verfassungsreformen in Bürgerräten deliberiert, Empfehlungen ausgearbeitet und abschließend über ausgewählte Themen landesweit abgestimmt (vgl. Farrell, Harris und Suiter 2017; Farrell, Suiter und Harris 2019). Dies führte zu tiefgreifenden Verfassungsänderungen, denen gesellschaftliche Debatten mit erheblichem Konfliktpotential zugrunde liegen: die Einführung der gleichgeschlechtlichen Ehe im Jahr 2015 sowie die Abschaffung des Abtreibungsverbotes im Jahr 2018. Jüngst wurden zwei Empfehlungen eines Bürgerrats zur Familiendefinition in der irischen Verfassung von der stimmberechtigten Bevölkerung abgelehnt.

Eine andere Variante, wie Bürgerräte und Bürgerentscheide kombiniert werden können, stellt das gesetzlich verankerte Citizens'-Initiative-Review-Modell in Oregon dar. Hier diskutieren regelmäßig Bürgerräte über von Bürger_innen eingebrachte direktdemokratische Initiativen, bevor ein Bürgerentscheid stattfindet. Die zufällig ausgelosten Bürger_innen erarbeiten das Für und Wider des Anliegens und stimmen selbst darüber ab. Diese Informationen werden allen stimmberechtigten Haushalten im Vorfeld eines Bürgerentscheids in einer Abstimmungsbroschüre übermittelt. Erste Erprobungen dieses Modells gab es auch bereits in anderen US-Bundesstaaten (vgl. Gastil und Knobloch 2023), Finnland (vgl. Setälä u. a. 2023) und der Schweiz (vgl. Geisler 2023).

Diese theoretischen und empirischen Entwicklungen führten zur Entstehung eines neuen Forschungsfelds: »Hybride[2] demokratische Innovationen« (vgl. Hendriks 2023; Hendriks und Michels 2024). Das Feld befindet sich noch in den Kinderschuhen und ist bislang mehr als eine Forschungsagenda zu verstehen, die erste systematische Überblicke über die Literatur (vgl. Witting, Wagenaar und Hendriks 2023) und konzeptionelle Ansätze (vgl. Hendriks und Wagenaar 2023) erarbeitet hat.

Funktionen von Mini-Publics in direktdemokratischen Verfahren

Die internationalen Beispiele zeigen, welche Funktionen Mini-Publics im Zusammenspiel mit direktdemokratischen Verfahren übernehmen können (vgl. Tabelle 2, Seite 191). Grundsätzlich lassen sich vorgelagerte und nachgelagerte Funktionen unterscheiden: Mini-Publics können eine Abstimmung vorbereiten – inhaltlich oder informatorisch – oder sie nachbereiten und zur Umsetzung beitragen.

Vorbereitende Funktionen: Bürgerräte im Vorfeld von Bürgerentscheiden

Im *Vorfeld* eines Bürgerentscheids können Bürgerräte die Abstimmung vorbereiten, indem sie Themen auf die Agenda setzen (*Agenda-Setting*) oder Problemlagen konkretisieren und Lösungsvorschläge erarbeiten (*Policy-Formulierung*). In diesen Fällen wird eine Sachfrage im Bürgerrat deliberativ erarbeitet, bevor über diese im Bürgerent-

---

2 Der Begriff ›hybrid‹ kann in diesem Kontext missverständlich sein, da er in der Literatur unterschiedlich verwendet wird. Einerseits bezeichnet er die Verbindung von Online- und Präsenzformaten, andererseits auch Bürgerräte, die neben Zufallsbürger_innen auch andere Akteure wie nichtgeloste Bürger_innen, Stakeholder oder Politiker_innen direkt einbeziehen (vgl. Curato u. a. 2021; Oppold 2024).

scheid abgestimmt wird. Meist übernehmen Mini-Publics die Policy-Formulierung zu einer vorgegebenen Problemstellung. So wurden die kanadischen Bürgerräte von den jeweiligen Regierungen damit beauftragt, Wahlrechtsreformen zu erarbeiten. Auch die irischen Bürgerräte waren darauf ausgerichtet, vom Parlament und der Regierung vorgegebene Themen zu diskutieren.

Eine weitere Funktion im Vorfeld eines Bürgerentscheids liegt in der *Information*: Mini-Publics bereiten, wie im Falle des Citizens'-Initiative-Review-Modells, Fakten und Argumente zu einem Abstimmungsthema auf, um die Willensbildung der Bevölkerung zu unterstützen. Diese informatorische Funktion trägt zur Meinungsbildung im Vorfeld eines Bürgerentscheids bei und kann die Willensbildung der stimmberechtigten Bevölkerung versachlichen. Die Forschung zu dieser Kombinationsform zeigt, dass das faktenbasierte Wissen der Abstimmenden, unabhängig von der parteipolitischen Orientierung, signifikant erhöht wird (vgl. Gastil und Knobloch 2023). Ein deliberatives Element im Vorfeld eines Bürgerentscheids kann also dazu beitragen, direktdemokratische Prozesse zu verbessern, indem die Qualität der öffentlichen Willensbildung gestärkt wird.

Neben diesen real erprobten Varianten sind auch hypothetische Kombinationen relevant. So könnten Mini-Publics bereits vor der Unterschriftensammlung einer Initiative gemeinsam mit Initiator_innen und Verwaltung ein Anliegen vorstrukturieren, um einen Konsens zu erzielen (vgl. Gastil und Richards 2013; Stojanović 2023). Auch die Erarbeitung von Alternativ- oder Gegenvorlagen für einen Bürgerentscheid durch Mini-Publics ist denkbar (vgl. Altman 2018).

Nachbereitende Funktionen: Bürgerräte im Nachgang zu Bürgerentscheiden

Mini-Publics können jedoch nicht nur im Vorfeld, sondern auch im Nachgang zu einem Bürgerentscheid eingesetzt werden. Nach einer Abstimmung können Mini-Publics Orientierung bieten, etwa durch die Analyse von Ablehnungsgründen oder durch Begleitung der Umsetzung beschlossener Maßnahmen (vgl. z. B. Gesetzesmonitoring Stojanović 2023). Diese Funktionen sind bislang jedoch empirisch kaum untersucht (vgl. Hendriks und Wagenaar 2023).

Mit Blick auf die internationalen Erfahrungen kann bis zu diesem Zeitpunkt nur der Bürgerrat im Nachgang zum Brexit-Referendum erwähnt werden. Zwar war das Verfahren nicht formell an das Referendum gekoppelt, sondern mehr ein zivilgesellschaftliches Forschungsprojekt, es zeigt jedoch, dass Bürger_innen respektvoll und konstruktiv zu einem polarisierenden Thema diskutieren und ausgewogene Empfehlungen erarbeiten können (Renwick u.a. 2018). Dabei beschäftigten sich 50 zufällig ausgeloste britische Bürger_innen an zwei Wochenenden mit der Frage, wie die Post-Brexit-Beziehungen zur EU in den Politikfeldern Migration und Handel ausgestaltet sein sollten.

Tab. 2: Übersicht empirischer Kombinationsformen

	VORBEREITUNG Agenda-Setting/ Policy Formulierung	INFORMATION Meinungs-/ Willensbildung	NACHBEREITUNG Orientierung/ Implementation
Funktion	Bürgerrat entwickelt/ konkretisiert Thema für Bürgerentscheid	Bürgerrat informiert zu Thema des Bürgerentscheids	Bürgerrat gibt Orientierung nach Bürgerentscheid
Timing	vor Initiierung des Bürgerentscheids	zwischen Initiierung und Bürgerentscheid	nach Bürgerentscheid
Zweck	Erarbeitung begründeter Vorschläge, Empfehlungen zu einer Sachfrage	Erarbeitung ausgewogener Informationen zum Abstimmungsgegenstand	Interpretation/ Konkretisierung des Abstimmungsergebnisses, Erarbeitung weiterer Umsetzung
Internat. Beispiele	British Columbia, Ontario, Irland	Oregon und andere US-Staaten, Schweiz, Finnland	Bürgerrat nach Bürgerentscheid zu Brexit

Quelle: Eigene Darstellung in Anlehnung an Hendriks und Wagenaar (2023).

Kombinatorische Verfahren in der Bundesrepublik

Auch in der Bundesrepublik finden sich Beispiele für Kombinationen von Bürgerräten und Bürgerentscheiden auf kommunaler und Landesebene (vgl. Tabelle 3, Seite 193).

Im baden-württembergischen Bischweier wurde die Ausweisung eines Gewerbegebietes in einem Bürgerforum, einem zufallsbasierten Verfahren wie dem Bürgerrat, diskutiert und anschließend in einem Bürgerentscheid mit breiter Mehrheit beschlossen.

Besonders hervorzuheben ist der Fall zur Bildungsreform G8/G9 ebenfalls in Baden-Württemberg: Während eine Initiative für einen Volksantrag Unterschriften sammelte, initiierte die Landesregierung ein Bürgerforum, das neben Expert_innen auch die Initiative anhörte und Empfehlungen zur Bildungsreform aussprach. Dies führte zu einer schrittweisen Rückkehr zu G9. Das zufallsbasierte Verfahren übernahm hier nicht nur eine gestaltende Rolle, sondern strukturierte und kanalisierte ein laufendes direktdemokratisches Anliegen – eine bislang einzigartige Funktion.

Im Nachbarland Bayern hat eine lokale direktdemokratische Initiative per Bürgerentscheid die Planung eines Stadtentwicklungsprojektes in der Gemeinde gestoppt und ein Beteiligungsverfahren gefordert. Der folgende, vom Stadtrat initiierte Bürgerrat hat Empfehlungen erarbeitet, die dem Projekt als weiterer Planungsrahmen dienen sollten. So wurden konkrete Empfehlungen zu städtebaulichen Aspekten wie Freiflächen und Wohnbebauung erarbeitet. Diese bildeten die Grundlage für den weiteren Planungsprozess.

Tab. 3: Übersicht empirischer Kombinationsformen in der Bundesrepublik

Fall	Funktion	Prozessbeschreibung
Bürgerforum Bischweier Baden-Württemberg, 2022	Policy-Formulierung	Gemeinderat initiiert Bürgerforum ↓ Bürgerforum empfiehlt Ansiedlung eines neuen Gewerbegebiets und Bürgerentscheid ↓ Gemeinderat folgt den Empfehlungen und initiiert Bürgerentscheid mit notwendiger 2/3-Mehrheit ↓ im Bürgerentscheid sprechen sich 76% für die Ansiedlung aus; Abstimmungsbeteiligung: 48%
Bürgerforum G8/G9 Baden-Württemberg, 2023	Policy-Formulierung	Initiative sammelt im Rahmen eines Volksantrags Unterschriften für Bildungsreform (G9) ↓ während der Unterschriftensammlung initiiert Landesregierung Bürgerforum ↓ Bürgerforum empfiehlt schrittweise Reform ↓ Landtag lehnt Volksantrag (ca. 100.000 Unterschriften) ab und beschließt schrittweise G9-Reform
Bürgerforum Amberg Bayern, 2021–2022	Policy-Formulierung	Bürgerbegehren sammelt erfolgreich Unterschriften gegen geplante Bebauung und für Bürgerbeteiligungsverfahren zum Projekt ↓ Gemeinderat beschließt einen Gegenvorschlag beim Bürgerentscheid mit zur Abstimmung zu stellen ↓ im Bürgerentscheid entscheidet die Stichfrage, dabei sprechen sich 50,7% gegen die geplante Bebauung aus und folgen dem Vorschlag der Initiative; Abstimmungsbeteiligung: 55% ↓ Stadtrat initiiert Bürgerrat, der die weiteren Planungsmaßstäbe setzt ↓ Stadtrat folgt Empfehlungen des Bürgerrates, die als Bewertungskriterien für die Konzeptvergabe dienten

Quelle: Eigene Darstellung.

Die Beispiele zeigen, dass kombinatorische Verfahren auch in der Bundesrepublik angewendet werden. In allen Fällen wurde die Funktion der Policy-Formulierung durch einen Bürgerrat ausgeübt: sei es im Vorfeld eines Bürgerentscheids (Bischweier), während der Unterschriftensammlung eines direktdemokratischen Verfahrens (G8/G9 Landesebene BW) oder nach dem Bürgerentscheid (Amberg).

Informierende Bürgerräte – wie sie in einigen US-Bundesstaaten oder der Schweiz vor Bürgerentscheiden eingesetzt werden – sind in deutschen Kommunen und Ländern bislang noch nicht erprobt. Die internationalen Beispiele dieser Kombinationsform sind allerdings vielversprechend und legen eine Anwendung auch in den deutschen Kommunen und Ländern nahe.

Grundsätzlich lässt sich mit Blick auf die Bundesrepublik sagen, dass bereits positive Erfahrungen mit Kombinationen aus Bürgerrat und Bürgerentscheid gesammelt und politische Problemstellungen gelöst wurden. Gleichzeitig steht eine systematische Erfassung aller Fälle kombinatorischer Verfahren noch aus, um zu generalisierbareren Aussagen zu gelangen.

Fazit und Schlussfolgerungen

Der vorliegende Beitrag hat einen kompakten Überblick über demokratische Innovationen in der Bundesrepublik gegeben und aufgezeigt, wie Bürgerräte und Bürgerentscheide kombiniert werden können – und welches Potenzial sie entfalten können.

Bürgerräte und Bürgerentscheide lassen sich auf vielfältige Weise kombinieren. Im Vorfeld eines Bürgerentscheids können Bürgerräte Themen auf die Agenda setzen, ausarbeiten oder durch ausgewogene Informationen zur Willensbildung der Bevölkerung sowie der Politik beitragen. Auch im Nachgang können sie dabei unterstützen, Abstimmungsergebnisse zu interpretieren, Orientierung zu geben und politische Prozesse konstruktiv weiterzuführen.

In der Bundesrepublik übernehmen Bürgerräte vor allem die Policy-Formulierung, also die Erarbeitung von Empfehlungen zu vorgegebenen Sachfragen, über welche anschließend in einem Bürgerentscheid abgestimmt wird oder welche den weiteren Weg nach einem Bürgerentscheid ebnen. Gleichzeitig wird mit dem Fall G8/G9 in Baden-Württemberg eine neue Rolle von Bürgerräten sichtbar, die direktdemokratische Prozesse nicht nur vorbereiten oder nachbereiten, sondern kanalisieren können. Informierende Bürgerräte im Vorfeld von Bürgerentscheiden, wie in einigen US-Bundesstaaten oder der Schweiz angewendet, finden sich in deutschen Kommunen und Ländern bislang noch nicht.

Insgesamt deutet die bisherige Empirie darauf hin, dass Kombinationen von deliberativen und direktdemokratischen Verfahren dazu führen können, polarisierende Fragestellungen zu lösen. Dies zeigen der Fall zur Abschaffung des Abtreibungsverbots in Irland, aber auch vergleichsweise kleine, lokale Konflikte um die Ausweisung eines Gewerbegebietes oder die Gestaltung eines Marktplatzes. Zudem können Bürgerräte dabei helfen, Debatten im Vorfeld eines Bürgerentscheids zu versachlichen, wie in Oregon festgestellt werden konnte.

Angesichts der anhaltend hohen Zustimmung der Bevölkerung zu direktdemokratischen Verfahren und ihrer regelmäßigen Nutzung erscheint es folgerichtig, über deren Verbesserung nachzudenken. Erste empirische Ergebnisse illustrieren, dass die Kombination mit Bürgerräten funktionieren kann und Beteiligungsprozesse ermöglicht, die sowohl inklusive als auch wirksam sind. Die wissenschaftliche Auseinandersetzung mit diesem Zusammenspiel steht jedoch noch am Anfang und muss zeigen, ob sich diese Synergien auch in weiteren Kontexten bestätigen lassen.

Literatur

Altman, David (2018), *Citizenship and Contemporary Direct Democracy*, Cambridge.

Best, Volker u.a. (2023), Demokratievertrauen in Krisenzeiten: Wie blicken die Menschen in Deutschland auf Politik, Institutionen und Gesellschaft? Friedrich-Ebert-Stiftung, Bonn.

Chambers, Simone (2018), Making Referendums Safe for Democracy: A Call for More and Better Deliberation, in: *Swiss Political Science Review* 24(3), 305–311.

Curato, Nicole u.a. (2021), *Deliberative Mini-Publics: Core Design Features*, Bristol.

Elstub, Stephen (2018), Deliberative and Participatory Democracy, in: André Bächtiger u.a., *The Oxford Handbook of Deliberative Democracy*, Oxford, 186–202.

Elstub, Stephen und Escobar, Oliver (2019), Defining and Typologising Democratic Innovations, in: dies. (Hg.), *Handbook of Democratic Innovation and Governance*, Cheltenham, 11–31.

el-Wakil, Alice (2017), The Deliberative Potential of Facultative Referendums: Procedure and Substance in Direct Democracy, in: *Democratic Theory* 4(1), 59–78.

el-Wakil, Alice (2020), Supporting Deliberative Systems with Referendums and Initiatives, in: *Journal of Deliberative Democracy* 16(1), 37–45.

Farrell, David; Harris, Clodagh; Suiter, Jane (2017), Bringing people into the heart of constitutional design. The Irish Constitutional Convention of 2012–14, in: Contiades, Xenophon und Fotiadou, Alkmene (Hg.), *Participatory Constitutional Change: The People as Amenders of the Constitution*, London, 120–134.

Farrell, David; Suiter, Jane; Harris, Clodagh (2019), Systematizing Constitutional Deliberation: The 2016–18 Citizens' Assembly in Ireland, in: *Irish Political Studies* 34(1), 113–123.

Fournier, Patrick u.a. (2011), *When Citizens Decide: Lessons from Citizen Assemblies on Electoral Reform*, Oxford.

Gastil, John und Richards, Robert (2013), Making Direct Democracy Deliberative through Random Assemblies, in: *Politics & Society* 41, 253–281.

Gastil, John und Knobloch, Katherine (2023), The Oregon Citizens' Initiative Review: Long-Term Impacts in the Context of Direct Democracy, in: Jacquet,

Vincent; Ryan, Matt und van der Does, Ramon (Hg.), *The Impacts of Democratic Innovations*, ECPR Press, Colchester, 95–116.

Geisler, Alexander (2023), Public Trust in Citizens' Juries. When the People Decide on Policies: Evidence from Switzerland, in: *Policy Studies* 44(6), 728–747.

Geißel, Brigitte und Hoffmann, Felix (2024), Demokratische Innovationen: Beteiligungsformen in Deutschland, Friedrich-Ebert-Stiftung, Bonn.

Hendriks, Carolyn (2016), Coupling Citizens and Elites in Deliberative Systems: The Role of Institutional Design, in: *European Journal of Political Research* 55(1), 43–60.

Hendriks, Frank (2023), *Rethinking Democratic Innovation: Cultural Clashes and the Reform of Democracy*, Oxford.

Hendriks, Frank und Wagenaar, Charlotte (2023), The Deliberative Referendum: An Idea Whose Time Has Come?, in: *Administration & Society* 55(3), 569–590.

Hendriks, Frank und Michels, Ank (2024), Exploring the Democratic Merits of Hybrid Democratic Innovation. Combining Deliberation and Voting in Participatory Budgeting New Style, in: *International Journal of Public Administration*, 1–11.

Kersting, Norbert (2017), Demokratische Innovation. Qualifizierung und Anreicherung der lokalen repräsentativen Demokratie, in: ders. (Hg.), *Urbane Innovation*, Wiesbaden, 81–120.

Kuyper, Jonathan und Wolkenstein, Fabio (2019), Complementing and Correcting Representative Institutions: When and How to Use Mini-publics, in: *European Journal of Political Research* 58(2), 656–675.

Landemore, Hélène (2018), Referendums Are Never Merely Referendums: On the Need to Make Popular Vote Processes More Deliberative, in: *Swiss Political Science Review* 24(3), 320–327.

LeDuc, Lawrence (2015), Referendums and Deliberative Democracy, in: *Electoral Studies* 38, 139–148.

Merkel, Wolfgang (2017), Nur schöner Schein? Demokratische Innovationen in Theorie und Praxis, OBS-Arbeitsheft 80, Otto-Brenner-Stiftung, Frankfurt am Main.

Oppold, Daniel (2024), Ungewöhnliche Bürgerräte – Hybridverfahren, in: Mehr Demokratie e. V. und Bergische Universität Wuppertal, Institut für Demokratie- und Partizipationsforschung, Bürgerräte in Deutschland, Entwicklung und Vielfalt losbasierter Beteiligung.

Parkinson, John und Mansbridge, Jane (2012), *Deliberative Systems: Deliberative Democracy at the Large Scale*, Cambridge.

Renwick, Alan u. a. (2018), What Kind of Brexit Do Voters Want? Lessons from the Citizens' Assembly on Brexit, in: *The Political Quarterly* 89(4), 649–658.

Setälä, Maija u. a. (2023), Deliberative Mini-Publics Facilitating Voter Knowledge and Judgement: Experience from a Finnish Local Referendum, in: *Representation* 59(1), 75–93.

Stojanović, Nenad (2023), Citizens' Assemblies and Direct Democracy, in: Reuchamps, Min; Vrydagh, Julien; Welp, Yanina (Hg.), *De Gruyter Handbook of Citizens' Assemblies*, Berlin/Boston, 183–196.

Vetter, Angelika und Brettschneider, Frank (2023), Direkt-demokratisch oder doch repräsentativ: Welche Entscheidungsmodi präferieren Bürger*innen?, in: *dms – der moderne staat – Zeitschrift für Public Policy, Recht und Management* 16(1), 40–71.

Witting, Irene; Wagenaar, Charlotte; Hendriks, Frank (2023), Improving Referendums with Deliberative Democracy: A Systematic Literature Review, in: *International Political Science Review*, 46(1), 40–56.

VON DER INTERESSENVIELFALT ZUM GRUNDKONSENS. MULTI-STAKEHOLDER-BETEILIGUNG ALS CHANCE FÜR DIE KOMMUNALE DEMOKRATIE

Von GESINE SCHWAN,
LAURA GERARDS IGLESIAS & TARA ELLA GRIMM

Neue Wege für die repräsentative Demokratie

Es wird immer deutlicher, dass die liberale Demokratie unter Druck steht – in Deutschland, Europa und weltweit. Ihre Gegner_innen formieren sich auf unterschiedliche Weise: geschickt und vermeintlich regelkonform wie die AfD und Georgia Meloni, massiv wie Viktor Orbán und Donald Trump oder offensiv wie Wladimir Putin und Xi Jinping. In Deutschland haben die Wahljahre 2024 und 2025 der AfD erhebliche Wahlerfolge gebracht, strategisch-antidemokratische Kräfte werden immer stärker.

Ihr Erfolg liegt nicht nur an unfairen Methoden, sondern auch an der Unzufriedenheit vieler Menschen mit der Demokratie (vgl. Hebenstreit et al. 2025: 124). Diese hat sowohl irrationale als auch reale Ursachen, etwa die zunehmende soziale und wirtschaftliche Ungleichheit innerhalb und zwischen Staaten. Die Angst vor dem eigenen sozioökonomischen Abstieg und die Kürzungen im Sozialstaat untergraben das Versprechen der Demokratie, allen gleiche Rechte und Chancen auf ein freies, selbstbestimmtes Leben zu ermöglichen. In einer Welt voller Krisen, Kriege und unzureichender Lösungsfähigkeit demokratischer Politik werden diese Ängste verstärkt und gezielt ausgenutzt – ein gefährlicher Angriff auf die Legitimität und Stabilität der Demokratie.

Um Freiheit, Frieden, Gerechtigkeit und Wohlstand zu erhalten und zu festigen, müssen Bürger_innen sich mit der Demokratie stärker identifizieren können und daher dringend und flächendeckend neue Möglichkeiten erhalten, an der Formulierung der Probleme und ihren Lösungen mitzuwirken. Insbesondere die klima- und energiepolitische Transformation und der konstruktive Umgang mit Migration erfordern die Partizipation der Bürger_innen an ihrer grundsätzlichen und konkreten Ausgestaltung, damit sie ihre Kompetenz einbringen, sich mit den demokratischen Entscheidungen identifizieren und sich für sie engagieren können.

Aus aktuellen Umfragen (z. B. Best et al. 2023: 22 f.) geht hervor, dass viele Bürger_innen sich deshalb anstelle der repräsentativen Demokratie eine »direkte« Demokratie wünschen, in der sie ihre Vorstellungen und Interessen ohne Vermittlung durch Abgeordnete »direkt« umsetzen können. Die Frage ist, wie das in einer Gesellschaft gelingen soll, die kein homogenes Volk darstellt, sondern in der viele verschiedene Interessengruppen mit durchaus unterschiedlichen Machtpotenzialen Entscheidungen beeinflussen wollen. Zudem führen direktdemokratische Mehrheitsabstimmungen zu einer enormen Komplexitätsreduzierung politischer Entscheidungs- und Abwägungsprozesse, die die Gesellschaft weiter polarisiert.

Die repräsentative Demokratie geht stattdessen von der Realität einer pluralistischen Gesellschaft aus und versucht, die Vielfalt der Interessen und Machtpotenziale durch ein doppeltes Repräsentationsverständnis zu Entscheidungen zusammenzubringen: Im Parlament sollen die Abgeordneten die Interessen ihres Wahlkreises repräsentieren und sich zugleich für ihre Entscheidung das Gemeinwohl – die Interessen aller Bürger_innen – vergegenwärtigen und einbeziehen. Sie sind nur ihrem Gewissen verpflichtet, wie es im Art. 38 GG heißt. Ihr Auftrag ist, einen gerechten Kompromiss zwischen den unterschiedlichen Interessen zu finden, auf die sie nicht nur in ihrem Wahlkreis, sondern in der gesamten Gesellschaft stoßen.

Das ist eine gewaltige Forderung und offenbar eine Überforderung. Viele Bürger_innen finden, dass es an effektiven und gerechten Beschlüssen und Lösungen mangelt, dass der Demokratie insgesamt die »Output-Legitimation« fehlt. Gleichzeitig ringen die etablierten Parteien um die aus ihrer Sicht »richtigen« Lösungen für die konkreten Bedarfe der Bürger_innen – mit immer weniger Erfolg. Daher liegt es nahe, dass die Unzufriedenheit der Bürger_innen nicht einfach mit »besseren« Policy-Entscheidungen der Politik angegangen werden kann, sondern im Kontext größerer systemischer und gesellschaftlicher Fragen gesehen werden muss.

Um das anzugehen, braucht es einen neuen Blick auf die Rollen von Politik und Bürger_innenschaft in der repräsentativen Demokratie, um gemeinsam mutige, anschlussfähige Strategien zu entwickeln. Kommunen sind dabei die zentrale Arena: Sie sind die »Keimzellen« der Demokratie. Die Erfahrungen, die Bürger_innen hier mit der Politik machen, prägen ihr Verhältnis zur Demokratie und zum politischen System insgesamt. Auf kommunaler Ebene ist Politik spür- und greifbar, es gibt ein unmittelbares Miteinander und einen gemeinsamen Referenzrahmen.

Die repräsentative Demokratie muss mit zwei Zielen weiterentwickelt werden: Wir müssen sie durch Institutionen und Verfahren ergänzen, die gerechte Lösungen vorbereiten. Und wir müssen diese so organisieren, dass Bürger_innen über die Parlamentarier_innen hinaus daran partizipieren und dabei ihre demokratische Selbstwirksamkeit erfahren können. Allerdings muss diese ebenfalls in Verantwortung für das Gemeinwohl und im Einklang mit der repräsentativen Demokratie praktiziert werden, wenn sie die Grundlagen unserer Demokratie nicht unterminieren soll. Es reicht für das Gelingen der liberalen pluralistischen Demokratie nicht, durch Partizipation nur die individuellen Bedürfnisse besser zu befriedigen. Vielmehr gilt es, eine Beteiligungspraxis zu entwickeln, die die individuellen Interessen gemeinwohlorientiert miteinander vermittelt. Dabei müssen bestehende Formate der Bürger_innenbeteiligung hinterfragt, weiterentwickelt und um neue Ansätze erweitert werden.

In Deutschland finden verschiedene Beteiligungsformate Anwendung, um Bürger_innen an politisch-administrativen Prozessen teilhaben zu lassen. Dazu gehört zum einen die formalisierte Öffentlichkeitsbeteiligung aus konkreten Verwaltungsvorschriften, die bei der Planung und Zulassung größerer Infrastrukturmaßnahmen gesetzlich vorgeschrieben ist und meist als Informations- und weniger als Mitgestaltungsangebot umgesetzt wird (Eith/Meier 2021: 11 f.). Zum anderen haben sich in Deutschland aus der Zivilgesellschaft heraus seit den 1960er- und 1970er-Jahren nichtformalisierte, sogenannte dialogorientierte Beteiligungsformate etabliert, die, angefangen mit der »Planungszelle«, vor allem als Bürgerräte an vielen Orten umgesetzt wurden und werden. Bürgerräte sind ein Format, bei dem die zufallsbasierte Auswahl der Teilnehmenden im Vordergrund steht, mit dem Ziel, die Gesellschaft möglichst repräsentativ abzubilden (vgl. Geißel/Hoffmann 2024: 9).

Bürgerräte haben sich in Deutschland etabliert und vielerorts bewährt. Sie bieten den Teilnehmenden wertvolle Lern- und Selbstwirksamkeitserfahrungen, und die entwickelten Ideen sind häufig kreativ und zukunftsweisend. Allerdings deutet die Erfahrung aus der Praxis darauf hin, dass bestehende gesellschaftliche Machtunterschiede dazu führen, dass marginalisierte Personen, die auf Basis des Melderegisters ausgelost und eingeladen werden, an solchen Gremien oft nicht teilnehmen können oder möchten (vgl. Hummel 2020: 2; Nida-Rümelin 2020). Um beteiligungsfernere Bürger_innen zur Teilnahme zu motivieren, wurden daher Formate wie aufsuchende Losverfahren entwickelt (vgl. Liesenburg/Strothmann 2022: 83 f.). Dennoch stellt sich die Frage, wann ein solches Gremium als »repräsentativ« für die Gesellschaft gilt: Welche Kriterien sind entscheidend, um Vielfalt abzubilden? Wie repräsentativ kann ein Gremium von 30 Personen auf Ebene der Kommune tatsächlich sein? Welche Erwartungen an die inhaltlichen Positionen der Beteiligten werden aus deren sozialen Merkmalen abgeleitet? Diese Fragen verdeutlichen, dass das Konzept der Repräsentativität in diesem Kontext an seine Grenzen stößt. Einen weiteren Kritikpunkt stellt die mangelnde Integration losbasierter Gremien in den politischen Willensbildungs- und Entscheidungsprozess dar, sodass ihr tatsächlicher Einfluss auf politische Entscheidungen begrenzt bleibt (vgl. Oppold 2024). Selbst wenn ein Bürgerrat von einem politisch gewählten Gremium beauftragt wird, bleibt die Umsetzung der Ergebnisse eine Herausforderung (vgl. Geißel/Hoffmann 2024: 27).

Eine vielversprechende Alternative ist die Multi-Stakeholder-Beteiligung: Dieses dialogorientierte Format bringt die Interessen (»Stakes«) der Politik mit denen von Verwaltung, Wirtschaft und organisierter Zivilgesellschaft zusammen, um zu konkreten politisch-gesellschaftlichen Fragestellungen einen konsensorientierten Austausch zu ermöglichen. Anders als individualisierte Beteiligungsformate zielt diese nicht nur auf die Abbildung von Vielfalt ab, sondern auf die aktive Bearbeitung gesellschaftlicher Konflikt- und Wertefragen.

Auf Basis der Erfahrungen mit Kommunalen Entwicklungsbeiräten plädieren wir für einen stärkeren Fokus auf diese Formate, insbesondere auf Ebene der Kommunen. Hier können gesellschaftliche Konflikte und Wertefragen frühzeitig bearbeitet und tragfähige, breit legitimierte Lösungen erarbeitet werden. Durch die direkte Einbindung von Politik und Verwaltung sind diese Lösungen zudem näher an den praktischen Gegebenheiten – und erhöhen die Wahrscheinlichkeit, dass sie tatsächlich umgesetzt werden.

Eine vielversprechende Alternative ist die Multi-Stakeholder-Beteiligung: In diesen dialogorientierten Formaten bringen Politik, Verwaltung, Wirtschaft und organisierte Zivilgesellschaft ihre Interessen zusammen, um gemeinsam konsensorientierte Lösungen für konkrete gesellschaftliche Herausforderungen zu entwickeln. Anders als losbasierte Beteiligungsformate geht es hier nicht nur um die Abbildung gesellschaftlicher Vielfalt, sondern um die aktive Bearbeitung von Konflikten und Wertefragen. Auf Basis unserer Erfahrungen mit Kommunalen Entwicklungsbeiräten plädieren wir im Folgenden für einen stärkeren Fokus auf diese Formate, insbesondere auf kommunaler Ebene. Hier entstehen breit getragene und tragfähige Lösungen, die – durch die direkte Einbindung von Politik und Verwaltung – von Anfang an auf praktische Umsetzbarkeit ausgerichtet sind.

Multi-Stakeholder-Beteiligung in einer pluralistischen Gesellschaft

Die Gesellschaft in Deutschland wird durch verschiedene Faktoren wie Immigration, politische Liberalisierung oder soziale Bewegungen immer vielfältiger und differenziert sich weiter aus. Diese Entwicklung stärkt die Chance für eine Erweiterung der demokratischen Inklusivität, da immer mehr gesellschaftliche Gruppen die verschiedenen Möglichkeiten des demokratischen Systems nutzen können, um ihre Interessen zu organisieren, einzubringen und miteinander auszuhandeln. Gleichzeitig erfordert diese Entwicklung aber eine aktive Auseinandersetzung mit den Herausforderungen, die sich aus der größeren Heterogenität ergeben. So ringen verschiedene Gruppen, die wir *Stakeholder* nennen, in der Gesellschaft miteinander um die Erfüllung ihrer Interessen, da sie Mitsprache und Anteilnahme an einer bestimmten Entscheidung beanspruchen. Im Unterschied zu *Shareholdern*, die sich am Eigentum einer Unternehmung oder einer Initiative mit ihrem Partikularinteresse beteiligen, verfechten *Stakeholder* Anliegen oder Funktionen bzw. *Stakes, die für das gesamte Gemeinwesen von Belang sind*. Dazu können politische Parteien, Gewerkschaften, Unternehmensverbände genauso gehören wie Interessengruppen oder zivilgesellschaftliche Organisationen.

Insbesondere in der Entwicklungszusammenarbeit haben sich Teilhabeformen als »Multi-Stakeholder-Partizipation« entwickelt. Bei der Konstruktion von Staudämmen ging es z. B. darum, nicht nur Verabredungen zwischen Regierungen und dem Privatsektor zu treffen, sondern die Interessen der Bewohner_innen, die von Staudämmen betroffen wären, als »organisierte Zivilgesellschaft« einzubeziehen (vgl. Coni-Zimmer/Flohr 2015). Durch das Zusammenbringen von organisierten Interessen der Zivilgesellschaft mit jenen der Politik, Verwaltung und Wirtschaft in einem moderierten Format, das einen gleichberechtigten Austausch auf Augenhöhe fördert, stärken Multi-Stakeholder-Formate den Zugang zivilgesellschaftlicher Gruppen zu politischen Gestaltungsprozessen, der sonst nur wenigen, auf der Basis von finanziellen Ressourcen und Netzwerken einflussreichen Gruppen vorbehalten ist.

Die Trias von Politik mit Verwaltung, Wirtschaft und organisierter Zivilgesellschaft hat sich seitdem als besonders wirksame Konstellation einer »antagonistischen Kooperation« herausgebildet, in der die Konflikte nicht ausgeblendet, sondern thematisiert werden, um gesellschaftliche Grundkonsense herauszubilden, die den unterschiedlichen Interessen und Bedürfnissen einer pluralistischen Gesellschaft prinzipiell gerecht werden. Die Wirtschaft orientiert sich an der Logik des Marktes, um die ökonomische Basis von Entscheidungen zu sichern. Die organisierte Zivilgesellschaft kann die Interessenvielfalt der Gesellschaft abbilden, während die Politik die Verantwortung für die Entscheidungen trägt, die für die gesamte Gesellschaft bindend sind und dem Gemeinwohl dienen sollten. Innerhalb der drei Stakeholdergruppen gibt es wieder Ausdifferenzierungen, die möglichst inklusiv behandelt werden sollten. Dazu zählt besonders die Unterscheidung von Politik und Verwaltung, die auf der funktionalen Ebene zwar derselben Handlungslogik folgen, indem die Verwaltung die Entscheidungen der Politik ausführt. Im Handeln können sie aber von sehr unterschiedlichen Partikularinteressen geleitet sein.

Indem Einzelpersonen im Multi-Stakeholder-Format bewusst als Vertretung einer bestimmten Interessengruppe – wenn auch ohne imperatives Mandat – eingeladen und aufgefordert werden, diese Perspektiven einzubringen, werden Ressourcen- und Machtunterschiede im Gremium transparent gemacht und greifbar. So können diese Faktoren in die Diskussionen und Lösungsfindung miteinbezogen und für die Ermittlung des Gemeinwohls als Grundlage für die gemeinsamen Ergebnisse nutzbar gemacht werden.

Doch mit dem Anspruch, Bürger_innen an komplexen politischen Gestaltungsprozessen teilhaben zu lassen, entsteht ein Zielkonflikt mit der Inklusivität eines solchen Gremiums (vgl. Krick 2023: 4). Multi-Stakeholder-Beteiligung ist kein niedrigschwelliges Format, das in der Theorie für jede_n zugänglich und offen ist. Es adressiert folglich nicht diejenigen, die sich von Politik abgewandt haben, sich nicht bereits in Gruppen oder zu bestimmten Themen engagieren. Stattdessen wird ein gewisses gesellschaftliches oder politisches Engagement vorausgesetzt. Dennoch ist Multi-Stakeholder-Beteiligung insofern inklusiv, als sie offen ist gegenüber *jeglichen* gesellschaftlichen Perspektiven aus Politik, Wirtschaft und Zivilgesellschaft und Zugänge schafft zur politischen Gestaltung – und zwar für alle gruppenbezogenen Interessen in einer Gesellschaft, unabhängig von ihren finanziellen, parteipolitischen oder anderweitigen Ressourcen.

Beteiligung als Aushandlung von Grundkonsensen

Bei der Multi-Stakeholder-Beteiligung ist das Offenlegen der Anliegen und Ressourcen der Beteiligten Ausgangspunkt des Prozesses. Konfliktlinien und Differenzen sichtbar zu machen, ist entscheidend, um an den Kern des Problems der politischen Entscheidung zu gelangen und von dort aus nach Wegen zu suchen, um die unterschiedlichen Anliegen im Sinne einer gesamtgesellschaftlich tragbaren Lösung zu vereinen. Entscheidungen werden nicht durch einfache Mehrheit, sondern durch einen gleichberechtigten, diskursiven Austausch von Argumenten getroffen, bei dem für Diskussionsbeiträge und -aussagen stets Begründungen eingefordert werden. Ziel ist es, im Sinne der Habermas'schen Deliberation (vgl. Habermas 2022) einen Grundkonsens zu entwickeln, der alle Perspektiven einbezieht, möglichst allgemein akzeptabel ist oder zumindest tragfähig und gemeinwohlorientierte Kompromisse ermöglicht. Dieser Grundkonsens kann Visionen, Ziele oder Maßnahmen enthalten, adressiert aber in jedem Fall die Kernaspekte, die die politische Handlungsfähigkeit bei einem Thema im Sinne des Gemeinwohls ermöglichen und anregen sollen.

Damit nicht einige wenige, besonders lautstarke Anliegen in den Diskussionen überwiegen, muss der Prozess des Ringens um die Entscheidung so organisiert werden, dass sich kein_e Einzelne_r einfach durchsetzen kann. Das ist möglich über eine faire, multiperspektivische und transparente Diskussionskultur, die eine möglichst große Bandbreite der gesellschaftlichen Bedarfe und Anliegen gleichwertig einbezieht. Damit wird das Gemeinwohl als Rahmen zu einem verbindenden Faktor in den Diskussionen, und es wird gleichzeitig dadurch weiter geschärft.

Der Begriff »Gemeinwohl« hat in der politischen Theorie eine jahrhundertealte Tradition und lässt sich nicht kurz und allgemeingültig definieren. In der modernen pluralistischen Gesellschaft kann er nicht durch irgendeine Autorität a priori bestimmt werden, sondern folgt a posteriori aus den Auseinandersetzungen der Gesellschaft. Praktisch geht es häufig darum, die »ungenierte« Durchsetzung von Partikularinteressen zu verhindern.

Im Rahmen der Multi-Stakeholder-Beteiligung ist die Entwicklung von Gestaltungsaufträgen daher in einen umfassenden gesellschaftlichen Aushandlungs- und Verständigungsprozess eingebettet.

Kommunale Entwicklungsbeiräte

Kommunale Entwicklungsbeiräte sind ein konkretes und erprobtes Format für Multi-Stakeholder-Beteiligung auf lokaler Ebene. Sie bieten innovative und zugleich praxisorientierte Lösungen für komplexe kommunalpolitische Herausforderungen und tragen zu einer nachhaltigen Stärkung der lokalen Demokratie bei.

In Kommunalen Entwicklungsbeiräten arbeiten 30 bis 40 Personen aus organisierter Zivilgesellschaft, Politik mit Verwaltung und Wirtschaft über mehrere Monate hinweg zusammen. In bis zu fünf ganztägigen Sitzungen entwickeln sie im Auftrag der gewählten Kommunalpolitik ein Empfehlungspapier zu einer prioritären und längerfristig bedeutsamen kommunalen Fragestellung, wie beispielsweise der Sicherung ländlicher Gesundheitsversorgung, der Gestaltung einer Brache oder der Entwicklung wirtschaftspolitischer Leitlinien für die Kommune.[1] Ziel ist ein im Konsens beschlossenes Empfehlungs-

---

[1] Siehe Empfehlungspapier KEB Kalletal, KEB Frankfurt (Oder), KEB Hoyerswerda, KEB Niesky.

papier, das als Entscheidungsgrundlage für das kommunal gewählte politische Gremium dient.

Die gleichberechtigte Mit- und Zusammenarbeit an Fragestellungen, die das unmittelbare Lebensumfeld betreffen, wird von den Beteiligten trotz mancher anstrengenden und herausfordernden Aspekte als bereichernd empfunden und bietet prägende Erfahrungen politischer Selbstwirksamkeit.[2] Die Form der Zusammenarbeit und die Zusammensetzung des Beirats fördern zudem eine hohe Identifikation mit den erarbeiteten Ergebnissen, sodass ein Gefühl von »Ownership«, d. h. (Mit-)Verantwortung, entsteht. Über 90 Prozent der Beirät_innen der zuletzt abgeschlossenen Prozesse gaben an, zufrieden mit den gemeinsamen Ergebnissen zu sein, und mehr als 80 Prozent erklärten, sich aktiv für deren Umsetzung einsetzen zu wollen, was an vielen Orten auch passiert.[3] Diese hohe Identifikation mit den entwickelten Strategien wiederum stärkt die Umsetzungsperspektiven: Die Wirksamkeit von Multi-Stakeholder-Beteiligung zeigt sich nicht zuletzt darin, dass die einstimmig verabschiedeten Empfehlungspapiere in den abgeschlossenen Prozessen von den kommunalpolitischen Entscheidungsgremien in bisher allen Fällen als Grundsatzbeschlüsse angenommen oder/und von der Verwaltung entweder vollständig oder in wesentlichen Teilen in die Umsetzung gebracht werden.[4]

Multi-Stakeholder-Zusammensetzung

Die Wirksamkeit der Kommunalen Entwicklungsbeiräte fußt auf ihrer Multi-Stakeholder-Zusammensetzung, die möglichst viele für die Bearbeitung des Auftrags relevante Perspektiven und Interessengruppen innerhalb der Kommune zusammenbringt.

---

2   Daten aus Befragungen der Mitglieder der Kommunalen Entwicklungsbeiräte, durchgeführt von der Berlin Governance Platform in den Jahren 2022 und 2024.
3   Ebd.
4   Dazu gehören Stand Dezember 2024: Herne, Hoyerswerda, Kalletal, Niesky, Rottenburg am Neckar.

Die Auswahl der Beirät_innen erfolgt auf Basis eines Stakeholder-Mappings, das durch Gespräche mit Verwaltung, lokaler Zivilgesellschaft und Wirtschaft ein umfassendes Bild der relevanten Akteur_innen, ihrer Interessen und Beziehungen schafft. Der Fokus liegt dabei darauf, Interessenkonflikte und Machtverhältnisse vorab zu identifizieren sowie Gruppen einzubeziehen, deren Anliegen in politischen Gestaltungsprozessen sonst eher übersehen werden.

Als Voraussetzung für eine gelungene Zusammensetzung müssen zwei Bedingungen erfüllt sein: erstens, dass sich in der Kommune möglichst viele Interessen und Perspektiven aus der Gesellschaft organisiert haben oder organisieren können. Das ist nicht immer gegeben. Trotz einer im internationalen Vergleich hohen Organisierungsdichte in Deutschland (vgl. Schubert et al. 2023) ist der Trend, gerade im ländlichen Raum, rückläufig, was sowohl für die demokratische Kultur im Allgemeinen als auch für Multi-Stakeholder-Beteiligung im Konkreten eine Herausforderung darstellt. Bei geringem Organisierungsgrad können daher auch Perspektiven über nicht formal organisierte Personen abgedeckt werden, die auf Basis einer guten Vernetzung oder besonderen Engagements in gutem Kontakt zu einer bestimmten Gruppe sind und so informell bestimmte Perspektiven vertreten können. Zweitens muss allen organisierten Interessen ein gleichberechtigter und überparteilicher Zugang zum Beteiligungsprozess möglich sein. Die Auswahl der Stakeholder muss auf Basis ihrer Betroffenheit, ihrer Perspektive oder ihres Einflusses erfolgen, um ein möglichst breites Spektrum abzudecken, unabhängig davon, ob sie den politischen Entscheidungsträger_innen in der Kommune positiv oder kritisch gegenüberstehen. Gerade kritische Perspektiven bringen zwar für die gewählte Politik oft unbequeme, aber durchaus wertvolle Hinweise zu übersehenen gesellschaftlichen Herausforderungen und Konflikten ein. Die Berücksichtigung aller relevanten organisierten Interessen im Rahmen eines umfassenden Mappings bildet daher die Grundlage für einen gesellschaftlich breit verankerten Prozess.

Stärkung der demokratischen politischen Kultur

In Kommunalen Entwicklungsbeiräten sind die Beteiligten eingeladen, ihre Interessen und Ideen in einem moderierten Raum transparent und auf Augenhöhe zu diskutieren, um so eine wirksame Strategie für das jeweilige Thema in der Kommune zu entwickeln. Dazu braucht es eine allparteiliche Moderation sowie gemeinsam beschlossene Vereinbarungen zur Zusammenarbeit, die auf Basis der Gemeinwohlorientierung einen gleichberechtigten und alle unterschiedlichen Perspektiven integrierenden Umgang einfordern.

In der Praxis bilden und vertreten auch Stakeholder in Prozessen ihre Partikularinteressen, die sich aus der sozialen Praxis ergeben und unter Umständen mit ihrem gesellschaftlichen Anliegen oder Aufträgen reiben können. So handelt die Verwaltung zwar im Auftrag der Politik und wird von ihr legitimiert, folgt aber unter Umständen auch ihren eigenen Interessen, die sich aus der langjährigen Routine und Fachkompetenz oder aus der Verpflichtung zur Einhaltung gesetzlicher Vorgaben ergeben, die unter Umständen auch in Spannung zu politischen Präferenzen stehen können. Daher fordert die Prozessmoderation, wo nötig, eine Begründung der eingenommenen Perspektiven ein, was eine Diskussion über ihre Anschlussfähigkeit für andere ermöglicht. Im Dialog entsteht so ein gemeinsames Verständnis darüber, wo Konsens möglich ist und wie sich das kommunale Gemeinwohl im Hinblick auf die jeweilige Fragestellung definieren lässt.

Die begründende Argumentation zwischen Vertreter_innen aus Politik, Verwaltung, Wirtschaft und Zivilgesellschaft ermöglicht es, die oft zunächst als konträr wahrgenommenen Handlungslogiken der anderen kennenzulernen und zu verstehen. Das schafft Vertrauen, das eine Grundlage für neue Bündnisse und Formen der Zusammenarbeit bietet. Auch das politische Engagement auf lokaler Ebene wird gestärkt: Mitglieder zahlreicher Kommunaler Entwicklungsbeiräte engagieren sich auch nach ihrem Einsatz als Beirät_in für kommunalpolitische Themen.

Gemeinsames Entwickeln tragfähiger Policy-Lösungen

Die Multi-Stakeholder-Zusammensetzung Kommunaler Entwicklungsbeiräte ermöglicht auf diese Weise die Entwicklung politischer Handlungsstrategien, die praxisnah sind und zugleich breite gesellschaftliche Zustimmung finden. Indem er gesellschaftliche Konfliktlinien, die konkreten Gestaltungsfragen oft zugrunde liegen, sichtbar macht und bearbeitet, ebnet der Entwicklungsbeirat so den Weg für tragfähige und nachhaltige Lösungsansätze. Ein wesentlicher Erfolgsfaktor dabei ist, dass die jeweils zu bearbeitenden Fragestellungen offiziell von der Politik an den Beirat delegiert werden. Die Politik muss zudem bereit sein, sich nach dem Prozess mit den Ergebnissen auseinanderzusetzen und eine fundierte Entscheidung zu treffen.

Darüber hinaus fördert die Zusammensetzung, dass die Ergebnisse gemeinsam verantwortet und in die Umsetzung gebracht werden. Durch die Teilnahme von Entscheidungsträger_innen aus Politik und Verwaltung erhalten Beirät_innen ein klares und persönliches Verständnis für die Umsetzungsperspektiven der entwickelten Strategien und den zugrunde liegenden Prozess.

Zugleich stellt die Begleitung und Teilnahme von Verwaltung am Prozess sicher, dass die Lösungen fachlich fundiert, praktisch umsetzbar und mit den Möglichkeiten der Kommune vereinbar sind. Entscheidend ist dabei, dass der Gestaltungsspielraum für die Bearbeitung des Auftrags seitens Politik und Verwaltung von Beginn an und durchgängig im Prozess transparent formuliert und in diesem Rahmen auch gewährt wird.

Mit anderen Worten, Gestaltungsfragen müssen genuin offen an den Beirat gestellt werden, ohne dass die Politik oder Verwaltung parallel die von ihnen favorisierten Antworten entwickelt. Ist dies der Fall, stehen die Chancen gut, dass die Empfehlungen des Beirats ihren Weg in die Umsetzung finden und die Beteiligten die Früchte ihrer Arbeit in der Praxis sehen können – ein zentraler Faktor dafür, dass Beteiligung tatsächlich nachhaltig demokratiestärkend wirkt.

Fazit: Multi-Stakeholder-Beteiligung als demokratische Innovation

In den letzten Jahren hat bürger_innennahe Beteiligung in Deutschland einen bemerkenswerten Aufschwung erlebt – eine Entwicklung, die angesichts zunehmender Angriffe auf die Demokratie und weitverbreiteter Unzufriedenheit mit politischen Prozessen nicht nur wünschenswert, sondern auch dringend notwendig ist.

Verschiedene Beteiligungsansätze haben sich dabei in Deutschland etabliert und vielerorts bewährt. Doch zeigt sich zunehmend, dass diese Formate selten nennenswerten Einfluss auf politische Entscheidungen haben, damit ihr erklärtes Ziel verfehlen und nicht systematisch zur Stärkung der Output-Legitimation der repräsentativen Demokratie beitragen. Damit Beteiligung ihrem Anspruch gerecht wird, die Demokratie zu stärken, ist eine kritische Auseinandersetzung mit den eingesetzten Formaten unerlässlich. Es bedarf einer Vielfalt an Methoden, die je nach Fragestellung unterschiedliche Anforderungen erfüllen. In diesem Kontext stellte dieses Kapitel Multi-Stakeholder-Beteiligung als eine vielversprechende Erweiterung bestehender Ansätze vor.

Multi-Stakeholder-Beteiligung versteht sich als umfassender, in der pluralistischen Gesellschaft verankerter politischer Prozess, der über eine ideenproduzierende Zusammenarbeit hinausgeht. Beteiligung wird hier als ein dynamischer und oft herausfordernder Prozess verstanden, der nicht nur auf die Erarbeitung von konkreten Maßnahmen abzielt, sondern auch die Auseinandersetzung mit Konflikten und schwierigen Verhandlungen umfasst. In einem deliberativen Rahmen werden die bestehenden zentralen gesellschaftlichen Konflikte und Wertefragen bearbeitet – eine Grundlage, auf der Lösungen entstehen, die nachhaltig zur Bewältigung komplexer politischer Herausforderungen beitragen können.

Die Multi-Stakeholder-Beteiligung stellt damit eine innovative Erweiterung der repräsentativen Demokratie dar. Als bürger_innennahes, deliberatives Gremium fördert es wie kein anderer Ansatz durch die multiperspektivische Stakeholder-Zusammensetzung gemeinsame Verantwortungsübernahme für die komplexen Herausforderungen unserer Zeit. Diese Form der Beteiligung arbeitet nicht neben oder sogar in Konkurrenz zu demokratisch legitimierten Institutionen. Stattdessen bieten sie eine Arena, in der Politik *gemeinsam mit* Zivilgesellschaft und Wirtschaft gemeinwohlorientierte Grundkonsense zu komplexen Fragestellungen aus der Mitte der Gesellschaft erarbeiten kann. Durch die motivierende Erfahrung, dass man sich mit respektvollem Umgang und begründeten Argumenten auch über politische oder persönliche Differenzen hinweg im Sinne des Gemeinwohls einigen kann, schafft die Teilnahme an solchen Gremien Verständnis für unterschiedliche Handlungslogiken und fördert das Vertrauen in eine lebendige, pluralistische Demokratie.

Praktische Erfahrungen mit Multi-Stakeholder-Formaten auf der kommunalen Ebene – mit den Kommunalen Entwicklungsbeiräten – belegen die Wirksamkeit dieses Ansatzes. Sie führen zu qualitativ hochwertigen, konsensbasierten Strategien, die kommunalpolitische Herausforderungen effektiv adressieren. Besonders bemerkenswert sind die hohe Identifikation der Teilnehmenden mit den entwickelten Handlungsempfehlungen und ihr aktives Engagement für deren Umsetzung. Dies zeigt nicht nur die Zufriedenheit der Beteiligten mit dem Prozess, sondern auch die demokratiestärkenden Effekte, die über den Beirat und die Kommune hinauswirken.

Literatur

Best, Volker u.a. (2023), Demokratievertrauen in Krisenzeiten. Wie blicken die Menschen in Deutschland auf Politik, Institutionen und Gesellschaft?, Friedrich-Ebert-Stiftung, Berlin.

Coni-Zimmer, Melanie und Flohr, Annegret (2015), Zwischen Konfrontation und Kooperation – Das Verhältnis zwischen NGOs und Privatwirtschaft, in: *Zeitschrift für Außen- und Sicherheitspolitik*, Vol. 8, 567–588, https://doi.org/10.1007/s12399-015-0523-3.

Eith, Ulrich und Meier, Jacqueline (2021), Bürgerräte: Erfahrungen aus der Praxis von Baden-Württemberg, Konrad-Adenauer-Stiftung, Berlin, https://www.kas.de/documents/252038/11055681/B%C3%BCrgerr%C3%A4te+-+Erfahrungen+aus+der+Praxis+von+Baden-W%C3%BCrttemberg.pdf/952a9d85-b998-263d-3f28-19debf8a7beb?version=1.0&t=1635236569379.

Geißel, Brigitte und Hoffmann, Felix (2024), Demokratische Innovationen. Beteiligungsformen in Deutschland, Friedrich-Ebert-Stiftung, Berlin, https://library.fes.de/pdf-files/pbud/21472.pdf.

Habermas, Jürgen (2022), *Ein Strukturwandel der Öffentlichkeit und die deliberative Demokratie*, Berlin.

Hebenstreit, Jörg u.a. (2025), Deutschland-Monitor 2024: Gesellschaftliche und politische Einstellungen. »In welcher Gesellschaft wollen wir leben?«, Halle (Saale), Jena und Mannheim.

Hummel, Siri (2020), Das Thema »Bürgerräte« aus der Sicht der Zivilgesellschaftsforschung, Berlin, https://www.maecenata.eu/wp-content/uploads/2020/10/MO_46_-Hummel.pdf.

Krick, Eva (2023), Typische Schwächen von Bürgerräten und wie man ihnen begegnen kann, Berlin, https://bipar.de/wp-content/uploads/2024/08/Typische-Schwaechen-von-Buergerraeten.pdf.

Liesenburg, Katharina und Strothmann, Linus (2022), *Wir holen Euch ab! Wie wir durch Bürgerräte und Zufallsauswahl echte Vielfalt in die Demokratie bringen*, München.

Nida-Rümelin, Julian (2020), *Die gefährdete Rationalität der Demokratie: Ein politischer Traktat*, Hamburg.

Oppold, Daniel (2024), Bürgerräte in Theorie und Praxis, in: Aus Politik und Zeitgeschichte, Bundeszentrale für politische Bildung, Bonn.

Ryan, Matt (2021), *Why citizen participation succeeds or fails: a comparative analysis of participatory budgeting*, Bristol.

Schubert, Peter; Tahmaz, Birthe; Krimmer, Holger (2023), Zivilgesellschaft in Krisenzeiten: Politisch aktiv mit geschwächten Fundamenten. Erste Befunde des ZiviZ-Survey 2023, Zivilgesellschaft in Zahlen (ZiviZ), Berlin, https://www.ziviz.de/sites/ziv/files/ziviz-survey_2023_trendbericht.pdf.

WEHRHAFTIGKEIT

VERWUNDBARE DEMOKRATIE UND WEHRHAFTE ZIVILGESELLSCHAFT

Von FRIEDRICH ZILLESSEN

Brauchen wir ein Parteiverbot, um unsere freiheitliche Demokratie zu schützen? Müssen zentrale Institutionen wie die Justiz, die freie Anwaltschaft oder der öffentlich-rechtliche Rundfunk rechtlich besser gesichert werden? Wenn Jurist_innen über die Verwundbarkeit unserer Demokratie nachdenken, kreisen ihre Überlegungen meist um die Frage, ob und wie sich autoritäre Bedrohungen durch die Mittel des Rechts abwehren lassen.[1] Das ist keineswegs verfehlt – birgt jedoch das Risiko, dass man sich als demokratische Gesellschaft in falscher Sicherheit wiegt. Recht und Institutionen können eine freiheitliche Gesellschaftsordnung nur insoweit bewahren, wie diese selbst auf ihre Gefährdungen vorbereitet ist. Anders gewendet: Wer sich allein auf das Recht verlässt, um die Demokratie zu retten, hat womöglich schon verloren.

**Der autoritäre Populismus und das Recht oder:
Warum Jurist_innen besondere Verantwortung tragen**

Den autoritären Populismus zeichnet ein besonderes Verhältnis zum Recht aus. Er gibt vor, dem vermeintlichen Volkswillen zu freier Entfaltung verhelfen zu wollen. Eigentlich geht es ihm nur darum, an die Macht zu kommen und an der Macht zu bleiben (Scheppele

---

[1] Bei Nils Schaks (2023: 44) sind es vier Bereiche: wehrhafte Demokratie, Verfassungsfestigkeit (ungeschriebene Normen; Konstitutionalisierung), Populismus, Gelingensbedingungen.

2018: 545). Spielerisch formuliert: »Einmal an der Macht, werden autoritäre Populisten zu populistischen Autoritären« (Schäfer/Zürn 2025). Der autoritäre Populismus arbeitet gegen den demokratischen Rechtsstaat, während er innerhalb seiner Institutionen agiert. Anstatt wie früher auf Gewalt oder außergesetzliche Maßnahmen zurückzugreifen (Petrov 2024: 600), haben die Autoritären von heute erkannt, dass Verfassungen, Gesetze und Geschäftsordnungen ihnen wertvolle Instrumente liefern, um destruktiv zu handeln, ohne den Deckmantel der Rechtmäßigkeit aufgeben zu müssen (Steinbeis 2024: 14). Auf dem Weg zur Macht versuchen sie, bei jeder Gelegenheit das Dilemma zu forcieren, dass eine freiheitliche Demokratie ihrem Anspruch nach auch ihren Feinden Freiheit gewähren muss: Kooperiert man mit autoritären Populisten, so legitimiert man sie; grenzt man sie aus, können sie sich als Opfer gerieren.

Nach Machterhalt arbeiten autoritäre Populisten daran, ihre Macht zu konsolidieren. Sie bevorzugen es dabei, rechtmäßig vorzugehen – oder ihre Maßnahmen zumindest mit dem Anschein von Rechtmäßigkeit zu versehen. Das Recht dient ihnen hier gleichsam als Werkzeug und als Deckung, die ihnen Legitimität verspricht. Ein allmählicher, inkrementeller Prozess der Autokratisierung macht es schwierig, die Erosion der Demokratie zu erkennen, da einzelne Maßnahmen oft weder gegen bestehende Gesetze verstoßen noch direkt den Zusammenbruch demokratischer Systeme auslösen (Huq/Ginsburg 2018: 78; Landau 2013: 189). Oft ist es gerade die kumulative Wirkung dieser Handlungen, die ihr volles autoritäres Potenzial freisetzt (Scheppele 2013: 559).

Der autoritäre Populismus ist ein globales Phänomen. Wir kennen ihn aus Venezuela, Ungarn, der Türkei oder Polen. Aber auch etablierte Demokratien wie aktuell die USA sind nicht davor gefeit. Im kleinen Thüringen hat die autoritär-populistische AfD im Herbst 2024 die konstituierende Sitzung des Landtags sabotiert, um einen vermeintlichen Machtanspruch auf das Amt des Landtagspräsidenten gegen die Parlamentsmehrheit durchzusetzen (Jaschinski et al. 2024). Nachdem dies scheiterte, hat sie eine Delegitimierungskampagne gegen den Thüringer Verfassungsgerichtshof initiiert. Im neuen Landtag hat sie ihre Sperrminorität erfolgreich dazu genutzt, einen loyalen Rechtsanwalt an eben jenes Gericht zu befördern und den Richterwahlausschuss zu blockieren (Talg/Wittreck 2025).

Ob die entfesselte Trump-Administration noch in dieses Schema des autoritären Populismus passt, wird zunehmend in Frage gestellt – oder zumindest relativiert (Müller 2025; Heinig 2025). Trump hat die übliche Taktik des inkrementellen, schleichenden Vorgehens aufgegeben und setzt stattdessen auf eine Strategie der Überwältigung. Indem er zunehmend auch Rechtsbrüche in Kauf nimmt oder sogar forciert, stellt er die Annahme in Frage, dass autoritäre Populisten vorzugsweise rechtsförmig handeln. Allerdings: Entscheidend ist weniger, dass tatsächlich formell oder materiell rechtmäßig gehandelt wird, sondern dass das Vorgehen den *Anschein* von Rechtmäßigkeit wahrt. Schon ein einziges rechtliches Argument kann genügen, um einer Maßnahme einen solchen Anstrich zu verpassen – sei es über die »Unitary Executive Theory«, den »Alien Enemies Act« von 1798 oder – Sprung nach Thüringen – angebliches »seltenes verfassungsrechtliches Gewohnheitsrecht« in Bezug auf die Wahl des Landtagspräsidenten.

Weil das Recht so eine eminente Rolle in der Strategie der heutigen autoritären Populisten spielt, bedarf es einer umfassenderen Auseinandersetzung mit deren Verhältnis. Der Verfassungsblog hat mit dem »Thüringen-Projekt« im Vorfeld der Landtagswahlen 2024 versucht, einen Beitrag dazu zu leisten. Unter der Leitfrage »Was wäre, wenn autoritäre Populisten staatliche Machtmittel in die Hand bekämen?« hat das Projekt die Rechts- und Verfassungsordnung des Freistaats Thüringen auf ihre Verwundbarkeiten analysiert und dazu ein Vorgehen entwickelt, das Resilienz- oder Schwachstellentests zukunftsorientiert durchführt. Dem liegt die Annahme zugrunde, dass sich eine Demokratie besonders dann als wehrhaft erweist, wenn sie vorbereitet ist, also ihre Schwachstellen und Einfallstore kennt (Müller-Elmau/Zillessen 2024; vgl. Bar-Siman-Tov et al. 2025).

Mögliche Spielräume des autoritären Populismus mittels Szenarienbildung auszuloten, hat sich dabei als hilfreich erwiesen. Das Vorgehen entwickelte sich im Laufe des Projektes. Mit etwas Abstand lassen sich erste Überlegungen zu Erkenntnismöglichkeiten der Szenarioanalyse anstellen sowie ihre Grenzen und Potenziale als Methode reflektieren. Die im Rahmen des Projekts gewonnenen Erfahrungen könnten Anhaltspunkte dafür liefern, wie sich der Ansatz weiterentwickeln und -verwenden ließe.

Szenarioanalyse:
Schwachstellen und Resilienz in die Zukunft denken

Bei der Szenarioanalyse geht es darum, zukünftige rechtlich und praktisch plausible Situationen zu identifizieren und darzustellen, in denen – unter den Annahmen der autoritär-populistischen Strategie – gehandelt wird, um Macht zu erhalten, zu konsolidieren oder auszubauen. Ihr Ziel ist nicht, zukünftige Ereignisse mit einer gewissen Wahrscheinlichkeit vorherzusagen, sondern mögliche zukünftige Situationen zu erkunden, um die gegenwärtigen und zukünftigen Handlungsspielräume zu stärken.

Szenarioanalysen sind in der Rechtswissenschaft – anders als in anderen Disziplinen – kaum etabliert (Moberg 2023: 202). Allgemein gelten Szenarien als präzise definierte Darstellungen möglicher zukünftiger Situationen, einschließlich der Entwicklungsverläufe, die zu ihnen führen könnten (Kosow/Gaßner 2007: 1). Sie »beschreiben Entwicklungspfade in Form von Erzählungen, sogenannten Narrativen oder Storylines (Hoffart et al. 2021) und legen dabei den Fokus auf Plausibilität« (Schmidt-Scheele, 2020, O'Neill et al., 2017; zitiert nach: Schlösser 2022: 33).

Die Szenarienentwicklung stützt sich auf drei elementare Bausteine, die in einem iterativen Prozess miteinander verknüpft sind: Erstens ist die Analyse autoritär-populistischer Strategien in anderen Ländern ein Ausgangspunkt, um Muster zu erkennen. Möchte man etwa Szenarien für den Schulbereich entwickeln, bietet es sich an, entsprechende Maßnahmen in Ungarn, der Türkei oder Florida zu studieren. Im nächsten Schritt gilt es, diese Muster auf die spezifischen rechtlichen Kontexte – etwa auf Thüringens Verfassungsordnung – zu übertragen und anzupassen, also den Rechtsrahmen zu recherchieren und zu analysieren, auf Einfallstore hin zu prüfen und erste Szenarien zu entwickeln. Im dritten Schritt sind vertrauliche Hintergrund- und Recherchegespräche mit Expert_innen und Funktionsträger_innen zu führen, um die ersten Szenarienentwürfe zu validieren. Im Verlauf des Thüringen-Projekts haben wir dazu über 150 Gespräche mit Entscheidungsträger_innen aus Ministerien, Parlamenten, Justiz, Wissenschaft, Behörden und Zivilgesellschaft geführt. Jede Schleife in diesem iterativen Prozess erhöht die Plausibilität des Szenarios. Sobald sie in eine narrative Form gebracht und ausreichend gehärtet wurden, können die Szenarien vielfältig zur Sensibilisierung vor autoritär-populistischen Gefahren verwendet werden – im Rahmen des Thüringen-Projekts bildeten sie die Grundlage für ein Buch, einen Podcast, wissenschaftliche und journalistische Beiträge, Workshops, politische Bildungsformate sowie ein Policy Paper.[2]

Die Expert_innengespräche sind in mehrfacher Hinsicht zentral: Sie dienen der (gemeinsamen) Wissensgenerierung, der Plausibilisierung der entwickelten Szenarien ebenso wie der Exploration. Möglichst diverse Funktionsträger_innen einzubeziehen, hilft nicht nur dabei, die Diskrepanz zwischen dem »law in the books« und dem »law in action« zu überwinden. Es ermöglicht auch, Einfallstore zu identifizieren, die erst aus der Praxis besser sichtbar werden. Auch wenn sich autoritär-populistische Akteure Strategien aus dem Ausland abschauen, sind sie natürlich nicht darauf beschränkt, bereits bekannte Pfade zu betreten – im Gegenteil: Sie entwickeln ihre Taktiken weiter oder weichen bewusst davon ab. Die Expert_inneninterviews eignen sich, um dem mittels Exploration zu begegnen und die Szenariomethode empfänglicher für neue Angriffsformen zu machen.

---

2 Eine Übersicht findet sich auf der Projekt-Website: https://verfassungsblog.de/thuringen-projekt/ sowie im Abschlussbericht: https://verfassungsblog.de/wp-content/uploads/2025/06/Thueringen-Projekt_Abschlussbericht.pdf.

Gleichzeitig kann es nicht Ziel sein, jedes denkbare Zukunftsszenario abzudecken. Angesichts des sehr weiten Handlungsspielraums eines autoritär-populistischen Gesetzgebers bietet es sich an, den Fokus zunächst auf exekutive Kompetenzen zu legen. Autoritäre Akteure präferieren exekutives Handeln, weil sie vergleichsweise geringen politischen Aufwand erfordern. Der Rückgriff auf die Annahmen des autoritären Populismus (s. o.) für die Definition des Szenariorahmens dient der Komplexitätsreduktion – zugleich klammert das andere relevante Dimensionen autoritärer Machtausübung wie Desinformation oder Gewalt und Einschüchterung aus. Einen ganzheitlichen Blick in die Zukunft verspricht das Vorgehen (bislang) nicht.

Die Recherchegespräche erfordern eine gewisse Beweglichkeit und Kreativität bei allen Beteiligten, denn es hilft, einen Rollenwechsel vorzunehmen und »devil's advocat« zu spielen. Insbesondere bei Funktionsträger_innen ist ein hohes Maß an Vertraulichkeit zwingend notwendig, was Aspekten der Datendokumentation im Weg stehen kann. Um sich auf die Gedankenspiele einzulassen, müssen die Interviewpartner_innen darüber hinaus prinzipiell die Prämissen mittragen, also eine Gefährdung der liberalen Demokratie durch die autoritär-populistische Strategie anerkennen – was durchweg nicht alle Akteure tun, die sich zur demokratischen Mitte zählen würden.

Ähnlich dem fallbasierten Arbeiten in der juristischen Ausbildung ist eine narrative Darstellungsweise kennzeichnend für Szenarien (Spaniol/Rowland 2018: 7). Sie steigert die Anschaulichkeit und Verständlichkeit, indem sie es erleichtert, sich in eine zukünftige Situation hineinzuversetzen. Zugleich legt sie die unvermeidliche Subjektivität eines solchen epistemischen Zugangs offen. Darüber hinaus kann die narrative Form die Plausibilität des Szenarios festigen, etwa mit der direkten oder indirekten Anknüpfung an vergangene Äußerungen, politische Forderungen oder bereits beobachtete Fälle.

Das Dilemma des Propheten:
Szenarioanalyse als *self-defeating prophecy*

Szenarioanalysen eröffnen so eine Möglichkeit, Schwachstellentests zukunftsgerichtet zu denken. Sie ermöglichen es, Entscheidungsträger_innen wie auch die demokratische Öffentlichkeit frühzeitig auf Gefahren aufmerksam zu machen. Szenarioanalysen stärken die *kognitive Resilienz* einer demokratischen Gesellschaft. Durch vorausschauende Antizipation können potenzielle autoritäre Angriffe erkannt, frühzeitig vereitelt oder rechtzeitig bekämpft werden.

Ein geeignetes Beispiel hierfür ist die schon genannte konstituierende Sitzung des Thüringer Landtags. Für den Fall, dass die AfD als stärkste Kraft aus den Landtagswahlen hervorgeht, wurde frühzeitig vor dem Szenario gewarnt, dass die AfD versuchen könnte, das Amt des Landtagspräsidenten zu beanspruchen, das mit weitreichenden Kompetenzen einhergeht und dementsprechend besonders missbrauchsanfällig ist. Die Normen der Geschäftsordnung des Thüringer Landtags enthielten bezüglich der Wahl des Landtagspräsidenten eine unglückliche Ambiguität, die ein sitzungsleitender AfD-Alterspräsident missbrauchen könnte. Obwohl das Szenario frühzeitig bekannt gemacht (vgl. von Achenbach/Steinbeis 2023) und später mit konkreten Handlungsempfehlungen (Beck et al. 2024) verbunden wurde, konnte sich im Wahlkampf keine politische Mehrheit finden, um das Szenario frühzeitig abzuwenden. Die handelnden Fraktionen erkannten die Tragweite des Szenarios zu spät – dem Vernehmen nach ca. eine Woche vorher –, sodass sie Vereitelungsmaßnahmen erst zu Beginn der Sitzung einleiteten. Die konstituierende Sitzung eskalierte, wurde mehrfach unterbrochen und erforderte schließlich eine Entscheidung des Thüringer Verfassungsgerichtshofs.

Dieser Vorgang offenbart ein strukturelles Dilemma der Szenarioanalyse: Ihre Bewahrheitung setzt das Eintreten der prognostizierten Gefahr voraus, die es präventiv zu verhindern sucht. Im Idealfall ist ein Szenario eine *self-defeating prophecy* – es warnt derart wirksam vor einer zukünftigen Situation, dass diese nicht eintritt. Es ist wichtig, sich zu vergegenwärtigen, dass es nicht das Ziel der Szenarioanalyse ist, ein zukünftiges Ereignis zu prognostizieren, sondern »die Gegenwart in einem neuen Licht zu betrachten – sie klarer zu sehen, neue Möglichkeiten und Auswirkungen zu erkennen – und somit bessere Entscheidungen zu treffen« (Hammond 1998: 14).

Lessons learned:
Schwachstellen suchen ist nicht gleich Schwachstellen schließen

In diesem Zusammenhang haben wir im Thüringen-Projekt die Erfahrung gemacht, dass sich die öffentliche Aufmerksamkeit sehr auf rechtliche Änderungsvorschläge konzentriert hat. Der Erfolg wurde teils ausschließlich an neuen Ideen zur Schließung von institutionellen Lücken und ihrer Umsetzung gemessen (Rath 2024a, 2024b), was wiederum Aspekte der Sensibilisierung für Gefahren und das Wirken der autoritär-populistischen Strategie in den Hintergrund gedrängt hat. Das ist insofern nachvollziehbar, als Handlungsempfehlungen in ihrem Gegenstand und bezüglich ihrer Adressat_innen sehr konkret und für den öffentlichen Diskurs gut greifbar sind. Obendrein versprechen sie eine gewisse Handlungsfähigkeit gegen den scheinbar unaufhaltsamen Aufstieg des autoritären Populismus. Und natürlich zeigen Beispiele wie die konstituierende Sitzung des Thüringer Landtags, dass Regeln besser und schlechter gestaltet sein können – institutional design *does* matter.

Institutionelle »Quick Fixes« sind aber ein zweischneidiges Schwert. Insbesondere in der »legalistischen Kultur der Bundesrepublik« (Volkmann 2025: 12) können sie zu dem falschen Sicherheitsgefühl verleiten, dass man sich alleine mit den Mitteln des Rechts gegen autoritäre Bedrohungen absichern könne. Dadurch läuft eine demokratische Gesellschaft Gefahr, immer mehr Verantwortung an Institutionen wie Parlamente, Gerichte oder den Verfassungsschutz abzugeben. Das aber wäre fahrlässig.

Es geht nicht darum, Szenarioanalyse als Antizipationstool gegen Szenarioanalyse als Grundlage für gesetzliche Anpassungen auszuspielen. Die Methode kann Grundlage für beides sein, auch wenn der Impuls des einen dem des anderen inhärent ein Stück weit zuwiderläuft. Wenn es eine schlechte Regel gibt, die ein Einfallstor für Missbrauch ist, das sich schließen ließe, dann wäre es fahrlässig, dieses Einfallstor nicht zu schließen. Gleichzeitig gilt: Die Burg einer freiheitlichen, rechtsstaatlichen, demokratischen Ordnung kann nicht alle ihre Tore schließen, ohne selbst autoritär zu werden. Sie ist von vielen Seiten her angreifbar, um zu sein, was sie sein möchte. Das muss ihr stets bewusst sein.

**Die Resilienzreform:
Wie sehr hat das der Demokratie geholfen?**

Ein Szenario (Steinbeis 2019) war auch (ein) Ausgangspunkt für die Resilienzreform, mit der das Bundesverfassungsgericht im vergangenen Jahr »wetterfest« gemacht werden sollte. Trotz der Potenziale der Reform verdeutlicht der Vorgang, dass sich mit (verfassungs-)rechtlichen Änderungen kein lückenloser Schutz erzielen lässt.

Schon vor einigen Jahren wurde im Zuge der Rechtsstaatlichkeitsdebatten in Polen und Ungarn auf rechtliche Schwachstellen des Bundesverfassungsgerichts hingewiesen (Gärditz/Steinbeis 2018; Duden 2020). Da wichtige Bestimmungen lediglich im Bundesverfassungsgerichtsgesetz geregelt sind, ist das gesetzliche Rahmenwerk anfällig für Änderungen durch eine entsprechend motivierte Parlamentsmehrheit. Die Initiative, die es kurz vor Weihnachten 2024 trotz des Auseinanderbrechens der Ampelkoalition durch Bundestag und Bundesrat schaffte, soll das Bundesverfassungsgericht stärken, indem sie zentrale Regelungen in Art. 93 n. F. Grundgesetz verlegt und damit Änderungen an eine Zweidrittelmehrheit bindet. Dazu gehören unter anderem die Etablierung von zwei Senaten mit jeweils acht Richter_innen (darunter jeweils drei Bundesrichter_innen), eine

Amtszeitbegrenzung auf 12 Jahre samt Altersgrenze, das Verbot der Wiederwahl sowie Geschäftsordnungsautonomie.[3]

Die hohe Anerkennung, die das Bundesverfassungsgericht genießt, wird häufig darauf zurückgeführt, dass das Zweidrittelquorum bei der Verfassungsrichterwahl trotz eines offen politischen Auswahlprozesses politische Einseitigkeit verhindert und in der Folge am Gericht eine konsensorientierte, sachliche Beratungskultur geschaffen hat (Nußberger 2024; Voßkuhle 2025: 11 ff.). Das Zweidrittelquorum könnte sich mit dem Aufstieg autoritär-populistischer Parteien jedoch als Bumerang erweisen, der Entscheidungsprozesse lähmt. Konkret befürchtete man, dass bei einer Kodifikation des Quorums die Richterwahl »versteinern« könnte (Eichberger 2024), weil eine Minderheit mit mehr als einem Drittel der Stimmen Entscheidungen blockieren könne. Solche Sperrminoritäten sind zwar nicht per se problematisch – in den falschen Händen drohen sie allerdings, missbraucht zu werden, um Entscheidungen zu verzögern, zu behindern oder zu manipulieren. Autoritäre Populisten nutzen Sperrminoritäten, um System und Gegner zu delegitimieren und so ihrer Erzählung vom Systemversagen Evidenz zuzuführen.

Um dieses Risiko zu kompensieren, wurden im Zuge der Resilienzreform innovative Vorschläge gemacht, darunter der sogenannte »Ersatzwahlmechanismus«. Er nutzt das Zweikammersystem als Ventil zur Überwindung möglicher Blockaden: Laut Art. 93 Abs. 2 GG wählen Bundestag und Bundesrat je zur Hälfte die Richter_innen. Die Verfassungsänderung ermöglicht nun, dass nach Ablauf einer bestimmten Frist ohne erfolgreiche Richterwahl die jeweils andere Kammer einspringen kann. Auch wenn handwerkliche Mängel, etwa bzgl. der Bestimmtheit der Regeln, attestiert werden,[4] beweist der Ersatzwahlmechanismus, dass institutionelle Innovation das Potenzial haben kann, autoritär-populistisches Obstruktionsverhalten zu kompensieren.

---

3 Zur Kritik am »Kodifikationsfuror« und speziell der Geschäftsordnungsautonomie vgl. Sauer 2025.
4 Kloepfer/Jessen (2025: 1 ff.) übernehmen die Kritik von Klatt/Weber (2024).

Dennoch konnten sich die verfassungsändernden Fraktionen weder darauf einigen, das Zweidrittelquorum für die Richterwahl selbst ins Grundgesetz zu übernehmen, noch das Bundesverfassungsgerichtsgesetz zu einem zustimmungsbedürftigen Gesetz zu machen. Das Zweidrittelquorum kann also nach wie vor durch einfache Mehrheit im Bundestag geändert werden. Hier liegt der Knackpunkt, denn in Kombination mit den anderen Regeländerungen schafft dieses Versäumnis eine neue, bisher nicht existente Schwachstelle: Eine entsprechend motivierte Mehrheit könnte im Bundestag das Quorum mangels Zustimmungspflicht durch den Bundesrat eigenständig senken. Sollte diese Bundestagsmehrheit im Bundesrat über eine Sperrminorität verfügen, könnte sie Richterwahlen dort gezielt blockieren und so ins Parlament verlagern (Willaschek 2024). Unter diesen Umständen wäre es potenziell leichter als vor der Reform, das Gericht personell zu kapern.

Die Reform ist dadurch nicht zwangsläufig gescheitert, denn in mancher Hinsicht verspricht sie dem Gericht besseren Schutz.[5] Es gilt indes vor überzogenen Erwartungen zu warnen, denn es wäre ein Irrtum, das Gericht für ausreichend geschützt zu halten. Das Bundesverfassungsgericht ist bei der Vollstreckung seiner Entscheidungen nach wie vor auf die Folgebereitschaft von Regierungen, Behörden und anderen Gerichten angewiesen. (Einzel-)Fälle exekutiven sowie judikativen Ungehorsams sind in den letzten Jahren aufgetreten (vgl. Koepsell 2023). Hier ist das Bundesverfassungsgericht in großem Maße auf seine verfassungspolitische Autorität angewiesen – und auf eine wachsame Öffentlichkeit, die derlei Gefahren erkennt, versteht und sich im Zweifel für eine demokratische Gewaltenteilung einsetzt (Kirchner 2024; Vanberg 2005).

---

5 Schröder (2025: 96) kritisiert: »Gesetzeskraft der Entscheidungen sowie Normverwerfungskompetenz des BVerfG »als wesensbildende Kompetenzen«.

Freiheit. Gleichheit. Antizipation: die zivile Brandmauer

Auch dieses Beispiel verdeutlicht: Was wir brauchen, ist eine wehrhafte Zivilgesellschaft – eine, die mit den entsprechenden Kompetenzen ausgestattet ist, autoritär-populistische Strategien zu erkennen, zu benennen und ihnen entschieden entgegenzutreten. Jurist_innen können dazu einen wichtigen Beitrag leisten: durch wissenschaftliche Analyse, anwaltliche Praxis, engagierte Rechtsprechung, Aufklärungsarbeit, strategische Vernetzung und Mobilisierung. Mit dem Thüringen-Projekt, dem nachfolgenden Justiz-Projekt und der Entwicklung der Szenarioanalyse versuchen wir, dazu beizutragen.

Wir haben die nachdrückliche Erfahrung gemacht, wie groß der Durst nach Wissen und Austausch über die rechtlichen Dimensionen autoritär-populistischer Taktiken ist – und wie stark das Bedürfnis, konkrete Verwundbarkeiten, Risiken und Gegenstrategien zu verstehen. Die Nachfrage nach Workshops und Bildungsformaten ist enorm: bei Lehrer_innen, die von einem AfD-geführten Bildungsministerium gemaßregelt werden; bei Polizist_innen, die gegen rechtswidrige Weisungen remonstrieren wollen; bei Hochschulen und Wissenschaftsverbänden, die Trumps Attacken auf die Wissenschaft verfolgen. In Deutschland gibt es eine breite, geschichtsbewusste, wache Zivilgesellschaft, die eine zentrale Gelingensbedingung für demokratische Resilienz ist (Vorländer et al. 2024: 28 f.). Doch auch sie ist ihrerseits auf Schutz und Förderung angewiesen (Hölzen/Marandi 2024). Dass das Demokratiefördergesetz in der Ampelkoalition versandet ist und auf kommunaler Ebene zunehmend Demokratieprojekte verhindert werden, ist ein Hemmnis. Das gezielte Schüren von Verdachtsmomenten gegen gemeinnützige Organisationen, etwa durch die (kleine) Anfrage der CDU-CSU-Fraktion (Schönberger 2025) oder durch den Sächsischen Rechnungshof (Deyda 2023) ist besorgniserregend. Es wäre eine schlechte Idee, das Informationsfreiheitsgesetz zu beschneiden. Und im Versammlungsrecht – dem Rückgrat einer bürgerschaftlichen Kontrolle von staatlicher Gewalt – sind in den letzten

Jahren Sanktionsverschärfungen und eine Zunahme von repressiven Polizeistrategien und -instrumenten zu verzeichnen (Wihl 2025: 575).

Hier schließt sich der Kreis: Demokratische Resilienz entsteht nicht von selbst und auch nicht allein durch Recht. Wenn die Gelingensbedingungen einer wehrhaften Zivilgesellschaft unter Druck geraten, kommt es umso mehr auf Problembewusstsein, Diskurs und Antizipation an. Es braucht nicht nur Institutionen und Regeln, sondern vor allem Menschen, die bereit sind, diese Arbeit zu leisten.

Literatur

Bar-Siman-Tov, Ittai u.a. (2025), Scholactivism in the service of counter-populism: The case of constitutional overhaul in Israel, in: *International Journal of Constitutional Law*, 22(4), 1059–1093.

Beck, Hannah u.a. (2024), Rechtsstaatliche Resilienz in Thüringen stärken. Handlungsempfehlungen aus der Szenarioanalyse des Thüringen-Projekts, https://verfassungsblog.de/wp-content/uploads/2025/05/240417_Verfassungsblog-PolicyPaper.pdf.

Deyda, Jonas (2023), Weaponized Neutrality. Wie der Sächsische Rechnungshof versucht, die Zivilgesellschaft an die Kandare zu nehmen, in: Verfassungsblog, https://verfassungsblog.de/weaponized-neutrality/

Duden, Konrad (2020), Richterwahl und parteipolitische Einflussnahme – Vergleichende Anregungen zum Schutz der Unabhängigkeit des Bundesverfassungsgerichts und der obersten Bundesgerichte, in: *Rabels Zeitschrift für ausländisches und internationales Privatrecht*, 84, 637–665.

Eichberger, Michael (2024), Die erste von drei Säulen. Zum Arbeitsentwurf des BMJ zur Stärkung der Stellung des Bundesverfassungsgerichts, in: Verfassungsblog, https://verfassungsblog.de/die-erste-von-drei-saulen/.

Gärditz, Klaus Ferdinand und Steinbeis, Maximilian (2018), Die meisten Dinge, die in Polen und Ungarn gelaufen sind, könnten ohne Weiteres hier auch passieren, in: Verfassungsblog, https://verfassungsblog.de/die-meisten-dinge-die-in-polen-und-ungarn-gelaufen-sind-koennten-ohne-weiteres-hier-auch-passieren/.

Hammond, Allen (1998), *Which World? Scenarios For The 21st Century*, Washington D.C.

Heinig, Hans Michael (2025), Harvard Under Attack. Was wir aus jüngst eingereichten Klageschriften gegen die US-Regierung über Gefährdungen der Wissenschaftsfreiheit in den USA lernen können, in: Verfassungsblog, https://verfassungsblog.de/harvard-under-attack/.

Hölzen, Katharina und Alizadeh Marandi, Nina (2024), Die Pflicht zum Demokratieschutz. Zivilgesellschaftliche Räume als Voraussetzung der wehrhaften Demokratie, in: Verfassungsblog, https://verfassungsblog.de/die-pflicht-zum-demokratieschutz/.

Huq, Aziz Z. und Ginsburg, Tom (2018), How to Lose a Constitutional Democracy, in: *UCLA Law Review*, 65, 78–169.

Jaschinski, Jannik u.a. (2024), Dämmert's jetzt? Eine Rekonstruktion der konstituierenden Sitzung des Thüringer Landtags, in: Verfassungsblog, https://verfassungsblog.de/daemmert-es-jetzt/.

Kirchner, Raven (2024), Karlsruhes Vollstrecker. Rechtliche und gesellschaftliche Mittel zur Befolgung verfassungsgerichtlicher Entscheidungen, in: Verfassungsblog, https://verfassungsblog.de/karlsruhes-vollstrecker/.

Klatt, Matthias und Weber, Max (2024), Vertretene Organe. Unklarheiten der geplanten Resilienzregelungen für das Bundesverfassungsgericht, in: Verfassungsblog, https://verfassungsblog.de/vertretene-organe/.

Kloepfer, Michael und Jessen, Alexander (2025), Die Verfassungsänderung zur Stärkung der Resilienz des BVerfG, in: *Zeitschrift für Gesetzgebung*, 1–21.

Koepsell, Philipp (2023), *Exekutiver Ungehorsam und rechtsstaatliche Resilienz*, Tübingen.

Kosow, Hannah; Gaßner, Robert (2008), Methods of Future and Scenario Analysis: Overview, Assessment, and Selection Criteria, in: *DIE Studies* (39).

Landau, David (2013), Abusive Constitutionalism, in: *UC Davis Law Review*, 47(1), 189–260.

Moberg, David (2023), Scenario Analysis in Law, in: *Tidsskrift for Rettsvitenskap*, 136(2–3), 200–230.

Müller, Jan-Werner (2025), Angriff auf den Geist, in: *Zeit Online*, https://www.zeit.de/2025/17/universitaeten-usa-donald-trump-regierung-hochschulen-harvard/komplettansicht.

Müller-Elmau, Marie und Zillessen, Friedrich (2024), Für einen zivilen Verfassungsschutz, in: *Zeit Online*, https://www.zeit.de/gesellschaft/zeitgeschehen/2024-01/afd-proteste-verfassung-demokratie-zivilgesellschaft.

Nußberger, Angelika (2024), Verfassungskonsenskultur in Gefahr, in: Verfassungsblog, https://verfassungsblog.de/verfassungskonsenskultur-in-gefahr/.

Petrov, Jan (2024), Countering Democratic Decay Judicially: Is Resistance Futile?, in: *ICL Journal*, 18(4), 595–628.

Rath, Christian (2024a), Thüringen ist nicht verloren, in: LTO, https://www.lto.de/recht/feuilleton/f/buchrezension-maximilian-steinbeis-die-verwundbare-demokratie.

Rath, Christian (2024b): Die Rechtslage – Podcast, in: LTO, https://www.lto.de/recht/meinung/m/podcast-die-rechtslage-004-sterbehilfe-vaeter-klimaurteil-thueringen.

Sauer, Heiko (2025), Selbstorganisation des Bundesverfassungsgerichts, in: *JuristenZeitung*, 80(1), 12–21.

Schaks, Nils (2023), *Demokratische Dekonsolidierung. Eine rechtsdogmatische und rechtsvergleichende Untersuchung zum Schutz der liberalen Demokratie durch das Grundgesetz*, Tübingen.

Schäfer, Armin und Zürn, Michael (2025), The Populism Trap: Discontents and Challenges to Democracy, https://politicsrights.com/populism-trap-discontents-challenges-democracy/.

Scheppele, Kim Lane (2013), The Rule of Law and the Frankenstate: Why Governance Checklists Do Not Work, in: *Governance*, 26(4), 559–562.

Scheppele, Kim Lane (2018), Autocratic Legalism, in: *University of Chicago Law Review*, 85(2), 545–577.

Schönberger, Sophie (2025), Man wird ja wohl mal fragen dürfen? Zu den verfassungsrechtlichen Anforderungen an die Kommunikation aus dem Parlament, in: Verfassungsblog, https://verfassungsblog.de/anfrage-bundestag-informationshandeln/.

Schröder, Christoph (2025), Konstitutionalisierung als Sicherungsmechanismus für das Bundesverfassungsgericht, in: *DÖV* 25/3, 96–105.

Schlösser, Tim (2022), Methodik der qualitativen Szenarioanalyse, in: Roos, Michael; Kamlage, Jan-Hendrik; Schmitt, Elias-Johannes (Hg.), *Klimaresiliente Kommunalpolitik*, 33–51.

Spaniol, Matthew und Rowland, Nicholas (2018), Defining Scenario, in: *Futures & Foresight Science*, 1(1)e3, 1–13.

Steinbeis, Maximilian (2019), Ein Volkskanzler, in: Verfassungsblog, https://verfassungsblog.de/ein-volkskanzler/.

Steinbeis, Maximilian (2024), *Die verwundbare Demokratie. Strategien gegen die populistische Übernahme*, München.

Talg, Juliana und Wittreck, Fabian (2025), Bis die Bergwacht kommt. Wie in Thüringen weiter Richterinnen und Richter auf Lebenszeit ernannt werden können, in: Verfassungsblog, https://verfassungsblog.de/bis-die-bergwacht-kommt/.

Vanberg, Georg (2005), *The Politics of Constitutional Review in Germany*, Cambridge.

Volkmann, Uwe (2025), Demokratischer Minimalismus. Zur Kapitulation der Demokratietheorie vor der gegenwärtigen Lage, in: *Merkur*, 5, 5–19.

von Achenbach, Jelena und Steinbeis, Maximilian (2023), Warum die Machtübernahme durch die AfD schon früher beginnen könnte, als viele glauben, in: Verfassungsblog, https://verfassungsblog.de/warum-die-machtubernahme-durch-die-afd-schon-frueher-beginnen-koennte-als-viele-glauben/.

Vorländer, Hans u.a. (2024), 75 Jahre Grundgesetz. Einstellungen zu Verfassung und Demokratie in Deutschland, https://www.stiftung-mercator.de/content/uploads/2024/05/MIDEM_Grundgesetzstudie.pdf.

Voßkuhle, Andreas (2025), »Verfassungspatriotismus« revisited, in: *Der Staat*, 64(1), 1–20.

Wihl, Tim (2025), Grenzen der Rechtsform. Eine Annäherung an neue europäische Versammlungsgesetze, in: *Der Staat*, 63 (4), 575–594.

Willaschek, Simon (2024), Das Resilienzrisiko, in: Verfassungsblog, https://verfassungsblog.de/das-resilienzrisiko/.

VORBEUGUNG, WAPPNUNG, REPRESSION. WAS TUN GEGEN DEN ERSTARKENDEN AUTORITÄREN POPULISMUS?*

Von FRANK DECKER

Demokratien unter Druck

Die liberalen, westlichen Demokratien stehen seit geraumer Zeit unter wachsendem Druck. Man muss deshalb nicht bereits ihren Niedergang an die Wand malen und im alarmistischen Ton historische Parallelen zur Zwischenkriegszeit und zum »Todeskampf« der Weimarer Republik beschwören, der vor einhundert Jahren begann und ab 1933 in die Errichtung einer menschenverachtenden totalitären Diktatur mündete. Geschichte wiederholt sich bekanntlich nicht. Dennoch hält sie Analogien bereit, aus denen man für die gegenwärtige Situation Lehren ziehen kann. Das gilt auch für die Gefährdung der Demokratie durch den erstarkenden autoritären Populismus. Dabei handelt es sich einerseits um eine flächendeckende, globale Erscheinung mit entsprechend »übergreifenden« Erklärungsursachen. Andererseits stellt sie sich in den einzelnen Ländern in höchst unterschiedlicher Form und Intensität dar. In Ungarn ist der Übergang in eine autoritäre Wahldemokratie bereits erfolgt, in den USA wird er unter der zweiten Präsidentschaft Donald Trumps systematisch und für jedermann sichtbar betrieben. In den meisten anderen europäischen Demokratien bleiben deren Institutionen zumindest vorderhand aber

---

* Der Autor verzichtet im vorliegenden Beitrag auf die Verwendung geschlechtergerechter Sprache.

noch intakt. In einigen Ländern wurden die nationalpopulistischen und rechtsextremen Kräfte an der Wahlurne wieder zurückgedrängt (Polen 2023), in anderen verweigerten ihnen die demokratischen Parteien den Zugang zur Macht (Österreich 2024/2025). Auch dort, wo das nicht gewollt oder möglich war wie in Italien (seit 2019), Schweden (seit 2022) und den Niederlanden (seit 2024), kann von einem Umschlagen in autoritäre Verhältnisse bislang jedenfalls keine Rede sein. Andernorts – etwa in der Slowakei, in Kroatien, Bulgarien oder Rumänien – ließ die Einhaltung demokratischer und rechtsstaatlicher Standards schon seit ihrer demokratischen Neugründung 1989/1990 zu wünschen übrig und nicht erst seit den 2010er Jahren.

Die Unterschiede lassen sich aus institutionellen Eigenarten der jeweiligen Regierungssysteme und – noch wichtiger – historischen Traditionen und mentalen Prägungen erklären. Letztere werden in der Politikwissenschaft unter dem Begriff der politischen Kultur zusammengefasst. Die MOE-Staaten, deren Vergangenheit als autoritäre oder totalitäre Systeme noch nicht weit zurückliegt, tragen dabei naturgemäß eine größere Bürde als die nord- und westeuropäischen Länder mit ihrer vergleichsweise kontinuierlichen Demokratiegeschichte oder Länder, die wie Deutschland und Italien nach dem Zweiten Weltkrieg einen demokratischen Neuanfang starteten. Eine Zwischenstellung nehmen die südeuropäischen Länder (Spanien, Portugal und Griechenland) ein, wo dieser Neuanfang erst dreißig Jahre später eintrat. In Deutschland wiederum blieb er bis 1990 auf den westlichen Teil des Landes beschränkt, ehe es zur Wiedervereinigung mit der vormaligen DDR kam. Deren Integration in ein über vier Jahrzehnte gewachsenes stabiles demokratisches System stellte eine Herausforderung dar, die man in der Tragweite unterschätzte und Deutschland zu einem interessanten Sonderfall in Europa macht (vgl. Holtmann 2020). Dass sie bis heute nicht bewältigt ist, lässt sich an dem überdurchschnittlich hohen Wählerpotenzial ablesen, über das systemkritische und -feindliche Parteien im Osten des Landes verfügen.

Verspätet, dafür aber umso geballter: Die AfD in der rechtspopulistischen Parteienfamilie

Deutschland hatte seit 2005 ein Fünfparteiensystem, in welchem neben zwei größeren (Union, SPD) und zwei kleineren Parteien (Grüne, FDP) in der demokratischen Mitte lediglich die PDS überleben konnte und als Randpartei fortexistierte. Zunächst eine ostdeutsche Regionalpartei, gelangten die Postkommunisten in den »neuen Ländern« ab Mitte der 1990er Jahre zu neuer Stärke, um sich ab 2005 als gesamtdeutsche Partei Die Linke auch in den Westen auszudehnen. Auffällig war, wenn man es mit der Entwicklung in anderen europäischen Ländern vergleicht, das Fehlen einer relevanten Kraft am rechten Rand des Parteiensystems. Bis zur Gründung der AfD im Jahre 2013 blieb die Bundesrepublik vom Rechtspopulismus verschont, obwohl solche Parteien seit den 1980er Jahren in fast allen Nachbarländern entstanden waren. Dafür ließen sich im Wesentlichen drei Gründe anführen (vgl. Decker 2021: 117 ff). Erstens diskutierte man bis zu diesem Zeitpunkt in der deutschen Politik nicht wirklich streitig, auch parteipolitisch streitig, über die Einwanderung; das Thema sollte tunlichst unter der Decke gehalten werden. Zweitens waren die Unionsparteien als führende Kraft im Mitte-rechts-Lager in der Lage, die Wählerschaft am rechten Rand durch konservative Positionen zu binden. Und drittens litt die Organisationsfähigkeit rechtspopulistischer Parteien an der Stigmatisierung des Rechtsextremismus – dem sprichwörtlichen Schatten Hitlers.

Dass alle drei Gründe sich seit Mitte der 2000er Jahre nach und nach erledigen würden, war am Beginn der Ära der Großen Koalitionen nur schwer vorstellbar. Aus der Rückschau betrachtet gab es allerdings Anzeichen, die in diese Richtung deuteten. So machte z. B. die Sarrazin-Debatte im Jahre 2010 über die angeblich gescheiterte Integration der türkischen Zuwanderer sichtbar, dass der unausgesprochene Konsens in der Migrationsfrage brüchiger wurde und das Thema nicht länger ignoriert werden konnte. Das Terrain für eine »migrationsskeptische« Partei war insofern schon bereitet, als die AfD im

Frühjahr 2013 entstand. Den unmittelbaren Entstehungsanlass bildete mit der Eurokrise zwar ein anderes Thema. Für ihre Wählerschaft stellte die Migration aber bereits ein halbes Jahr später, als sich die AfD für den Bundestagswahlkampf rüstete, das wichtigere Problem dar. Die drei ostdeutschen Landtagswahlen im Spätsommer 2014 machten den Trend zur Gewissheit, auch wenn der von Führungsstreitigkeiten zerrissenen Partei der endgültige Durchbruch erst mit der 2015 einsetzenden Flüchtlingskrise gelang (vgl. Kienholz 2024: 25 ff.). Weil sie hier ihre Anti-Positionen voll ausspielen konnte, eilte sie bei den Wahlen fortan von Erfolg zu Erfolg und zog reihum in die Landesparlamente und – 2017 – auch in den Deutschen Bundestag ein.

Der zweite Faktor, der der AfD den Aufstieg erleichterte, war die nachlassende Integrationskraft der Unionsparteien nach rechts. Unter der neuen Bundesvorsitzenden Angela Merkel leitete insbesondere die CDU in den 2000er Jahren einen Reformprozess ein, der ihre Positionen in der Gesellschaftspolitik allmählich liberalisierte – von der Modernisierung des Frauen- und Familienbildes über die Enttabuisierung der durch die Einwanderung geschaffenen kulturellen Pluralität bis hin zur Anerkennung zuvor verfemter Lebensformen (etwa der gleichgeschlechtlichen Partnerschaft). Damit entstand eine Nische im Parteiensystem, in die die AfD mit ihren konservativ-autoritären Positionen hineinstoßen konnte. Dasselbe galt für die Wirtschafts- und Sozialpolitik, wo Merkel die von ihr selbst betriebene marktwirtschaftliche Agenda nach der Regierungsübernahme 2005 unter dem Druck des sozialdemokratischen Koalitionspartners ohne größeren innerparteilichen Widerstand wieder einkassierte. Die neoliberalen Positionen, die die AfD dem entgegensetzte, unterschieden sich zwar nicht sonderlich von jenen der FDP. Allerdings konnten die Rechtspopulisten auch dieser gegenüber ein Alleinstellungsmerkmal entwickeln, das ihnen elektoral nutzte – nämlich in der Eurofrage.[1]

---

1   Die FDP hatte sich nach ihrem Regierungseintritt 2011 in einem Mitgliederentscheid mit knapper Mehrheit dafür ausgesprochen, die von Merkel unterstützte Rettungspolitik mitzutragen. Bei einem anderen Ausgang wäre es vielleicht zur Entstehung der AfD gar nicht gekommen.

Was den dritten Faktor – die Stigmatisierung des Rechtsextremismus – angeht, ist das Erklärungspuzzle am schwierigsten. Als die AfD 2013 gegründet wurde, stuften sie die meisten Beobachter noch nicht als rechtspopulistische Partei ein, geschweige denn als rechtsextremistische (vgl. z. B. Niedermayer 2015: 194 ff.). Die sukzessive Öffnung für populistische und extremistische Positionen und das Einsickern entsprechender Kräfte in die Partei kam allerdings nicht ganz unerwartet. Schon in früheren Fällen, etwa bei den 1983 als Abspaltung von der CSU entstandenen Republikanern, hatte sich gezeigt, wie solche Kräfte die neuen Parteien als Trittbrett benutzen, um ihrer eigenen Stigmatisierung zu entrinnen (vgl. Fischer 2024). Wegen der daraus resultierenden innerparteilichen Konflikte und deren abschreckenden Wirkung auf die Wählerschaft zog das regelmäßig das Scheitern der Neuankömmlinge nach sich. Warum verhielt und verhält sich das bei der AfD anders?

Betrachtet man die Wahlergebnisse seit ihrem Höhenflug 2016, lässt sich eine dämpfende Wirkung der fortschreitenden Radikalisierung der AfD durchaus konstatieren. Dass sich die rechtsextremen Vertreter um den Thüringer Landesvorsitzenden Björn Höcke im innerparteilichen Machtkampf gegen die von Jörg Meuthen repräsentierten gemäßigteren Kräfte durchsetzten und Teile der AfD vom Verfassungsschutz als »gesichert rechtsextrem« eingestuft wurden, kostete die Partei vor allem in den westlichen Bundesländern Sympathien. Bei der Bundestagswahl 2021 büßte sie hier gegenüber 2017 im Schnitt etwa ein Viertel ihrer Wähler ein. In Ostdeutschland, wo sie schon vorher in etwa doppelt so stark war wie im Westen, blieb sie dagegen annähernd stabil oder legte – wie in Thüringen – sogar noch zu.

Für die Wahlforscher lag es nahe, das unterschiedliche Stimmverhalten nicht nur auf die im Gefolge der Coronakrise stärker ausgeprägte Proteststimmung im Osten zurückzuführen, sondern zugleich auf eine – historisch bedingt – geringere Immunität gegen den Rechtsextremismus. Der ab Mitte 2022 auch im Westen einsetzende kräftige Aufschwung der AfD in den Umfragen und ihre Rekordwahlergebnisse in Hessen (18,4 Prozent) und Bayern (14,6 Prozent) ein Jahr später konterkarierten diese Erklärungen zum Teil. Sie nahmen das Bundestagswahlergebnis 2025 vorweg, bei dem sich der Erfolg der AfD (20,8 Prozent) vor allem aus den überdurchschnittlichen Gewinnen im Westen speiste. Um die Stabilität der demokratischen politischen Kultur in der Bundesrepublik stand es offenbar weniger gut, als man das lange Zeit geglaubt hatte. Einst ein weißer Fleck auf der Karte des Rechtspopulismus und -extremismus, schien Deutschland jetzt auch aus Sicht seiner Nachbarstaaten zu einem europäischen Problemfall zu werden.

Ursachenanalyse

Am stärksten erklärungsbedürftig war neben der in kurzer Zeit erlangten Stärke der Partei ihre unverhohlene Hinwendung zum Autoritarismus und Rechtsextremismus. Während Marine Le Pen in Frankreich schon seit längerem eine Strategie der »Entdiabolisierung« eingeschlagen hatte, um dem Rassemblement National neue Wählerschichten in der bürgerlichen Mitte zu erschließen, und Georgia Meloni in Italien als Premierministerin einer neofaschistischen Partei einen EU-freundlichen und proatlantischen Kurs verfolgte, entsprach die AfD mit ihren völkisch-nationalistischen und russophilen Positionen eher dem Profil der rechtsextremen Parteien in den meisten mittelosteuropäischen Ländern. Mit deren Vertretern bilden ihre 14 Abgeordneten im Europäischen Parlament heute eine neue, eigenständige Fraktion (Europa der Souveränen Nationen), nachdem ihnen von den tonangebenden Kräften in der bisherigen Fraktion (Identität und Demokratie) um Le Pen signalisiert worden war, dass sie wegen ihrer als zu radikal empfundenen Positionen dort keinen Platz mehr finden würden. Maximilian Krah, der für die AfD inzwischen im Bundestag sitzt, war bereits vorher aus der Fraktion ausgeschlossen worden.

Ob die Radikalisierung der AfD durch ihre Stigmatisierung und den strikten Abgrenzungskurs der anderen Parteien ihr gegenüber befördert wurde, ist keine leicht zu beantwortende Frage. In jedem Fall spielte sie dem Opfernarrativ in die Hände, der als Teil ihrer populistischen Ansprache zur Mobilisierung der Anhänger mit beiträgt. Hinzu kommt, dass die durch das Hinzutreten der sozialen Netzwerke veränderte Medienöffentlichkeit Parteien wie der AfD heute bessere Möglichkeiten bietet als früher, die extremistischen Positionen zu verbreiten. Allein damit lässt sich deren Wiederaufleben und die neue Empfänglichkeit der Wählerschaft für den Extremismus aber nicht erklären. Dieser verweist zugleich auf Traditionslinien des völkisch-nationalistischen Denkens, die im Parteiensystem hierzulande lange Zeit keinen Niederschlag fanden, dafür aber in anderen Erscheinungsformen stets präsent waren – vom publizistischen Netzwerk der »intellektuellen« Neuen Rechten bis hin zur in Einzelaktionen oder organisiert ausgeübten Gewalt.[2]

Auf der Wählerebene wird der Extremismus durch Einstellungsmerkmale reflektiert, die auch zu früheren Zeiten latent vorhanden waren, in Ermangelung entsprechender Anbieter und anderer Gründe aber nicht abgerufen wurden. Heute können Parteien wie die AfD sie erfolgreich »bespielen« und auf diese Weise verstärken. Dadurch verfügt sie mittlerweile über ein Reservoir sicherer Stammwähler, die eine kontinuierliche Bindung zur Partei aufweisen. Wie die Forschung schon früher zeigen konnte, tragen extremistische Einstellungen zur Wahl der Rechtsaußenparteien umso mehr bei, je stärker sie mit politischer Unzufriedenheit zusammentreffen. Im Unterschied zu den reinen Protestwählern handelt es sich hier also um Überzeugungswähler, deren Verhalten zugleich ideologisch motiviert ist (vgl. Falter 1994, S. 136 ff.). Während die Unzufriedenheit der reinen Protestwähler eher zur Wahlabstinenz führt oder von den demokratischen Parteien absorbiert werden kann, trägt sie bei den Überzeugungswählern dazu bei, die verborgenen rechtsextremen Einstellungen politisch »hervorzuholen«. Unzufriedenheit und »Missstimmung« werden

---

2 Unter den neueren Erscheinungen sind zugleich Protestformen anzutreffen, die – wie z. B. Demonstrationen – eher dem linken Lager entstammen (vgl. Decker 2018).

damit zur entscheidenden Bestimmungsgröße, um die Hinwendung eines wachsenden Teils der Wählerschaft zur AfD erklären.

Aktuelle Untersuchungen wie die Mitte-Studien der Friedrich-Ebert-Stiftung belegen für 2022/23 eine Zunahme der rechtsextremen Einstellungen im Vergleich zu früheren Erhebungen (vgl. Zick u.a. 2023). Wiesen im Zeitraum zwischen 2014 und der vierten Erhebung 2020/21 im Schnitt nur gut zwei Prozent der befragten erwachsenen deutschen Wohnbevölkerung ein »manifest rechtsextremes Weltbild« auf, waren es 2022/23 mit 8,3 Prozent viermal soviel. Unter den in Ostdeutschland Aufgewachsenen lag der Anteil dabei mit 16,3 Prozent deutlich höher als unter den in Westdeutschland Aufgewachsenen (6,3 Prozent). Gleichzeitig bestätigt die Erhebung den auch in anderen Studien erlangten Befund, wonach die Demokratiezufriedenheit und das Vertrauen in die politischen Institutionen in den letzten Jahren zurückgegangen ist. Auch hier gibt es einen deutlichen Niveauunterschied zwischen dem Osten und Westen des Landes, der schon seit der Wiedervereinigung bestand, sich seit 2020 aber nochmals vergrößert hat (vgl. Best u.a. 2023).

Letzteres lässt vermuten, dass die Coronapandemie hier einen wichtigen Einschnitt darstellt. Sie bildet aber nur ein Glied in einer Kette sich verdichtender, zum Teil miteinander verwobener Krisenereignisse, die in Verbindung mit den längerfristigen Veränderungsprozessen in Wirtschaft und Gesellschaft zu wachsender Zukunftsangst und einer massiven Verunsicherung in der Bevölkerung geführt haben. Die Bedrohung der äußeren Sicherheit durch die russische Aggression und den Krieg in der Ukraine, die Bedrohung der inneren Sicherheit durch Anschläge, die mit der Migration und dem Islam in Verbindung gebracht werden, und die Bedrohung der wirtschaftlichen und sozialen Sicherheit durch eine strukturbedingte und somit vielleicht länger anhaltende Wachstumsschwäche waren die bestimmenden Themen des Bundestagswahlkampfes. Sie bescherten den systemkritischen bzw. -feindlichen Randparteien, zu denen sich ab 2024 neben der AfD und der Linken das als Abspaltung von der Linken neu gegründete Bündnis Sahra Wagenknecht (BSW) noch dazu gesellte, zusammen mehr als ein Drittel der Stimmen und in Ostdeutschland mit knapp 55 Prozent sogar die Mehrheit. Außer in Berlin ging die AfD dabei in allen Ostländern aus der Wahl als die mit Abstand stärkste Kraft hervor, was ihr auf Landesebene im September 2024 bereits (und zum ersten Mal) in Thüringen gelungen war.

Bekämpfungsstrategien

Als das Grundgesetz 2024 seinen 75. Geburtstag feierte, waren die Jubiläumsreden und Gedenkfeiern von ernsthaften Sorgen um die demokratische Stabilität des Landes überschattet, die es in dieser Form bis dahin nicht gegeben hatte. Die Gebote und Verfahren der wehrhaften Demokratie, die die Bundesrepublik von ihrer Gründung an und nochmals verstärkt seit den 1990er Jahren begleitet hatten und über deren weitere Verstärkung man jetzt erneut diskutierte, wurden dabei in ein breiter gefasstes Verständnis von »Resilienz« eingebettet, das auch auf die institutionellen und politisch-kulturellen Voraussetzungen demokratischer Stabilität Bezug nahm.

Der sorgenvolle Blick ins Ausland, wo Parteien wie Fidesz oder PIS die autoritäre Umgestaltung der Regierungssysteme längst betrieben, spiegelte sich im zunehmend enthemmten Auftreten der AfD im eigenen Land. Diese hatte sich nicht nur in ideologischer Hinsicht radikalisiert – ablesbar etwa an den vom Recherchenetzwerk Correctiv im November 2023 enthüllten Plänen für die millionenfache Abschiebung (»Remigration«) von Zugewanderten.[3] Sie betrieb auch in der parlamentarischen Oppositionsrolle gezielte Obstruktionspolitik mit dem Ziel, die politische Konkurrenz vorzuführen und die Funktionsfähigkeit der demokratischen Institutionen zu unterminieren.[4] Für

---

[3] Die Medienberichte darüber führten im Januar und Februar 2024 zu einer gewaltigen gesellschaftlichen Gegenmobilisierung. In der größten Demonstrationswelle der Bundesrepublik gingen auf etwa 1.200 Kundgebungen bis Juni über drei Millionen Menschen auf die Straße, um gegen Rechtsextremismus und für Toleranz und Demokratie zu demonstrieren.

[4] Zum Begriff und zur Unterscheidung vgl. Koß 2024.

jedermann erkennbar wurde dies z. B. in der Eröffnungssitzung des neu gewählten Thüringer Landtags am 26. September 2024, als der von der AfD gestellte Alterspräsident die von den anderen Parteien geplante Änderung der Geschäftsordnung zur Neuregelung der Wahl des Landtagspräsidenten unterbinden wollte und daran erst durch die Einschaltung des Landesverfassungsgerichts gehindert werden konnte.

Die demokratischen Parteien tun richtig daran, wenn sie sich den von den autoritären Populisten ausgehenden Gefährdungen entgegenstellen und wenn sie schon jetzt für den Fall vorsorgen, dass diese noch mächtiger werden. Das realistische Szenario ist dabei nicht das einer Regierungsbeteiligung oder -übernahme, sondern ein Wahlergebnis, das die AfD in den Parlamenten zur stärksten Kraft macht und ihr eine Sperrminorität verschafft (wie es in den Landtagen von Thüringen und de facto auch Sachsen jetzt schon der Fall ist). Denn damit kann sie ihre Obstruktionsmöglichkeiten nochmals deutlich steigern. Doch wie lässt sich der Gegner am wirkungsvollsten bekämpfen? Auch wenn sich in der Debatte darüber die Geister scheiden, dürfte zumindest in dreierlei Hinsicht Konsens bestehen: Erstens wäre es am besten, durch vorbeugende gesellschaftliche und politische Maßnahmen dafür zu sorgen, dass sich demokratiefeindliche Einstellungen nicht herausbilden und dass – durchaus legitime – Protestgründe wieder verschwinden. Populismus und Extremismus könnten so bereits an der Wahlurne zurückgedrängt werden. Zweitens braucht es zusätzliche Maßnahmen der Wappnung: Die demokratischen Institutionen müssen so abgesichert werden, dass die Demokratiefeinde sie nicht kapern können. Und drittens muss die Demokratie zu ihrem Schutz im Bedarfsfalle auch repressive Mittel einsetzen, indem sie den Demokratiefeinden den missbräuchlichen Einsatz der demokratischen Rechte erschwert oder unmöglich macht.

Uneins ist man, worauf der Hauptakzent liegen und wie die Maßnahmen im Einzelnen ausgestaltet sein sollten. So hat sich mit Blick auf das Entziehen der Protestgründe z. B. gezeigt, dass es für die demokratischen Parteien wenig ratsam ist, sich in ihrem Diskurs und der Themenwahl auf das Terrain der populistischen Herausforderer zu begeben, die damit ohne Not aufgewertet werden (vgl. Lewandowsky 2025). Dies hindert sie nicht daran, an effektiven Lösungen zu arbeiten – etwa bei der Reduktion der irregulären Migration oder der Verhinderung von Anschlägen. Als noch heikler könnte sich der Versuch erweisen, die radikalen Kräfte durch eine Zusammenarbeit in die Verantwortung einzubinden, wie es Teilen der CDU in deren ostdeutschen Landesverbänden vorschwebt. Die Erwartung, sie darüber zähmen und »entzaubern« zu können, hat sich in den meisten Fällen als trügerisch erwiesen – etwa in Österreich, wo die FPÖ allen Rückschlägen trotzdem stets zu neuer Stärke zurückgefunden hat. Ob die »Brandmauer« zur AfD noch hält, wenn eine Koalitions- und Regierungsbildung gegen sie faktisch nicht mehr möglich ist, muss allerdings bezweifelt werden.

Was die Wappnung betrifft, konnten sich die demokratischen Parteien in der zurückliegenden Wahlperiode gemeinsam auf eine bessere Absicherung des Bundesverfassungsgerichts verständigen, indem sie die bisher einfachgesetzlich geregelten Bestimmungen, welche die Unabhängigkeit des Gerichts institutionell garantieren – Aufteilung in zwei Senate mit je acht Richtern, organisatorische Selbständigkeit, zwölfjährige Amtszeit ohne Wiederwahl –, in das Grundgesetz übernommen haben. Darüber hinaus wurde ein Ersatzmechanismus geschaffen, falls eine Minderheit die Wahl der Verfassungsrichter, die eine Zweidrittelmehrheit erfordert, blockiert. Auch im Parlamentsrecht haben die Gesetzgeber in Bund und Ländern Anpassungen vorgenommen, die der AfD den automatischen Zugang zu bestimmten Ämtern erschweren – sei es durch Neuregelungen (wie beim Alterspräsidenten), Formalisierung (Abwahl von Ausschussvorsitzenden) oder die flexible Handhabung von Proporzregeln (Parlamentspräsidium) (vgl. Decker 2024: 138 ff.).

Weitergehende Überlegungen basieren auf dem Szenario einer Machtübernahme oder -teilhabe der AfD in den Ländern und beziehen sich auf die Exekutive (vgl. Steinbeis 2024: 99 ff.). Sie reichen von der Besetzung des Beamtenapparats und hier vor allem der politischen

Beamten an der Spitze der Ministerialbürokratie und obersten Behörden (zu denen in manchen Ländern auch der Verfassungsschutz und die Polizeidirektion gehört) über die personelle Einflussnahme auf die Justiz, die Änderung der Versammlungsgesetze, die Regulierung der Medien (einschließlich der möglichen Kündigung der Staatsverträge über den öffentlich-rechtlichen Rundfunk), die Schaffung eines die eigenen Chancen begünstigenden maßgeschneiderten Wahlsystems bis hin zu steuernden Eingriffen in das Schul- und Erziehungswesen sowie die Kunst- und Wissenschaftsfreiheit. Weil die Hauptaufgabe der Länder im föderalen System darin liegt, Bundesgesetze durchzuführen, erhebt sich zugleich die Frage, was passiert, wenn sie dieser Aufgabe nicht nachkommen oder wenn sie Urteile der Gerichte, insbesondere der Verfassungsgerichte, ignorieren. Der Einsatz des Bundeszwanges, den das Grundgesetz für diesen Fall gemäß Artikel 37 vorsieht, ist ein bisher noch weithin unbeschriebenes Blatt.

Wie wehrhaft soll/darf die Demokratie sein?

Während die vorgenannten Punkte bislang nur theoretisch durchgespielt worden sind, wird die Forderung nach einem Verbot der AfD, die als ultima ratio der wehrhaften Demokratie bereits in der letzten Wahlperiode die Gemüter bewegt hat, in den kommenden Jahren unweigerlich auf die Tagesordnung drängen. Nachdem das Bundesamt für Verfassungsschutz die ganze Partei im Mai 2025 als »gesichert rechtsextrem« eingestuft hat, mehren sich die Stimmen schon jetzt, ein solches Verbot baldmöglichst auf den Weg zu bringen. Ein konsensuales Vorgehen, das in dieser Frage sinnvoll wäre, zeichnet sich allerdings weder im Bundestag noch unter den antragsberechtigten Organen ab. Die Gegner und Skeptiker eines Verbotsverfahrens sind zahlreich und können sich dabei nicht nur juristisch auf gute Argumente stützen – etwa die lange Dauer des Verfahrens und die hohen Hürden der Beweisführung, die den Ausgang nicht sicher prognostizieren lassen. Ihre Hauptsorge ist politischer Natur. Das Verbot einer Partei von der Stärke, wie sie die AfD inzwischen erlangt hat, würde in den demokratischen Wettbewerb so massiv einschneiden, dass heftige Gegenreaktionen und eine weitere politische Eskalation zu erwarten wären. Die Polarisierung, die es eigentlich bekämpfen soll, nähme damit weiter zu (vgl. Wefing 2025).

Dass die Verbotsskeptiker in den Reihen der Union stärker vertreten sind als unter den linken Parteien und hier vor allem unter den Oppositionsparteien Grüne und Linke, hat gewiss auch mit Opportunitätserwägungen zu tun. Da der AfD bei einem Verbot ihre Parlamentsmandate entzogen werden müssten, würden sich die Mehrheitsverhältnisse auf allen Ebenen des politischen Systems von einem auf den anderen Tag nach links verschieben und den Ruf nach baldigen Neuwahlen nach sich ziehen. Allerdings werfen auch unter den linken Autoren und Politikern viele die Frage auf, ob eine Demokratie gut daran tut, sich für die Bekämpfung ihrer Feinde selbst undemokratischer Mittel zu bedienen (vgl. Merkel 2024). Die Übergriffigkeit des »Radikalenerlasses«[5], die sie in den 1970er Jahren beklagt hatten, als dieser noch vornehmlich auf linke Extremisten abzielte, sei nicht dadurch weniger verwerflich, dass er sich heute primär gegen die rechten Demokratiefeinde richte.

Auch andere, härtere Instrumente sind im »Kampf« gegen rechts seit der Wiedervereinigung verstärkt eingesetzt worden. Die Bilanz ist eher negativ. So führte das reihenweise Verbot von rechtsextremen Organisationen durch die Innenminister von Bund und Ländern in den 1990er Jahren dazu, dass sich die dort tummelnden Kräfte anschließend unter das Parteienprivileg flüchteten und zum Erstarken der NPD beitrugen (vgl. Gerlach 2013). Der Versuch, diese zu verbieten, scheiterte in der Folge gleich zweimal. Das erste Verfahren (2001–2003) wurde vom Bundesverfassungsgericht eingestellt, weil

---

5 Der 1972 von Bund und Ländern gemeinsam beschlossene Erlass sah vor, Bewerber und Mitarbeiter im öffentlichen Dienst auf ihre Verfassungstreue zu überprüfen. Er begründete die sogenannte »Regelanfrage« beim Verfassungsschutz, ob z. B. die Mitgliedschaft in einer als verfassungsfeindlich eingestuften Partei vorliege. In einem solchen Fall konnte dem Bewerber der Eintritt in den Staatsdienst auch ohne konkreten Nachweis eines gegen die »freiheitlich-demokratische Grundordnung« gerichteten Verhaltens versagt werden (vgl. Janisch 2025).

der Verfassungsschutz die Partei mit V-Leuten unterwandert hatte – der Staat war sich hier mit seinen repressiven Instrumenten also selbst in die Quere gekommen. Und im zweiten Verfahren (2013–2017) lehnte das Gericht ein Verbot ab, weil die NPD trotz ihrer nachweislichen Verfassungswidrigkeit politisch zu unbedeutend sei. Erfolgreich waren die Antragsteller erst im dritten Verfahren (2019–2024), als sie der später in Die Heimat umbenannten Partei für sechs Jahre die staatliche Parteienfinanzierung entzogen. Diesen Weg hatte ihnen Karlsruhe im Urteil von 2017 eröffnet, woraufhin der Bundestag noch im selben Jahr ein entsprechendes Gesetz erließ.

Ob der Entzug der staatlichen Finanzierung auch im Falle der AfD eine Alternative zur ultima ratio eines Verbots sein könnte, ist strittig. Kritiker geben zu bedenken, dass der dafür erforderliche Nachweis der Verfassungswidrigkeit ähnlich aufwendig und der Erfolg nicht sicher wäre. Als Alternative bringen sie niedrigschwelligere Instrumente wie das Verbot von Teilorganisationen oder einzelnen Landesverbänden, die Verwirkung von Grundrechten für bestimmte Funktionsträger (gemäß Artikel 18 des Grundgesetzes), beamten- und waffenrechtliche Sanktionen sowie die fortdauernde Beobachtung und nachrichtendienstliche Überwachung ins Spiel, die der Partei gezielte Nadelstiche versetzen würden. Wieweit sich die Anhänger und Funktionäre davon abschrecken ließen, bleibt offen – die bisher gemachten Erfahrungen stimmen eher skeptisch. Selbst wenn die Wirkung der Maßnahmen vor allem symbolischer Natur wäre, könnten sie aber deutlich machen, dass der Staat nicht bereit ist, die Demokratie ihren Feinden zu überlassen.

Dies führt zur Bedeutung der politischen und gesellschaftlichen Auseinandersetzung mit dem Rechtsextremismus zurück. So wie es bei noch so guter Wappnung nicht gelingen kann, sämtliche Einfallstore für eine autoritäre Umgestaltung des demokratischen Systems zu schließen (vgl. Dittrich 2024), so werden auch die repressiven Instrumente die Demokratie am Ende nicht retten, wenn sich die Menschen mehrheitlich von ihr abwenden. Umso unersetzlicher bleibt eine gefestigte, gegen temporäre Einbußen der Regierungszufriedenheit möglichst unempfindliche politische Kultur. Sie ist der eigentliche Schlüssel der Resilienz, die der demokratische Verfassungsstaat gegenüber seinen Feinden und Kritikern benötigt. Die Demonstrationen zu Beginn des Jahres 2024 haben gezeigt, wie eine selbstbewusste Zivilgesellschaft den vom Rechtsextremismus ausgehenden Gefahren entgegentreten kann. Die Politik, der es an diesem Selbstbewusstsein bis dahin eher gefehlt hat, sollte sich das zum Vorbild nehmen.

Literatur

Best, Volker u.a. (2023), *Demokratievertrauen in Krisenzeiten. Wie blicken die Deutschen auf Politik, Institutionen und Gesellschaft?*, Friedrich-Ebert-Stiftung, Bonn.

Decker, Frank (2018), Rechtspopulismus und Rechtsextremismus als Herausforderungen der Demokratie in der Bundesrepublik, in: Ursula Bitzegeio u.a. (Hg.), *Flucht – Transit – Asyl. Interdisziplinäre Perspektiven auf ein europäisches Versprechen*, Bonn, 410–425.

Decker, Frank (2021), *Baustellen der Demokratie. Von Stuttgart 21 bis zur Corona-Krise*, Bonn.

Decker, Frank (2024), Der Wandel des deutschen Parteiensystems und seine Auswirkungen auf die parlamentarische Regierungsform, in: *Recht und Politik* 60 (2), 127–144.

Dittrich, Lars (2024), Schutz ist gut, Vertrauen ist besser: Böckenförde-Diktum und die Reformdebatte um das Bundesverfassungsgericht, in: *Verfassungsblog*, https://verfassungsblog.de/schutz-ist-gut-vertrauen-ist-besser/.

Falter, Jürgen W. (1994), *Wer wählt rechts? Die Wähler und Anhänger rechtsextremistischer Parteien im vereinigten Deutschland*, München.

Fischer, Moritz (2024), *Die Republikaner. Die Geschichte einer rechtsextremen Partei 1983–1994*, Göttingen.

Gerlach, Julia (2013), Der Umgang mit politischem Extremismus auf dem Prüfstand – Vereinsverbote in Deutschland seit 1990, in: Hirscher, Gerhard und Jesse, Eckhard (Hg.), *Extremismus in Deutschland*, Baden-Baden, 527–548.

Holtmann, Everhard (2020), Deutschland 2020: unheilbar gespalten? Anmerkungen zur Ost-West-Differenz im 30. Jahr der Wiedervereinigung, in: *Zeitschrift für Politikwissenschaft*, 30 (3), 493–499.

Janisch, Wolfgang (2025), Als das Misstrauen gewann, in: *Süddeutsche Zeitung* vom 17. Mai 2025.

Kienholz, Eva (2024), *Eine kurze Geschichte der AfD. Von der Eurokritik zum Remigrationsskandal*, Hamburg.

Koß, Michael (2024), There is one alternative: Taktische und systematische Obstruktion im Prozess der Gesetzgebung, in: *Verfassungsblog*, https://verfassungsblog.de/there-is-one-alternative/.

Lewandowsky, Marcel (2025), Abgrenzung oder Anpassung? Zum Umgang mit populistischen Parteien, in: *Aus Politik und Zeitgeschichte,* 75 (6–7), 37–41.

Merkel, Wolfgang (2024), Die Fallstricke der wehrhaften Demokratie, in: *Zeitschrift für Parteienwissenschaften*, 30 (2), 156–164.

Niedermayer, Oskar (2015), Eine neue Konkurrentin im Parteiensystem? Die Alternative für Deutschland, in: ders. (Hg.), *Die Parteien nach der Bundestagswahl 2013*, Wiesbaden, 175–207.

Steinbeis, Maximilian (2024), *Die verwundbare Demokratie. Strategien gegen die populistische Übernahme*, München.

Wefing, Heinrich (2025), Sollte die AfD verboten werden?, in: *Die Zeit* vom 8. Mai 2025.

Zick, Andreas; Küpper, Beate; Mokris, Niko (2023), *Die distanzierte Mitte. Rechtsextreme und demokratiegefährdende Einstellungen in Deutschland 2022/23*, Bonn.

AUTORINNEN UND AUTOREN

Ansell, Ben ist Professor für vergleichende Demokratieforschung am Nuffield College der Universität Oxford und Autor zahlreicher Bücher über Bildungspolitik, Ungleichheit, Wohnungsbaupolitik und öffentliche Dienstleistungen. Zuletzt ist von ihm 2024 »Warum Politik so oft versagt - Und warum das besser wird, wenn wir unseren Egoismus überwinden« im Siedler Verlag erschienen.

Baute, Sharon ist Juniorprofessorin für Vergleichende Sozialpolitik am Fachbereich Politik- und Verwaltungswissenschaft sowie Principal Investigator am Exzellenzcluster »The Politics of Inequality« an der Universität Konstanz. Ihre Forschungsschwerpunkte sind Sozialpolitik, europäische Integration und internationale Solidarität.

Busemeyer, Marius R. ist Professor für Vergleichende Politische Ökonomie am Fachbereich Politik- und Verwaltungswissenschaften an der Universität Konstanz und Sprecher des Exzellenzclusters »The Politics of Inequality«. Seine Forschungsschwerpunkte sind Wohlfahrtsstaatenforschung, Bildungs- und Sozialpolitik sowie öffentliche Meinung und individuelle Einstellungen zum Sozialstaat.

Dahm, Jochen leitet die Akademie für Soziale Demokratie der Friedrich-Ebert-Stiftung, mit der die Stiftung einen Ort zur Reflexion grundsätzlicher Fragen aus Sicht der Sozialen Demokratie geschaffen hat. Er ist unter anderem Herausgeber der Bücher »Europa 2050« und »Der moderne Staat« erschienen im Verlag J.H.W. Dietz.

Autorinnen und Autoren

Decker, Frank ist Professor für Politische Wissenschaft an der Rheinischen Friedrich-Wilhelms-Universität Bonn und Wissenschaftlicher Leiter der Bonner Akademie für Forschung und Lehre praktischer Politik (BAPP). Zuletzt hat er zusammen mit Viola Neu die 4. Auflage des »Handbuchs der deutschen Parteien« herausgegeben.

Fischer, Sandra Dr. ist Politikwissenschaftlerin und wissenschaftliche Mitarbeiterin an der Forschungsstelle Diversität des Instituts für Politikwissenschaft an der Rheinischen Friedrich-Wilhelms-Universität Bonn. Sie beschäftigt sich mit vergleichender Wohlfahrtsstaatsforschung, Bildungspolitik, Gender und Diversität sowie Föderalismus.

Frenzel, Korbinian ist Moderator und Redaktionsleiter des Debattenformats »Studio 9« bei Deutschlandfunk Kultur. Nach dem Studium der Politikwissenschaft in Berlin, Amsterdam und Aix-en-Provence war er zunächst Wissenschaftlicher Mitarbeiter im Europäischen Parlament in Brüssel. Gemeinsam mit Julia Reuschenbach hat er das Buch »Defekte Debatten. Warum wir als Gesellschaft besser streiten müssen« geschrieben. Erschienen 2024 im Suhrkamp Verlag.

Geißel, Brigitte Prof. Dr. lehrt und forscht am Institut für Politikwissenschaft der Goethe-Universität Frankfurt am Main. Dort leitet sie auch die Forschungsstelle ›Demokratische Innovationen‹. Sie war Gründerin und Sprecherin des Europäischen Netzwerks ›Democratic Innovations‹ (Standing Group des European Consortium for Political Research). Schwerpunkt ihrer Arbeit sind neue Demokratieformen und die Zukunft der Demokratie.

Gerards Iglesias, Laura ist akademische Mitarbeiterin und Doktorandin am Institut für Konfliktmanagement an der Europa-Universität Viadrina, wo sie Formate für intra- und intergesellschaftliche Dialoge begleitet und evaluiert. Zuvor trug sie als Projektleiterin an der Berlin Governance Platform maßgeblich dazu bei, Kommunale Entwicklungsbeiräte als neues Beteiligungsformat deutschlandweit in die Praxis zu bringen.

Grimm, Tara Ella ist M.A. Public Policy und seit 2023 an der Weiterentwicklung der Kommunalen Entwicklungsbeiräte beteiligt. Sie gestaltet deren strategische Kommunikation bei der Berlin Governance Platform.

Hartmann-Cwiertnia, Thomas ist Referent in der Akademie für Soziale Demokratie der Friedrich-Ebert-Stiftung. Er ist Herausgeber verschiedener gesellschaftspolitischer Bücher. Zuletzt erschienen »Europa 2050«, »Der moderne Staat« und »Zukunft der Demokratie« im Verlag J.H.W. Dietz.

Herzog, Lisa Prof. Dr. ist politische Philosophin. Seit 2019 lehrt sie Politische Philosophie an der Fakultät für Philosophie und dem Center for Philosophy, Politics, and Economics der Universität Groningen (Niederlande). Sie erhielt 2019 den Tractatus-Preis und den Deutschen Preis für Philosophie und Sozialethik. Im Sommer 2025 erscheint von ihr »The Democratic Marketplace. How A More Equal Economy Can Save Our Political Ideals«.

Hoffmann, Felix ist wissenschaftlicher Mitarbeiter im Forschungsprojekt INSPIRE und Doktorand am Institut für Politikwissenschaft der Goethe-Universität Frankfurt am Main. Er beschäftigt sich schwerpunktmäßig mit der Inklusivität von Beteiligungsprozessen und verschiedenen Kombinationen von demokratischen Innovationen.

Jäger, Felix ist wissenschaftlicher Mitarbeiter im Projekt »Das Ungleichheitsbarometer« am Exzellenzcluster »The Politics of Inequality« an der Universität Konstanz. In seiner Forschung untersucht er die Einstellungen von Bürger:innen, hauptsächlich mithilfe (experimenteller) Umfrageforschung.

Laumann, Emma hat sich als Datenanalystin in der AI/Democracy Initiative der DGAP darauf spezialisiert, den Einfluss von KI auf die Demokratie zu untersuchen. Zurzeit absolviert sie einen Forschungsmaster in Sozialwissenschaften an der University of Amsterdam mit Schwerpunkt auf quantitative Methodik. Ihren Bachelor in Politikwissenschaften hat sie an der Vrije Universiteit Amsterdam abgeschlossen. Sie verbindet datengetriebene Analyse mit einem tiefen Verständnis für politische Prozesse, um die komplexe Wechselwirkung zwischen KI und politischen Systemen zu erforschen.

Lux, Thomas Dr. lehrt am Institut für Sozialwissenschaften der Humboldt-Universität zu Berlin. Seine Forschung zur politischen Soziologie der Ungleichheit wurde unter anderem mit dem Preis der Fritz Thyssen Stiftung ausgezeichnet. Er veröffentliche zusammen mit Steffen Mau und Linus Westheuser im Jahr 2023 das viel diskutierte und mehrfach ausgezeichnete Buch »Triggerpunkte: Konsens und Konflikt in der Gegenwartsgesellschaft« im Suhrkamp Verlag.

Müller, Jan-Werner Prof. Dr. lehrt an der Princeton University Politische Theorie und Ideengeschichte. Schwerpunkt seiner Arbeit ist die Demokratietheorie. 2026 erscheint sein Buch über Demokratie und Architektur.

Muñoz, Katja Dr. ist Research Fellow im Zentrum für Geopolitik, Geoökonomie und Technologie der DGAP. Sie erforscht an der Schnittstelle von sozialen Medien und Politik das Mobilisierungspotenzial von Influencer_innen in den sozialen Medien sowie auf Desinformation und Plattformregulierung. Sie hat ein besonderes Interesse daran, die Auswirkungen von KI auf den Wahlprozess zu analysieren, einschließlich Kampagnen, Sentiment Analyses der Wähler, und innerhalb der Verwaltung.

Nierth, Claudine ist Politaktivistin, Künstlerin, Autorin und Bundesvorstandssprecherin von Mehr Demokratie e. V. Sie setzt sich für direkte Demokratie und Bürgerbeteiligung ein und ist Mitinitiatorin des ersten Bürgerrats im Bundestag. Für ihr Engagement erhielt sie im Jahr 2018 das Bundesverdienstkreuz. 2023 erschien ihr neustes Buch »Die zerrissene Gesellschaft« im Goldmann Verlag.

Reuschenbach, Julia Dr. ist Politikwissenschaftlerin an der Arbeitsstelle für Politische Soziologie der Bundesrepublik Deutschland am Otto-Suhr-Institut für Politikwissenschaft der Freien Universität Berlin. Sie forscht dort zu Parteien, Wahlen und politischer Kommunikation. Als Expertin analysiert sie regelmäßig unter anderem für die Tagesthemen, im Talk »Maybrit Illner«, bei Phoenix oder im Podcast »Lage der Nation« aktuelle Entwicklungen des Parteiensystems und in der Politik.

Rietzschel, Lukas ist Schriftsteller und Dramatiker. Er lebt und arbeitet in Görlitz und studierte Politikwissenschaft, Germanistik und Kulturmanagement. 2018 erschien sein Debüt-Roman »Mit der Faust in die Welt schlagen«. Die Wochenzeitung DIE ZEIT schreibt über ihn: »Lukas Rietzschel gehört zu den wichtigsten jungen Schriftstellern des Ostens.« Seine Arbeit wurde vielfältig ausgezeichnet, zuletzt mit dem Literaturpreis »Text und Sprache« und dem sächsischen Literaturpreis.

Schwan, Gesine Prof. Dr. ist Politikwissenschaftlerin und war lange Zeit Präsidentin der Europa-Universität Viadrina. Sie ist Präsidentin der Berlin Governance Platform und seit 2014 Vorsitzende der Grundwertekommission der SPD sowie von 2015 bis 2024 Co-Vorsitzende des Sustainable Development Solutions Network Germany. Sie wurde 2004 von SPD und Bündnis 90/Die Grünen und 2009 von der SPD als Kandidatin für das Amt des Bundespräsidenten nominiert.

Strobl, Natascha hat Skandinavistik und Politikwissenschaft studiert. Sie ist als Publizistin tätig und schreibt unter anderem als Gastautorin für den Standard, ZEIT Online und die taz. Auf Twitter und in Talkshows analysiert sie rechtsextreme Strömungen. Zu ihren jüngsten Veröffentlichungen zählen »Radikalisierter Konservatismus. Eine Analyse« 2021 im Suhrkamp Verlag, gemeinsam mit Michael Mazohl »Klassenkampf von oben. Angriffspunkte, Hintergründe und rhetorische Tricks« 2022 im ÖGB-Verlag und »Solidarität« 2023 bei Kremayr & Scheriau.

Thierse, Wolfgang ist Bundestagspräsident a. D. und seit Oktober 2000 Kuratoriumsvorsitzender der Bundeskanzler-Willy-Brandt-Stiftung. Während der Friedlichen Revolution in der DDR engagierte er sich in der neu gegründeten SPD und nahm deren Vorsitz im Sommer 1990 wahr. Von 1990 bis 2013 war er Mitglied des Deutschen Bundestages, von 1998 bis 2005 dessen Präsident und von 2005 bis 2013 Vizepräsident. Wolfgang Thierse war zudem von 1990 bis 2005 Stellvertretender Vorsitzender der SPD und langjähriger Vorsitzender der Grundwertekommission der SPD.

Westheuser, Linus Dr. ist wissenschaftlicher Mitarbeiter an der Humboldt-Universität zu Berlin und forscht zu politischen Konfliktstrukturen, Klassen und Moral. Er veröffentliche zusammen mit Steffen Mau und Thomas Lux im Jahr 2023 das viel diskutierte und mehrfach ausgezeichnete Buch »Triggerpunkte: Konsens und Konflikt in der Gegenwartsgesellschaft« erschienen im Suhrkamp Verlag.

Zillessen, Friedrich ist Senior Editor des Verfassungsblogs. Er war wissenschaftlicher Mitarbeiter und Mitinitiator des Thüringen-Projekts und leitet nun das anschließende Justiz-Projekt. Sein Studium der Rechts- und Politikwissenschaft absolvierte er in Leipzig und Lissabon.

DIETZ & *DAS*
Der Podcast zu Politik, Gesellschaft und Geschichte aus dem Dietz-Verlag

Unsere Autor*innen stellen hier ihre neuen Bücher vor und diskutieren über politische und gesellschaftliche Themen – informativ, unterhaltsam, inspirierend!

Abrufbar auf Spotify, iTunes und allen Podcast-Plattformen sowie auf www.dietz-verlag.de